SERGEJ O. PROKOFIEFF

DIE OKKULTE BEDEUTUNG DES VERZEIHENS

SERGEJ O. PROKOFIEFF wurde 1954 in Moskau geboren. Er studierte Malerei und Kunstgeschichte an der Kunsthochschule in Moskau. In seiner Jugend begegnete er der Anthroposophie und entschloss sich, ihr sein Leben zu widmen. Jahre hindurch war er als Vortragsredner und Schriftsteller tätig. Seit Ostern 2001 war er Mitglied des Vorstands der Allgemeinen Anthroposophischen Gesellschaft in Dornach. Während seiner Vorstandstätigkeit war es sein Hauptanliegen, in der Mitgliedschaft ein tieferes Verständnis der Weihnachtstagung 1923/24 zu fördern und hielt dazu Tagungen und Seminare überall in der Welt ab. 2013 trat er aufgrund einer Erkrankung von diesem Amt zurück und verstarb im Sommer 2014.

SERGEJ O. PROKOFIEFF

DIE OKKULTE BEDEUTUNG DES VERZEIHENS

Verlag Freies Geistesleben

Korrigierte und aus dem Nachlass ergänzte Neuausgabe 2024

(e) auch als eBook erhältlich

Verlag Freies Geistesleben
Landhausstraße 82, 70190 Stuttgart
www.geistesleben.com

ISBN 978-3-7725-3313-6

Umschlagmotiv: Alexej von Jawlensky, *Liebe*, 1925 (Detail)

Satz: Thomas Neuerer
Druck und Bindung: GGP Media GmbH, Pößneck
Printed in Germany

MIX
Papier | Fördert gute Waldnutzung
FSC® C014496
FSC www.fsc.org

Druckprodukt mit finanziellem
Klimabeitrag
ClimatePartner.com/53248-2106-1005

Inhalt

Vorwort 9

I Die Aktualität des Verzeihens in unserer Zeit 11

II Die fünfte Bitte des Vaterunser und die fünfte nachatlantische Kulturepoche 14

III Sieben Beispiele des Verzeihens 24

IV Das Wesen des Verzeihens aus geisteswissenschaftlicher Sicht 52

V Das Verzeihen als ein Bestandteil des modernen Weges zu dem Christus 60

1. Die erste der vier Stufen 60
2. Die zweite Stufe 65
3. Die dritte Stufe 70
4. Die vierte Stufe 72
5. Die Erlösung der Gegenmächte 75
6. Die besondere Bedeutung der Erlösung Luzifers in unserer Zeit 82

VI Über die okkulte Bedeutung des Verzeihens 89

1. Die Bedingungen des Verzeihens 89
2. Das Verzeihen und das karmische Wirken des Christus 97
3. Das kosmische Urbild des Verzeihens 104
4. Über die Bedeutung des Verzeihens für das nachtodliche Leben 110
5. Das Verzeihen als sozialgestaltende Kraft 125

VII Das Wesen des Verzeihens und die siebengliedrige manichäische Einweihung 135

VIII Der manichäische Impuls im Leben Rudolf Steiners 152

Nachwort 187

Anhang 199

1. Marie Steiners erster Versöhnungsappell (Weihnachten 1942) 199
2. Ita Wegmans Antwort auf Marie Steiners Versöhnungsappell vom 12. Dezember 1942 203

Anmerkungen und Ergänzungen 205

Titelverzeichnis der zitierten Werke Rudolf Steiners 232

Die Neuauflage ist dem Gedenken
der 100. Wiederkehr
der Weihnachtstagung 1923/1924
gewidmet

Vorwort

Der folgenden Darstellung liegt ein Vortrag zugrunde, der am 26. Februar im Widar-Zweig in Bochum und am 5. Juli 1989 im Goetheanum-Zweig in Dornach im Rahmen des allgemeinen Themas «Die zukünftigen Aspekte der Anthroposophie» gehalten wurde.

Aufgrund zahlreicher Bitten von Zuhörern und dem Vorschlag des Verlags Freies Geistesleben in Stuttgart entschloss ich mich, diese Vorträge schriftlich wiederzugeben, was eine Weiterentwicklung und Vertiefung des Themas zur Folge hatte.

An dieser Stelle sollen einige Worte über das Entstehen des Buches gesagt werden. Die Frage nach der okkulten Bedeutung des Verzeihens wurde mir 1988 von Dr. Peter Schily († 1994) aus Bochum vorgelegt. Er meinte damals, dass diese Tugend besonders dem russischen Volke eigen sei und dass ihre tiefere Bedeutung aus diesem Grunde von einem Russen und Anthroposophen dargestellt werden könnte. Zudem machte er mich auf Friedrich Rittelmeyers Buch *Das Vaterunser* aufmerksam, wo die fünfte, das Verzeihen betreffende Bitte auf unsere fünfte nachatlantische Kulturepoche bezogen wird. Dr. Peter Schily bin ich für diese Anregung außerordentlich dankbar.

Abgesehen von der allgemeinen Aktualität des Themas kann eine geisteswissenschaftliche Behandlung, wie sie in der vorliegenden Arbeit durchgeführt wird, ein Beispiel für die zentrale Bedeutung der Anthroposophie in unserer heutigen Zeit darstellen. Denn besonders diese vermag Antworten auf die brennendsten Gegenwartsfragen zu geben sowie die Grundlagen für ein rechtes *Verständnis* jener spirituell-moralischen Kräfte, von deren Entwicklung das Schicksal des Christus-Impulses heute weitgehend abhängt. Und zu den wichtigsten spirituell-moralischen Kräften, die in der nächsten Zeit entwickelt werden müssen, gehört zweifellos das «Verzeihen».

Für Anthroposophen hat das Thema des «Verzeihens» noch eine besondere Aktualität, insofern es ihre Aufgabe ist, eine bewusste Beziehung zu den zentralen Impulsen und Zeichen der Zeit zu entwickeln. An dem Beispiel von Rudolf Steiners Lebensweg und der Weihnachtstagung von 1923/1924 zur Begründung der Allgemeinen Anthroposophischen Gesellschaft – die sich heute zum 66sten Male jährt – soll die Bedeutung dieses Themas nicht nur für die vergangene Entwicklung der anthroposophischen Bewegung und der Anthroposophischen Gesellschaft gezeigt werden, sondern besonders auch für deren gegenwärtige und zukünftige.

In diesem Sinne – und das soll in dem folgenden Kapitel eingehend dargelegt werden – ist die Weihnachtstagung ein leuchtendes, unvergängliches Urbild für die geistige Entwicklung nicht nur der Anthroposophischen Gesellschaft, sondern auch der gesamten Menschheit.

Sergej O. Prokofieff

I
Die Aktualität des Verzeihens in unserer Zeit

> Wer wirklich Gott kennt, wird nicht nötig haben, seinem Bruder zu verzeihen, er wird nur sich selbst zu verzeihen haben, dass er nicht viel eher verziehen hat.
>
> *Lew Tolstoj*

Betrachten wir das Menschheitswerden in der Neuzeit und besonders die Geschichte des 20. Jahrhunderts, des wohl schwierigsten und tragischsten Jahrhunderts des gesamten Erdendaseins, so können wir feststellen, welchen wichtigen Platz das Problem der «Schuld» in ihm einnimmt.

Immer wieder aufs Neue wurde dieses in unserer Zeit in all seiner Vielseitigkeit erörtert, angefangen bei der «Schuld» eines Menschen gegenüber einem anderen bis hin zur «Schuld» eines Volkes gegenüber einem anderen. Auch die Anthroposophische Gesellschaft bildet da keine Ausnahme, denn auch in ihr flammte immer wieder während vieler Jahre, ja Jahrzehnte die Diskussion über das Problem der «Schuld» an den tragischen Ereignissen auf, die sie nach dem Tod Rudolf Steiners durchmachte und deren Folgen bis heute noch nicht vollkommen überwunden sind.

Dabei wurde in den allermeisten Diskussionen, die sowohl innerhalb wie außerhalb der Anthroposophischen Gesellschaft über dieses Thema durchgeführt wurden, in der Regel der dem negativen Begriff der «Schuld» entgegengesetzte positive Begriff des «Verzeihens» völlig übergangen. Das hängt wohl damit zusammen, dass das Problem der Schuld bzw. des Nicht-Schuldigseins zuallererst ein juristisches Problem ist, wohingegen das Problem des Verzeihens ein moralisch-sittliches. Man ist aber in der heutigen Epoche des Materialismus und des einseitigen Intellektualismus bei weitem stärker auf das abstrakt-juristische Prinzip sowohl im Gemeinschaftsleben wie auch im individuellen Verhalten des Einzelnen orientiert als auf die moralisch-geistigen Impulse. So spielen auch die dem Menschen oder der sozialen Gemeinschaft von außen gegebenen «Gebote» oder «Gesetze» noch immer eine bei weitem größere Rolle als die aus dem Innersten des Menschenwesens erfließenden moralischen Intuitionen, die jener Stufe der individuellen Entwicklung entspringen, welche Rudolf Steiner in seiner *Philosophie der Freiheit* die des «ethischen Individualismus» nannte.[1]

Mit dem Erreichen dieser Stufe der inneren Entwicklung ist jedoch die Möglichkeit unmittelbar verbunden, dass der zweite, *positive* Pol zu entstehen vermag, der oben «Verzeihen» genannt wurde.

Die Polarität zwischen den Begriffen der Schuld und des Verzeihens stellt in ihrer Wechselbeziehung zugleich eine Art «Barometer» dar, das den Wirkungsgrad des konkreten christlichen Impulses in unserer Zivilisation anzeigt. Man kann auch sagen, dass der Gegensatz zwischen dem alttestamentarischen, sich allein auf das Gebot sowie dem römisch-juristischen, sich nur auf das Gesetz gründenden Denken einerseits und den zukünftigen Idealen der Freiheit und Liebe andererseits hier mit aller Klarheit vor uns steht.

Trotzdem muss man, obwohl sich das offensichtlich so verhält, voll Kummer feststellen, wie außerordentlich schwach die inneren Kräfte des *Verzeihens* in der Seele des modernen Menschen entwickelt sind. Letzteres hängt vor allem damit zusammen, dass das Prinzip der «Moralpredigt» oder des «moralischen Imperativs», das jahrhundertelang unter den Menschen praktiziert wurde, mehr und mehr an Kraft einbüßt in dem Maße, in dem diese in die heutige Epoche der Bewusstseinsseele eintreten. Denn letztere weckt notwendigerweise das intensive Bedürfnis, nicht nur blind bzw. passiv dem einen oder anderen von außen kommenden moralischen Imperativ zu folgen, sondern in der *Erkenntnis* der tieferen, spirituellen Impulse der Zeit die Grundlage und die Kräfte für eine freie, individuelle, sittliche Beziehung zu sich selbst und zur Welt zu finden.

Und dieses zentrale Bedürfnis des modernen Menschen zu befriedigen – durch Geist-Erkenntnis auch zu den sittlichen Impulsen der menschlichen Entwicklung zu finden –, dazu ist heute die Anthroposophie oder moderne Geisteswissenschaft berufen.

Daraus folgt auch ihre besondere Aktualität sowie ihre, wie man mit vollem Recht sagen kann, *Unersetzlichkeit* für diejenigen, welche, von den recht verstandenen «Zeichen der Zeit» ausgehend, danach streben, die gegenwärtige Stufe der geistigen Entwicklung der Welt und der Menschheit zu erreichen.

II
Die fünfte Bitte des Vaterunser und die fünfte nachatlantische Kulturepoche

Und vergib uns unsere Schulden,
wie wir vergeben unseren Schuldigern.
Matth. 6, 12

Als Ausgangspunkt für eine wahre *Erkenntnis* des Verzeihensproblems, und das heißt für seine Betrachtung von einem mehr geistigen oder okkulten Standpunkt aus, soll seine zentrale Beziehung zur gegenwärtigen fünften Kulturepoche dienen.

Der Anthroposoph und Mitbegründer der Christengemeinschaft Friedrich Rittelmeyer, der einer der nahestehendsten und fortgeschrittensten esoterischen Schüler Rudolf Steiners war, wies auf diese für unsere Betrachtung ungewöhnlich wichtige Beziehung in seiner Schrift über das grundlegende christliche Gebet, das *Vaterunser*, hin.

In dem Einführungskapitel, das «Vom Beten» betitelt ist, finden wir in außergewöhnlich konzentrierter Form eine Darstellung der Beziehung zwischen den sieben Bitten des Vaterunser und den sieben nachatlantischen Kulturepochen der Menschheitsentwicklung. So wurde die erste nachatlantische, die urindische Epoche auf den ursprünglichen Fähigkeiten der alten Inder begründet, hinter der Maya der physischen Materie den letzten Abglanz der großen Uroffenbarung der Menschheit zu schauen, welche das verborgene Wirken des Geistes oder des *Namens* Gottes allüberall unmittelbar erleben ließ.

Die Hauptaufgabe der urpersischen Epoche war es, die Erdenentwicklung bis hin zum physischen Dasein des Menschen auf der

Erde mit den Kräften des göttlichen Licht-*Reiches* zu durchdringen, mit den Kräften des Sonnengottes Ormuzd, in dessen Gestalt die von Zarathustra geführten alten Perser den künftigen Christus erkennen lernten.

Die Entwicklung der dritten, ägyptisch-babylonisch-assyrisch-chaldäischen Epoche wurde von eingeweihten Mysterien-Priestern geleitet, die in den gesetzmäßigen Bewegungen der Planeten und Fixsterne den Willen der das Weltenall lenkenden höheren Gottheiten zu lesen suchten, um auf dieser Grundlage den ihnen ergebenen Völkern die Gesetze und Einrichtungen zu geben, die geeignet waren, das persönliche und das soziale Leben der Menschen zu gestalten.

«Erst in der griechisch-römischen Kultur ist der Mensch völlig auf der Erde angekommen», führt Friedrich Rittelmeyer aus.[1] Die unmittelbare Folge dieses Prozesses ist nun in der vierten Epoche das Problem des «täglichen Brotes». Es stellt die neue, von der ganzen Menschheit erreichte, objektive Beziehung zu der sie umgebenden Erdenwelt dar.

Schließlich schreibt Friedrich Rittelmeyer über unsere fünfte Epoche: «Die *germanisch-angelsächsische Kultur* hat zur Aufgabe die volle Erfassung des menschlichen Ich in der ‹Bewusstseinsseele›. Damit taucht stark und neu die Frage des persönlichen Schicksalskampfes empor, aber auch die Frage nach dem Zusammenhang des menschlichen Ich mit dem Ich der anderen Menschen, die Frage nach dem Zusammenhang des menschlichen Ich mit der göttlichen Welt. Bewusster und freier als zuvor fühlt sich der Mensch hineingestellt in den Kampf von Gut und Böse.»

Einen Schlüssel für diese Epoche bildet der fünfte Vers des Vaterunser: «Und vergib uns unsere Schulden, wie auch wir vergeben unseren Schuldigern.» Diesem Vers kommt für unsere Betrachtung eine zentrale Bedeutung zu.

Den Abschluss bilden die zukünftige sechste und siebente Kulturepoche (die slawische und die amerikanische). Die erstere wird den besonders seit unserer fünften nachatlantischen Epoche im Menschen veranlagten Dualismus von Gut und Böse voll zur Erscheinung bringen, und zwar nicht nur in seinem Innern, sondern auch im äußeren sozialen Leben. Was Rudolf Steiner als die zukünftige Teilung der Menschheit in zwei Rassen, die gute und die böse, schildert, das wird in der slawischen Epoche in seinen ersten Anfängen zum Ausdruck kommen.[2] So wurde auch in der Malerei der kleinen Kuppel des ersten Goetheanum der «slawische Mensch» neben seinem dunklen Doppelgänger dargestellt.[3] Deshalb kann man diesen zukünftigen Zustand der Menschheit am besten mit der sechsten Bitte des Vaterunser charakterisieren: «Und führe uns nicht in Versuchung.» Das heißt, lass uns nicht den dunklen Kräften des Doppelgängers in uns verfallen. Was aber die siebente Bitte betrifft – «Sondern erlöse uns von dem Bösen» –, so ist in ihr ein Hinweis auf den Grundcharakter der letzten, siebenten Epoche gegeben, mit der auch der Beginn des «Kampfes aller gegen alle» verbunden sein wird und mit der der gesamte Zyklus der nachatlantischen Epochen vor dem Beginn der nächsten großen Epoche der Erdenentwicklung abgeschlossen werden wird.[4]

Nun wollen wir die fünfte Bitte des Vaterunser genauer betrachten. Schon aus der Charakteristik, die Friedrich Rittelmeyer ihr gibt,[5] lässt sich deutlich ersehen, wie eng die Beziehung gerade dieses Verses des großen christlichen Gebetes zu unserer Zeit ist.

Besonders vier Probleme sind als die zentralen für unsere Zeit zu benennen:
- das Problem des Ich;
- das Problem der sozialen Beziehungen der Menschen (das heißt der Beziehung von Ich zu Ich);
- das Problem des bewussten Verhältnisses zum Karma;
- das Problem des Bösen.

Diese vier Probleme sind auf das engste mit den von uns hier betrachteten Versen des Vaterunser verbunden. So zum ersten das Problem des Ich, da – wie noch gezeigt werden wird – nur aus dem voll entwickelten individuellen Ich, das sich in der Bewusstseinsseele entfaltet und von dort den Weg zum höheren Ich sucht, der *wahre* Akt des Verzeihens auf der Erde vollzogen werden kann. Auf diese Beziehung des niederen zum höheren Ich im Verzeihensakt weist der erste Teil der fünften Bitte: «Und vergib uns unsere Schulden». Das sind Worte, mit denen sich das niedere Ich innerlich in jedem Menschen an das höhere wendet.

Zum zweiten das Problem der Beziehung von Ich zu Ich, das heißt das eigentliche soziale Problem. Auf dieses weist außer dem Gehalt des zweiten Teiles der fünften Bitte – «... wie wir vergeben unseren Schuldigern» – auch die Erklärung Rudolf Steiners zu diesem Vers. In seinen Vorträgen über das grundlegende christliche Gebet[6] spricht dieser eingehend über den Zusammenhang der fünften Bitte des Vaterunser mit dem menschlichen Ätherleib und durch ihn mit der gesamten sozialen Umgebung. Denn der Mensch geht durch die besonderen Eigenschaften des Ätherleibes eine Verbindung mit einer sozialen Gemeinschaft auf der Erde ein, sei es mit der Familie, dem Volk oder einer ganzen Epoche: «Man ist ein Angehöriger einer Gemeinschaft wegen gewisser Eigenschaften des Ätherleibes ... So dass also dieser Ätherleib des Menschen die Aufgabe hat, sich den anderen Ätherleibern anzupassen ... Die Disharmonie mit der Gemeinschaft, das sind Verfehlungen des Ätherleibes.»[7] Und «in aller Gemeinschaft ist, was aus dem fehlerhaften Ätherleib fließt, als ‹Schuld› bezeichnet».[8] So ist ohne die das soziale Leben ständig gesundende Kraft, wie sie aus dem wahren Verzeihen hervorgeht, ein lebensfähiger sozialer Organismus in unserer Zeit faktisch nicht möglich. Denn jegliche Neigung zur Rachsucht oder zum Nachtragen wirkt wie ein starkes Gift auf ihn.

Zum dritten findet auch das Problem des Karma im menschlichen Leben in dem genannten Vers des Vaterunser seinen Ausdruck. Das ist einerseits das mit dem Ich verbundene individuelle Karma und andererseits das Karma, das im Laufe der gesamten Erdenentwicklung einen Menschen mit dem anderen verbindet, das einzelne menschliche Ich mit der karmisch zu ihm gehörenden sozialen Gemeinschaft.

Und viertens hat die fünfte Bitte des Vaterunser eine ganz unmittelbare Beziehung zu dem zentralen Problem der fünften nachatlantischen Epoche – dem Problem des Bösen. Denn so wie das hauptsächliche *innere* Problem der Menschenseele in der vierten nachatlantischen Epoche das Problem von Geburt und Tod war sowie die daraus hervorgehende Notwendigkeit, den irdischen Organismus während der ganzen Zeit des Erdenlebens physisch zu erhalten – «Unser alltägliches Brot gib uns heute» –, so stellt das *innere* Hauptproblem der Menschenseele heute in der fünften Epoche das Problem der Begegnung mit dem Bösen dar und die Frage, wie ein rechtes Verhältnis zu diesem gefunden werden kann.[9] Denn wenn die drei ersten Bitten des Vaterunser sich auf die göttlich-geistige Welt beziehen, die vierte auf die Erde und den eigentlichen Charakter der physischen Verkörperung des Menschen auf ihr, so haben die drei letzten Bitten eine unmittelbare Beziehung zu dem Problem des Bösen und weisen auf die Notwendigkeit hin, immer aktiver und bewusster diesem zu widerstehen. Denn nur durch ein bewusstes Ringen mit ihm, das erst jetzt mit der fünften nachatlantischen Epoche beginnt, wird der Mensch allmählich, dank der Überwindung der Mächte des Widerstandes und des Bösen, zunächst in sich selbst und dann in der äußeren Welt die Ziele wirklich erreichen können, die ihm in der Weltentwicklung gestellt wurden, und das heißt: eine neue, zehnte Hierarchie der Freiheit und Liebe im Kosmos zu werden.[10]

Dieser Weg zur zehnten Hierarchie durch die Überwindung der Mächte des Bösen wird in dem Vaterunser von der fünften Bitte an dargestellt, die sich, wie wir sahen, auf die heutige fünfte nachatlantische Epoche bezieht. Daher stammt auch die zentrale Bedeutung dieser Bitte für uns, denn mit ihr beginnt der Weg, der in der Zukunft der eigentliche Entwicklungsweg der christlichen Menschheit sein muss, wenn sie einst tatsächlich die ihr von der Weltenlenkung gesetzten Ziele erreichen soll. Aus diesem Grunde ist der einzige Vers im Vaterunser, zu dem der Christus Jesus selbst einen Kommentar gibt, wodurch er auch seine entscheidende Bedeutung unterstreicht, eben diese fünfte Bitte. So erklärt der Christus Jesus, unmittelbar nachdem er seinen Jüngern dieses wichtigste christliche Gebet gegeben hat, dasselbe mit den Worten: «Wenn ihr den Menschen ihre Fehler verzeiht, so wird euch euer himmlischer Vater auch eure Fehler verzeihen» (Matth. 6, 14-15).

Die zentrale Bedeutung, welche im Evangelium gerade diesen Worten des Gebetes beigemessen wird, wird noch durch die Schlüsselstellung betont, welche die fünfte Epoche in der nachatlantischen Entwicklung einnimmt. Denn nach der geisteswissenschaftlichen Forschung Rudolf Steiners ist die fünfte Kultur diejenige, «auf die es ankommt. Sie ist etwas Neues, das hinzugekommen ist, das herübergetragen werden muss in das sechste Zeitalter.[11] Die sechste Kultur wird in Dekadenz sinken, es wird eine absteigende Kultur sein» (und selbstverständlich in noch größerem Maße die siebente Kulturepoche).[12]

Und schließlich kann uns die Betrachtung der gesamten kosmischen Evolution der Erde im Lichte des esoterischen Gehalts des Vaterunser noch von einer weiteren Seite auf die Bedeutung seiner fünften Bitte hinweisen. Denn bei dem Vergleich der sieben Bitten des Gebetes mit der kosmischen Evolution wird noch die folgende Beziehung deutlich. Seine drei ersten Bitten um den Namen, das Reich und den Willen sind ein Ausdruck der entsprechenden hauptsächlichen Gestaltungskräfte der früheren planetarischen Zustände der Erde. So entstand der alte Saturnzustand durch das kosmische Opfer der Geister des *Willens*, die Grundlage des alten Sonnenzustandes bildete das von den Geistern der Weisheit geschaffene hohe Sonnen*reich* der Weisheit, auf dem diese dann ihre Führung der Sonnenverkörperung unserer Erde aufbauten. Auf dem alten Mond wurde der Erdenmenschheit zugleich mit dem Erwachen des imaginativen Bewusstseins[13] die Offenbarung des göttlichen *Namens*, der ihr durch die Geister der Bewegung von der Sonne herabgesandt wurde, in allen sie umgebenden Wesen und Prozessen erlebbar.

Die vierte Bitte des Vaterunser bringt die Grundtendenz der ersten Hälfte der Erdenentwicklung zum Ausdruck, die sich bis zum Mysterium von Golgatha erstreckte und die vornehmlich unter der Führung der Marskräfte stand. Ihre Aufgabe war es, die Menschen endgültig in die Welt der physischen Materie zu führen, bis hin zu dem unmittelbaren Erleben der Bedeutung des «täglichen Brotes» für ihr Erdenleben. Entsprechend bringt die fünfte Bitte die Haupttendenz der zweiten – *christlichen* – Hälfte der Erdenentwicklung zum Ausdruck, die zum Ziel hat, die Menschheit dadurch, dass sie sich mit dem Christus-Impuls durchdringt, wieder aus der Welt der Materie zurück zur Welt des Geistes zu führen, aus der Welt der Naturnotwendigkeit, wo nur «Gesetze» und «Gebote» walten, zu moralischer Freiheit und höherer Gnade, welche aus dem bewussten Hineinwachsen des Menschen in die höheren Welten als Folge seines Aufsteigens vom niederen zum höheren Ich erfließen. Vollständig wird dieses Aufsteigen erst am Ende der gesamten Evolution der heutigen Erde erreicht werden und dann als Grundlage für ihren Übergang vom Erden-(Merkur-)Äon zu ihrer folgenden kosmischen Verkörperung, dem Jupiter-Äon, dienen. Den Beginn dieses Prozesses aber muss die Entwicklung der geistigen Kräfte bilden, die aus der Fähigkeit zum wahren Verzeihen herrühren.

Es soll hier noch ganz kurz bemerkt werden, dass der wichtigste Aspekt des Gegensatzes von Gut und Böse, der auf dem Jupiter auftreten wird, in der sechsten Bitte des Vaterunser enthalten ist.[14] Die endgültige *kosmische* Trennung von Gut und Böse schließlich wird auf der Venus erfolgen, worauf die letzte Bitte des Gebetes weist.[15]

So folgt aus dem Gesagten, dass in der fünften Bitte des Vaterunser nicht nur ein Leitsatz für unsere fünfte nachatlantische Epoche enthalten ist, sondern auch ein Hinweis auf den *Weg* des geistigen Aufsteigens, den die christliche Menschheit während der zweiten Hälfte der Erdenentwicklung gehen wird, die unter dem Zeichen der führenden Mächte des Merkur steht und die das Mysterium von Golgatha zum Ausgangspunkt hat.

Dieser Weg, von dem die Fähigkeit, wahrhaft zu verzeihen, eine der bedeutendsten Stufen bildet, soll nun in der vorliegenden Arbeit eingehend dargestellt werden. Dabei ist jedoch zu beachten, dass die Fähigkeit zu verzeihen weder seine erste noch seine letzte oder höchste Stufe ist.

Im ganzen kann man für den gegenwärtigen Zyklus der Erdenentwicklung *vier* Stufen dieses Weges aufzeigen, wobei eine Stufe der des Verzeihens vorangeht und zwei auf sie *folgen*. Der Weg selbst, insoweit dessen Ausgangspunkt das Mysterium von Golgatha bildet, ist nicht nur in moralisch-ethischer Beziehung ein christlicher Weg, sondern – und das ist für die heutige Zeit besonders wichtig – er ist vor allem ein okkult-erkenntnismäßiger Weg, der sowohl zu einem unmittelbaren *Erleben* der Christus-Wesenheit als auch zu einem tieferen *Verständnis* derselben führt. Denn nur das letztere verleiht dem modernen Menschen die Möglichkeit, allmählich zu einem vollbewussten Helfer und Mitarbeiter des Christus bei der Verwirklichung seiner Ziele auf der Erde zu werden, und das bedeutet, sein *Freund* zu werden im Sinne seiner eigenen Worte, so wie sie im Johannes-Evangelium stehen: «Ich kann euch nicht mehr Knechte nennen, denn der Knecht weiß nicht, was sein Herr tut. Ich nenne euch Freunde, weil ich euch alles habe erkennen lassen, was mir durch meinen Vater kundgeworden ist» (15, 15).

So ist, diesen Worten zufolge, der Hauptunterschied zwischen den «Knechten» des Christus und seinen «Freunden», dass erstere auch heute noch von den ihnen von außen gegebenen «Gesetzen» und «Geboten» geleitet werden, während für die zweiten vor allem ihr *Wissen* davon charakteristisch ist, was der Christus in jeder Epoche der Erdenentwicklung von uns erwartet, so auch heute in der gegenwärtigen fünften nachatlantischen Kulturepoche. Davon aber zur Menschheit zu sprechen ist in unserer Zeit ganz besonders die Anthroposophie berufen mit ihrer Verkündigung des zentralen geistigen Ereignisses in unserer Zeit, des Erscheinens des Christus im Ätherischen.

In diesem Sinne stellt die Anthroposophie nicht nur ein bestimmtes Wissen über die geistigen Welten dar, sondern eine *reale Sprache*, in welcher sich der Mensch der Gegenwart unmittelbar an den ätherischen Christus wenden kann, der heute bereits in der Menschheit wirkt, um ihn über das Wichtigste zu befragen, über das, was ihm durch den «Vater kundgeworden ist» *gerade für unsere Epoche*. Auf diese zentrale Bedeutung der Anthroposophie oder der modernen Geisteswissenschaft für unsere Zeit wies Rudolf Steiner mit den Worten hin: «Suchen wir daher nicht bloß als Lehre, suchen wir als eine Sprache uns die Geisteswissenschaft anzueignen, und warten wir dann, bis wir in dieser Sprache die Fragen finden, die wir an den Christus stellen dürfen. Er wird antworten, ja er *wird* antworten! Und reichliche Seelenkräfte, Seelenstärkungen, Seelenimpulse wird derjenige davontragen, der aus grauer Geistestiefe heraus, die in der Menschheitsentwickelung dieser Zeit liegt, die Anweisung des Christus vernehmen wird, die dieser dem, der sie sucht, geben will in der allernächsten Zukunft.»[16] Denn für unsere Zeit ist die Suche einer solchen bewussten Beziehung zu der neuen Offenbarung des Christus im Ätherischen mit allen sich aus ihr ergebenden geistigen und sozialen Aufgaben das, was allein den *Menschen heute* wahrhaftig zu einem *Freund* des Christus machen kann.

Die wichtigste Fähigkeit aber, welche der Mensch in sich entwickeln muss, gleichzeitig mit dem Studium der Geisteswissenschaft als der geistigen Sprache, in welcher der ätherische Christus mit der heutigen Menschenseele sprechen will, das ist die Fähigkeit, *wahrhaftig zu verzeihen*, die, wie noch gezeigt werden soll, ihrem okkulten Wesen nach eine besondere Beziehung zum Erleben des ätherischen Christus hat und die zudem einen Teil des Weges darstellt, der von seiner heutigen ätherischen Offenbarung zu seiner noch höheren Offenbarung in der Zukunft führt.

Bevor jedoch eine eingehendere Beschreibung des genannten Weges sowie eine genauere Betrachtung der okkulten Grundlagen und des geistigen Wesens des Verzeihens vorgenommen werden kann, ist es notwendig, seine Bedeutung für die heutige Epoche an Beispielen zu zeigen, die uns real erleben lassen, bis zu welchem Grade die Menschen heute nicht eine abstrakte Propagierung des Verzeihens brauchen, sondern eine geisteswissenschaftliche *Erkenntnis* desselben.

III
Sieben Beispiele des Verzeihens

Das Problem des Verzeihens ist für unsere Zeit vielleicht am entschiedensten und unmittelbarsten in dem Buch von Simon Wiesenthal, *Die Sonnenblume. Eine Erzählung von Schuld und Vergebung*[1], dargestellt. Die Geschehnisse, die in diesem ungewöhnlichen Buch beschrieben werden, ereigneten sich während des zweiten Weltkriegs. Damals befand sich sein Verfasser in einem nationalsozialistischen Lager in Lemberg. Die Lebensbedingungen in demselben waren schrecklich. Täglich wurden Menschen geprügelt und erschossen, die Arbeit von morgens bis abends überstieg die Kräfte, es herrschte Hunger. Die geringste Widersetzlichkeit kostete das Leben; Krankheit und Erschöpfung führten zum Tode.

Einmal wurde eine Gruppe von Gefangenen, zu der auch Simon Wiesenthal gehörte, zur Arbeit in ein nicht weit vom Lager entferntes Kriegslazarett geschickt, das in dem Gebäude der ehemaligen Technischen Hochschule von Lemberg untergebracht war. Während der Arbeit kam eine Krankenschwester zu Wiesenthal, fragte ihn, ob er Jude sei, und forderte ihn auf, mit ihr in das Lazarettgebäude zu gehen. Sie führte ihn in ein kleines, halbdunkles Zimmer und ließ ihn am Bett eines Verwundeten zurück, der vom Kopf bis zu den Füßen in Verbände eingehüllt war, so dass nur sein Mund, seine Nase und seine abgemagerten Hände zu sehen waren. Und von den Lippen dieses Sterbenden vernahm Simon Wiesenthal, der sich selbst in ständiger Todesgefahr befand, die folgende Beichte.

Vor ihm lag ein noch junger Mensch von kaum einundzwanzig Jahren. Er war ein Deutscher, der schon in früher Jugend, der nationalsozialistischen Propaganda erlegen, zunächst in die Hitlerjugend, sodann – freiwillig – in die Waffen-SS eingetreten und bald darauf an die Ostfront geschickt worden war.

Das Verbrechen, das der Sterbende dem jüdischen Häftling beichten wollte, war in der ukrainischen Stadt Dnjepropetrowsk begangen worden. Bevor die Russen die Stadt verließen, hatten sie viele Häuser und Straßen vermint. Bald danach ereigneten sich Explosionen in der Stadt, und es gab Verwundete und Tote unter den deutschen Soldaten. Die Rache ließ nicht lange auf sich warten. Noch an demselben Tage wurde eine SS-Abteilung, zu der auch der junge Mann gehörte, an das andere Ende der Stadt geschickt, wo das ungeheuerliche Verbrechen geschah. Einhundertfünfzig bis zweihundert gefangene Juden, ein Teil der Zivilbevölkerung der Stadt, unter ihnen viele Frauen, Kinder, Alte, wurden mit Gewalt in ein kleines Gebäude getrieben, sodann brachte man Kanister mit Benzin in die oberen Etagen, verschloss die Türen und befahl den um das Haus postierten SS-Soldaten, das Benzin in Brand zu schießen sowie auf jeden zu zielen, der versuchen sollte, sich aus dem Fenster springend zu retten. Und viele versuchten, aus der Flammenhölle zu entkommen.

Der Erinnerung des Sterbenden hatte sich vor allem ein Bild eingeprägt: Ein Mann, der ein Kind in den Armen hält, seine Kleider brennen schon. Er bedeckt ihm die Augen und springt mit ihm aus dem Fenster. Nach ihnen die Mutter.

«Wir schießen …

Diese Familie werde ich nie vergessen – vor allem das Kind», so beendete der Sterbende seine Erzählung.

Nach diesem Verbrechen wurde die SS-Abteilung, zu der er gehörte, weiter nach Süden verlegt. Es fanden nun schwere Kämpfe auf dem Territorium der südlichen Ukraine und der Krim statt. Die Erinnerung an das Verbrechen, das er begangen hatte, ließ ihm jedoch keine Ruhe. «Es hat einige Zeit gedauert, bis mir bewusst geworden ist, wie viel Schuld ich auf mich geladen habe.» Und erst allmählich konnte er klar erfassen, was er seinem Gast gegenüber mit den Worten aussprach: «Ich bin nicht als Mörder geboren, ich bin zum Mörder gemacht worden.»

Bald nachdem er sich des von ihm begangenen Verbrechens voll bewusst geworden war, geschah bei einem Angriff das Folgende, das der Sterbende Simon Wiesenthal gegenüber mit den Worten beschrieb: «Aber plötzlich blieb ich wie angewurzelt stehen. Etwas kam auf mich zu. Meine Hände, die das Gewehr mit dem aufgepflanzten Bajonett hielten, fingen an zu zittern. Und da sah ich ganz deutlich die brennende Familie, den Vater mit dem Kind und dahinter die Mutter – und sie kamen mir entgegen. Nein, ein zweites Mal werde ich nicht auf sie schießen, schoss es mir durch den Kopf … Und dann krepierte neben mir eine Granate. Ich verlor das Bewusstsein. Als ich im Lazarett wieder aufwachte, wusste ich, dass ich blind war. Mein ganzes Gesicht ist zerfetzt, und auch mein Oberkörper hat einiges abbekommen. Ich bestehe nur noch aus Wunden. Eine Schwester hat mir erzählt, dass der Arzt ein ganzes Gefäß voll Granatsplitter aus meinem Körper herausgeholt hat. Es ist ein Wunder, dass ich überhaupt noch lebe – ich bin schon so gut wie tot …»

Die stärksten physischen Leiden sind jedoch nichts im Vergleich mit den moralischen Qualen und den Gewissensbissen, die er nun, nachdem er das Bewusstsein wiedererlangt hat, Tag und Nacht ununterbrochen durchmacht wie eine langsame, keinen Augenblick aufhörende Folter: «Aber viel schlimmer quält mich mein Gewissen. Das brennende Haus und die aus dem Fenster springende Familie lassen mir keine Ruhe.»

Und schließlich folgen, nach einer kurzen Pause, die entscheidenden Worte: «Ich weiß,» – so sagte der Sterbende – «was ich Ihnen erzählt habe, ist furchtbar. In den langen Nächten, in denen ich auf den Tod warten musste, hatte ich immer wieder das Bedürfnis, mit einem Juden darüber zu sprechen … und ihn um Vergebung zu bitten. Ich weiß, was ich verlange, ist fast zu viel für Sie. Aber ohne Antwort kann ich nicht in Frieden sterben.»

Nach diesen Worten herrscht Schweigen. Die Frage ist gestellt, die nicht nur für die zwei Menschen in dem Raum, sondern für die ganze Menschheit und ihre zukünftige Entwicklung von entscheidender Bedeutung ist. Jedoch beide, die das Schicksal auf eine so furchtbare Weise an diesem Ort zusammenführte, können, wenn auch aus ganz verschiedenen Gründen, keine Antwort auf diese Frage geben. Simon Wiesenthal verlässt schweigend, ohne ein Wort, das Zimmer. Am nächsten Tag, als er abermals zur Arbeit in das Lazarett kommt, erfährt er, dass der junge Mensch, der am Vortag mit ihm gesprochen hatte, gestorben sei. Und damit hat dieses Geschehen, allem Anschein nach, ein natürliches Ende gefunden.

Für Simon Wiesenthal war das jedoch nicht der Fall. Denn diese, im Vergleich mit all den Schrecken und Leiden, die er im Lager sehen und durchmachen musste, scheinbar «unbedeutende» Episode erwies sich während vieler Jahre in gewissem Sinne als ein zentrales Lebensproblem, wie schon die Tatsache beweist, dass er dieses Buch schrieb. Und so ist etwas Erstaunliches geschehen. Ein Mensch, der durch die Hölle mehrerer nationalsozialistischer Konzentrationslager ging, der selbst täglich dem Tod ins Angesicht sah und der immer wieder den Untergang vieler, ja wohl Hunderter unschuldiger Männer, Frauen, Kinder und alter Menschen hatte mit ansehen müssen, der seitdem sein ganzes weiteres Leben der Suche nationalsozialistischer Verbrecher widmete, um sie dem irdischen Richter zu übergeben, dieser wahrhaft furchtlose Mensch erwies sich vor der ihm und in einem gewissen Sinne der ganzen Menschheit vom Schicksal gestellten moralischen Frage als völlig machtlos.

Wir können auch sagen, dass durch sie, durch den Schleier des persönlichen Karma von Simon Wiesenthal hindurch, etwas in Erscheinung tritt, das seinem Wesen nach das Karma der Menschheit in unserer Zeit insgesamt betrifft. Deshalb wandte er sich auch mit seiner Erzählung *an alle* Menschen. Zahlreiche Äußerungen zu diesem Problem von Menschen, die sich durch sittliche und religiöse Überzeugungen, Berufe und soziale Lage von einander unterscheiden, machen den zweiten Teil des Buches aus. Beschäftigt man sich mit all diesen Lösungsversuchen, so taucht immer wieder die Empfindung auf, dass die *Ebene*, auf dem sie vorgenommen wurden, einen Erfolg von vornherein ausschließt. Und so bilden auch tatsächlich die auf dieser Ebene durchgeführten Argumente «für» oder «gegen» das Verzeihen bald so etwas wie einen geschlossenen Kreis, aus dem es keinen Ausgang gibt: Der Mensch kann doch nur für sich selbst verzeihen. Kann er das etwa für andere tun? – Oder: Als Christ bin ich der Ansicht, dass der Verfasser der Erzählung dem Sterbenden angesichts seiner Reue hätte verzeihen müssen. Da er sich aber nicht zum christlichen Glauben bekennt, ist das Problem doch nicht zu lösen. Und so fort. Die Zahl solcher Äußerungen, die im zweiten Teil des Buches enthalten sind, ließe sich hier vervielfachen. Bei ihrem Studium drängt sich der Gedanke auf, dass sich bei dieser, wie vielleicht bei keiner anderen, Frage einerseits eine gewisse geistige Kraftlosigkeit des Gegenwartsmenschen zeigt, und andererseits entsteht die Überzeugung, dass die Geisteswissenschaft oder Anthroposophie zu dieser Frage ein Wort zu sagen hat und sagen sollte. Sie sollte es von jener Ebene aus sagen, die ein ganz andersartiges Verständnis vom Wesen des Menschen, seines Lebens und Schicksals (Karma) vermittelt, ein Verständnis, das heute nur aus den Mitteilungen der wahren Geistesforschung erfließen kann. Denn aus jeder Einzelheit von Simon Wiesenthals Erzählung folgt mit aller Deutlichkeit, dass das Problem von Schuld und Verzeihen, wie schon der Untertitel seines Buches besagt, in Wirklichkeit eine zentrale Frage unserer Gegenwart ist.

Als zweites und zugleich dem ersten polar entgegengesetztes Beispiel soll hier die Erzählung angeführt werden, die der Psychiater George G. Ritchie in seinem Buch *Rückkehr von morgen*[2] wiedergibt. Das Hauptthema des Buches bildet das übersinnliche Erlebnis, das der Verfasser am Ende des Jahres 1943 im Lager Barkeley hatte, wo er als zwanzigjähriger Rekrut für die spätere Teilnahme am zweiten Weltkrieg in der amerikanischen Armee ausgebildet wurde.

Nachdem er sich bei den Appellen eine heftige Lungenentzündung zugezogen und infolgedessen einige Zeit an der Grenze zwischen Leben und Tod befunden hatte, hatte George Ritchie eine Reihe übersinnlicher Erlebnisse außerhalb seines physischen Leibes. Diese Erlebnisse enthalten vom anthroposophischen Standpunkt, wenn auch nicht immer der Form, so doch dem Inhalt nach, viel Wahres, trotz ihres sinnlich-irdischen Charakters, der verständlicherweise dadurch hervorgerufen wurde, dass Ritchie bewusstseinsmäßig in keiner Weise auf sie vorbereitet war und auch bis zu seiner Erkrankung ein Leben führte, das von jeglichen geistigen Interessen weit entfernt war. Das Zentrale aber aller in dem Buche beschriebenen hellsichtigen Erlebnisse des Verfassers und gleichzeitig ihre höchste Kulmination war ohne Zweifel seine übersinnliche Begegnung mit dem ätherischen Christus in der an die Erde grenzenden geistigen Welt.

Es ist nicht die Aufgabe der vorliegenden Arbeit, die von George Ritchie beschriebene Begegnung mit dem übersinnlichen Christus genauer darzustellen oder gar zu kommentieren. Vielmehr genügt es zu sagen, dass diese sein ganzes weiteres Leben bestimmte und dessen weiterem Verlauf eine von Grund auf neue Richtung verlieh. Denn George Ritchie wurde aus einem modernen, materialistisch gesonnenen jungen Mann zu einem tief christlichen Menschen, der von den grundlegenden Wahrheiten des Christentums nicht durch die eine oder andere religiöse Tradition, sondern unmittelbar aus der geistigen Welt heraus überzeugt worden war.

Das übersinnliche Erlebnis, das George Ritchie durch sein Karma haben durfte, hatte für ihn jedoch noch eine andere Folge. Denn nach diesem zentralen Erlebnis, als der Christus ihm in der hellsichtigen Schau erschienen war, wurde er auf das stärkste von dem Wunsch beseelt, ihm abermals übersinnlich zu begegnen.

«Die Einsamkeit, die ich in diesem Jahr verspürt hatte, die Entfremdung von der Welt und den Dingen um mich herum, war all das nicht das Verlangen, zurückzukehren zu dem Augenblick, als ich in Jesu Gegenwart stand?» schreibt er in seinem Buche.

Mit dieser Bitte, dieser Frage gegenüber der geistigen Welt sollte George Ritchie jedoch noch viele Monate leben, bis nach mehr als einem Jahr seit seiner übersinnlichen Begegnung mit dem Christus eine Antwort aus der geistigen Welt kam, die ihn auf eine Möglichkeit hinwies, den Christus auf eine ganz andere Art zu erleben, was von nun an das Wichtigste in seinem Leben sein sollte. Er selbst beschreibt seine neue Erkenntnis mit den Worten: «Es war nicht gut, so erkannte ich plötzlich, wenn ich nach Ihm in der Vergangenheit suchte, wenn auch die Vergangenheit nur fünfzehn Monate zurücklag. An jenem Nachmittag auf der Straße von Rethel wusste ich, dass, wenn ich die Nähe Christi zu fühlen wünschte – und ich wünschte dies mehr als alles andere –, dann musste ich sie in den Menschen finden, die er an jedem Tag vor mich stellte.» Für George Ritchie selbst war das ein ganz neuer Weg zu dem Christus, über dessen Beginn er sich mit der ihm eigenen amerikanischen Geradlinigkeit äußert: «Der erste Schritt, so erkannte ich, bedeutete, mit dem Versuch aufzuhören, jene außerweltliche Vision von Jesus wieder einfangen zu wollen, und ihn statt dessen in den Gesichtern über dem Esstisch zu suchen.»

Und dann beschreibt er einige Fälle solcher Christus-Erlebnisse *durch Menschen*, denen er begegnete. Fast immer waren das Begegnungen, von denen er, sich seines hellsichtigen Erlebnisses erinnernd, mit ganzer Überzeugung sagen konnte: Ja, durch die Augen dieses vor mir stehenden Menschen erscheint mir das Antlitz des Christus. Dabei war es nicht von entscheidender Bedeutung, wie weit der Mensch, dem George Ritchie so begegnete, sich dessen selbst bewusst war.

Besonders einer der von Ritchie beschriebenen Fälle hat eine direkte Beziehung zu unserem Thema. Es war im Mai 1945 am Ende des Krieges, als Ritchie mit einer kleinen Gruppe von Ärzten in ein gerade erst befreites, nicht weit von Wuppertal auf deutschem Territorium liegendes nationalsozialistisches Konzentrationslager geschickt wurde, um den Häftlingen schnelle medizinische Hilfe zu bringen. Tausende von Menschen aus den verschiedensten Ländern Europas, darunter viele Juden, befanden sich am Rande des Hungertodes. Nicht allen konnte geholfen werden, so dass trotz intensiver medizinischer Bemühungen und der Verbesserung der Ernährung noch immer täglich viele Menschen starben. Für Ritchie selbst erwies sich das, was er in dem Lager sah, als schlimmer als alles, was er im Krieg erlebt hatte. Trotzdem suchte er, nachdem er auf seine wichtigste Lebensfrage eine Antwort erhalten hatte, auch in dieser neuen Prüfung die geheime Gegenwart des Christus zu erkennen. Er schreibt darüber: «Jetzt brauchte ich meine neue Erkenntnis, in der Tat. Wenn es so schlimm wurde, dass ich nicht mehr handeln konnte, tat ich das, was ich gelernt hatte zu tun. Ich ging von einem Ende zum anderen in dem Stacheldrahtverhau und schaute in die Gesichter der Menschen, bis ich feststellte, dass das Gesicht Christi mich anblickte.» Und er fährt fort: «Und so lernte ich Wild Bill Cody kennen!» Das war nicht sein eigentlicher Name. So nannten ihn die amerikanischen Soldaten der Einfachheit halber. Er war der Herkunft nach ein polnischer Jude, dessen wahren Namen George Ritchie nur mühsam in den Papieren entziffern und selbstverständlich nicht erinnern konnte. Was ihn aber von Anfang an ungeheuer verwunderte, das war die ganz unbegreifliche Tatsache, dass Bill Cody im Vergleich mit allen anderen Gefangenen, von denen die meisten kaum noch zu gehen vermochten, ganz anders aussah: «Seine Gestalt war aufrecht, seine Augen hell, seine Energie unermüdlich.» Da er fünf Fremdsprachen beherrschte und im Lager als eine Art inoffizieller Dolmetscher fungierte, war seine Hilfe bei der Durchsicht des Archivmaterials und der Feststellung der Personalien der Lebenden und der Verstorbenen unersetzlich. Das Erstaunen von Ritchie wuchs aber noch, als er im Laufe der Arbeit Bill Cody näher kennen lernte. Er schreibt: «Aber obwohl Wild Bill 15 oder 16 Stunden täglich arbeitete, zeigten sich bei ihm keine Anzeichen von Ermüdung. Während wir übrigen uns vor Müdigkeit hängen ließen, schien er an Kraft zu gewinnen. ‹Wir haben Zeit für diesen alten Kameraden›, sagte er. ‹Er hat den ganzen Tag auf uns gewartet.› Sein Mitleid für seine gefangenen Kameraden strahlte aus seinem Gesicht, und zu diesem Glanz kam ich, wenn mich der Mut verlassen wollte.»

Schließlich konnte sich Ritchie die ungewöhnlichen physischen und seelischen Kräfte von Bill Cody nicht anders erklären, als dass er annahm, er sei wohl im Unterschied zu allen anderen Gefangenen erst seit kurzer Zeit im Lager. Wie groß aber war sein Erstaunen, als er aus dessen Papieren, die im Archiv erhalten waren, ersah, dass sich dieser bereits *sechs* Jahre in dem Lager befand: «Ich war darum sehr erstaunt, als ich die Papiere von Wild Bill eines Tages vor mir liegen hatte, dass er seit 1939 im KZ gewesen war! Sechs Jahre lang hatte er von derselben Hungertoddiät gelebt und wie jeder andere in derselben schlecht gelüfteten und von Krankheiten heimgesuchten Baracke geschlafen, dennoch ohne die geringste körperliche oder geistige Verschlechterung. Noch erstaunlicher war vielleicht, dass jede Gruppe im Camp ihn als ihren Freund betrachtete. Er war derjenige, dem Streitigkeiten zwischen den Insassen zum Schiedsspruch vorgelegt wurden. Erst nachdem ich wochenlang dort gewesen war, erkannte ich, welch eine Rarität dies in einem Gelände war, wo die verschiedensten Nationalitäten von Gefangenen einander fast so sehr hassten, wie sie die Deutschen hassten.» Und stets in heftigen Konfliktsituationen, die immer wieder aufs Neue in dem und um das Lager herum entstanden, «war Wild Bill Cody unser größter Aktivposten», schreibt George Ritchie weiter, «wenn er mit den verschiedenen Gruppen vernünftig redete und ihnen riet, Vergebung zu üben.»

Lange Zeit vermochte George Ritchie das Rätsel dieses ungewöhnlichen Menschen nicht zu lösen, bis Bill Cody ihm eines Tages als Antwort auf seine Äußerung, dass Menschen, die die Gefangenschaft und die Schrecken des Lagers durchgemacht hatten, so schwer nur vergeben könnten, da so viele von ihnen Familienangehörige in einem der Lager verloren hatten, seine eigene Geschichte anvertraute.

Diese kurze Erzählung gehört wahrhaftig zu den erstaunlichsten menschlichen Zeugnissen von den Möglichkeiten der Kräfte des

Verzeihens. Wegen der Wichtigkeit für die folgende Darstellung wollen wir sie hier vollständig anführen, so wie sie in dem Buch von George Ritchie enthalten ist.

«‹Wir lebten im jüdischen Sektor von Warschau›, fing er langsam an. Es waren die ersten Worte, mit denen er mir gegenüber von sich selbst sprach. ‹Meine Frau, unsere zwei Töchter und unsere drei kleinen Jungen. Als die Deutschen unsere Straße erreichten, stellten sie jeden an die Wand und eröffneten mit Maschinengewehren das Feuer. Ich bettelte, dass sie mir erlauben würden, mit meiner Familie zu sterben, aber da ich deutsch sprach, steckten sie mich in eine Arbeitsgruppe.› Er unterbrach, vielleicht, weil er wieder seine Frau und seine fünf Kinder vor sich sah. ‹Ich musste mich dann entscheiden›, fuhr er fort, ‹ob ich mich dem Hass den Soldaten gegenüber hingeben wollte, die das getan hatten. Es war eine leichte Entscheidung, wirklich. Ich war Rechtsanwalt. In meiner Praxis hatte ich zu oft gesehen, was der Hass im Sinn und an den Körpern der Menschen auszurichten vermochte. Der Hass hatte gerade sechs Personen getötet, die mir das meiste auf der Welt bedeuteten. Ich entschied mich dafür, dass ich den Rest meines Lebens – mögen es nur wenige Tage oder viele Jahre sein – damit zubringen wollte, jede Person, mit der ich zusammenkam, zu lieben.›» Und Ritchie fügt dieser Erzählung hinzu: «Jede Person zu lieben … das war die Kraft, die den Mann in allen Entsagungen so wohl erhalten hatte. Es war die Kraft, die mir zuerst im Krankenzimmer von Texas begegnet war, und, das lernte ich Stück für Stück, wo Jesus Christus hindurchscheinen wollte – ob der menschliche Träger sich dessen bewusst war oder nicht.»

Besonders zwei Momente sind hier für die folgende Behandlung unseres Themas von Bedeutung. Zum ersten die erstaunlichen und auf den ersten Blick völlig unbegreiflichen Worte von Bill Cody, dass der Entschluss zu verzeihen «eine leichte Entscheidung war, eine wirklich leichte», und zweitens, dass er gleichzeitig mit der ersten die zweite Entscheidung fällte, «jede Person, mit der ich zusammenkam, zu lieben». Im weiteren wird davon gesprochen werden, aus welchen Seelenkräften allein dieser «leichte» Entschluss gefasst werden konnte und was die okkulte Bedeutung des folgenden zweiten Entschlusses ist.

Ehe wir uns Beispielen für das Verzeihen zuwenden, die unmittelbar mit der Geschichte der anthroposophischen Bewegung und der Anthroposophischen Gesellschaft in unserem Jahrhundert verbunden sind, soll hier noch ein weiteres Beispiel aus der russischen Geschichte des 19. Jahrhunderts angeführt werden, an dem die Bedeutung dieses Impulses nicht nur für das Schicksal einzelner Menschen, sondern auch ganzer Völker deutlich wird.

Am 1. März 1881 ermordete eine Gruppe von revolutionären Terroristen den Zaren Alexander II. in Petersburg. Der Richter verurteilte die fünf Zarenmörder – unter ihnen eine Frau – zum Tode durch Erhängen. Die öffentliche Hinrichtung der Verurteilten sollte am 3. April desselben Jahres erfolgen. Das letzte Wort jedoch hatte – nach dem Prozess und der Urteilsverkündung – der Sohn des ermordeten Zaren, Alexander III., zu sprechen, der gerade erst auf den Thron gekommen war. Nach dem Gesetz hatte er allein das Recht, die Verbrecher im letzten Augenblick zu begnadigen oder das Gerichtsurteil vollstrecken zu lassen.

Da wandten sich zwei der bedeutendsten Vertreter des geistigen Lebens Russlands in der zweiten Hälfte des 19. Jahrhunderts fast gleichzeitig, ohne etwas von einander zu wissen, direkt mit der Bitte um Begnadigung an den Zaren. Das waren Wladimir Solovjeff und Lew Tolstoj. W. Solovjeff hielt zunächst einen öffentlichen Vortrag zu diesem Thema im Saal der Kreditgesellschaft von Petersburg, wonach ihm verboten wurde, weiterhin an der Universität zu lehren oder überhaupt öffentlich aufzutreten. Da er aber fürchtete, dass der Vortrag dem Zaren in entstellter Form übermittelt worden sein könnte, sandte er ihm einen persönlichen Brief, in dem er unter anderem schrieb:

«Da ich der Überzeugung bin, dass nur die geistige Kraft der Christus-Wahrheit die Macht des Bösen und der Zerstörung, die sich heute in noch nie dagewesenem Ausmaß zeigt, besiegen kann, und da ich weiter glaube, dass das russische Volk in seiner Ganzheit im Geist Christi lebt und sich bewegt, und da ich schließlich die Überzeugung hege, dass der Zar Russlands der Repräsentant des russischen Volksgeistes ist, der Träger der besten Kräfte des Volkes, und in seinem Namen spricht, habe ich mich entschlossen, diesen meinen Glauben öffentlich, vom Rednerpult aus, auszusprechen. Ich äußerte am Ende meiner Rede, dass die heutige schwere Zeit dem russischen Zaren die noch nie dagewesene Möglichkeit gibt, die Kraft, die dem Prinzip des christlichen Verzeihens innewohnt, zu bezeugen und so eine erhabene sittliche Tat zu vollbringen, die seine Macht auf eine unerreichte Höhe erhebt und seine Herrschaft auf unerschütterlichem Grund festigt. Wenn der Zar die Feinde seiner Macht trotz aller natürlichen Empfindungen des Menschenherzens, aller Berechnungen und Vorstellungen der irdischen Klugheit begnadigt, erhebt er sich auf eine übermenschliche Höhe und zeigt, dass die höchste geistige Kraft des russischen Volkes in ihm lebt, denn es wird sich kein einziger Mensch in diesem Volk finden, der eine größere Tat vollbringen könnte.»[3]

Unabhängig von Solovjeff wandte sich auch Lew Tolstoj mit einem Brief an den jungen Zaren. Leider ist das Original des Briefes nicht erhalten, sein Inhalt ist nur durch den Entwurf bekannt, der beim Verfasser verblieben war. In ihm spricht der dreiundfünfzigjährige, bereits weltbekannte Schriftsteller nach seinen eigenen Worten Alexander III. nicht als «Herrscher», sondern einfach von Mensch zu Mensch an.[4] Und Tolstoj bezeichnet weiterhin, sich auf die Gebote des Evangeliums stützend, den Willen des Zaren, die irdische Vergeltung gewähren zu lassen und einem neuen Mord zuzustimmen, indem er sich von staatlichen Interessen leiten lässt, als «eine schreckliche Versuchung» und die Vergebung als deren Überwindung: «... Sie werden [Gnade übend] die erhabenste Tat in der Welt vollbringen, die Versuchung besiegen, Sie werden der Welt das größte Beispiel geben für die Verwirklichung der Lehre Christi – Sie werden Böses mit Gutem vergelten.»

Und Tolstoj fährt fort: «Wenn Sie den Verbrechern nicht vergeben, sondern sie bestrafen, dann reißen Sie drei oder vier aus den hundert heraus, und aus dem Bösen entsteht Böses, und anstelle von drei oder vier entstehen dreißig oder vierzig, Sie selbst aber verfehlen den Augenblick, der mehr wert ist als das ganze Jahrhundert – den Augenblick, in welchem Sie den Willen Gottes hätten vollziehen können, und indem Sie ihn nicht vollziehen, für immer von dem Weg abweichen, auf dem Sie das Gute anstelle des Bösen hätten wählen können, und sich für immer in die Angelegenheiten des Bösen, die da Staatsräson genannt werden, verstricken … Vergeben Sie, vergelten Sie das Böse mit Gutem, und von hundert Übeltätern werden Dutzende weder zu Ihnen noch zu den anderen sich wenden (das ist ohne Bedeutung), sondern sich vom Teufel ab und Gott zuwenden, und bei Tausenden, bei Millionen wird das Herz vor Freude und Erschütterung beben beim Anblick des Beispiels, das in einer solchen für den Sohn des ermordeten Vaters schrecklichen Minute vom Thron aus für das Gute gegeben wird.

Majestät, wenn Sie das täten … wenn Sie ein Manifest schrieben unter den Worten: Ich aber sage euch, liebet eure Feinde … Ich weiß, welch ein Strom des Guten und der Liebe sich von diesen Worten über Russland ergießen würde. Die Wahrheiten Christi leben in den Herzen der Menschen, und nur allein sie sind lebendig, und wir lieben die Menschen nur im Namen dieser Wahrheiten.»

So bringt Lew Tolstoj das in Wirklichkeit prophetische Gefühl zum Ausdruck, welches schließlich zur unerschütterlichen Überzeugung wurde, dass die Vergeltung des Bösen durch Böses, des Blutes durch Blut Russland niemals Heil bringen kann, sondern unweigerlich die Rache finsterer Mächte nach sich zieht, das heißt neues Böses und neues Blut – «und anstelle von drei oder vier entstehen dreißig oder vierzig, und das unaufhaltsam sich drehende blutige Rad wird das christliche Russland früher oder später ins Verderben stürzen». Denn für Tolstoj «… ist nicht die Zahl [der Revolutionäre] wichtig oder sie zu vernichten oder noch mehr zu verbannen, sondern dass ihr ‹Sauerteig› vernichtet werde und ein *anderer ‹Sauerteig› gegeben werde.* Denn was sind die Revolutionäre?» – so schreibt er dem Zaren. «Das sind Menschen, die die bestehende Ordnung hassen, sie schlecht finden und auf die Grundlagen für eine zukünftige Ordnung hinschauen, die besser sein soll. Sie sind nicht zu beruhigen, indem man sie tötet oder vernichtet. Ihre Zahl ist bedeutungslos, *wichtig sind allein ihre Gedanken.* Um mit ihnen zu kämpfen, muss man geistig kämpfen. Ihr Ideal ist der allgemeine Wohlstand, Gleichheit, Freiheit. Um mit ihnen zu kämpfen, muss man ihnen ein Ideal entgegensetzen, welches höher steht als das ihre und es einschließt ... Es gibt nur ein Ideal, das man dem ihren gegenüberstellen kann. Und dasjenige, aus dem sie hervorgegangen sind, das sie aber nicht verstehen und über das sie lästern – dasjenige, das auch ihr Ideal einschließt, das ist das Ideal der Liebe, des Verzeihens, der Vergeltung des Bösen mit dem Guten. Nur das Wort des Verzeihens und der christlichen Liebe, von der Höhe des Thrones gesprochen und vollzogen, sowie der Weg des christlichen Herrschens, der Ihnen bevorsteht, vermag das Böse zu vernichten, das Russland zersetzt.»

Liest man heute nach mehr als hundert Jahren diese Worte, so kann man nur tief betroffen sein von dem erstaunlichen prophetischen Sinn und dem Verständnis von Tolstoj (wie auch Solovjeff) für die Charakterschwächen und die aus ihnen resultierenden Versäumnisse der herrschenden Schicht des zaristischen Russland, auf deren Boden einige Jahrzehnte später das giftige Gewächs des Bolschewismus Wurzeln schlagen und schließlich seine blutigen Früchte bringen sollte. – Alexander III. vermochte es nicht, sich auf die erforderliche sittliche Stufe zu erheben. Er konnte, da er sich dem Einfluss seiner nächsten Umgebung überließ, die Stimme des höheren Gewissens des Volkes, das durch Solovjeff und Tolstoj zu ihm sprach, nicht vernehmen. Und so war im letzten Moment vor dem sich nähernden Zerfall des Imperiums das Ideal des christlichen Zaren als eines wahrhaften Repräsentanten des Christus-Volkes für die moralisch abgesunkene Dynastie der Romanows unerreichbar. Alexander III. antwortete nicht auf die Briefe, die ihm der große russische Philosoph und der große russische Schriftsteller geschrieben hatten, sondern «er befahl nur, … dem Herrn Solovjeff … einen Verweis zu erteilen für die unpassende Meinung, die er in einem öffentlichen Vortrag äußerte», und dem Grafen Lew Nikolajewitsch Tolstoj «befahl er mitzuteilen … dass er einen Anschlag auf sich selbst verzeihen könnte, dem Mörder seines Vaters aber nicht das Recht habe zu verzeihen.»[5]

Man kann, von unserer Zeit aus zurückblickend, mit aller Überzeugung sagen: In dem, wozu die größten Geister im Russland des 19. Jahrhunderts den vorletzten russischen Zaren aufforderten, bestand wohl die letzte Möglichkeit, die letzte Chance, der Begründung des großen Imperiums des Bösen in Osteuropa im ersten Viertel des 20. Jahrhunderts zu entgehen.[6] Und so musste siebenunddreißig Jahre später der letzte russische Zar zusammen mit ganz Russland so hart für die moralische Schwäche seines Vorgängers zahlen, für die Weigerung, den zwei Repräsentanten des wahren Geistes des russischen Volkes zu folgen, die Weigerung *zu verzeihen*, das heißt der höheren geistigen Berufung Russlands treu zu bleiben. Denn wenn damals Verzeihen geübt worden wäre, dann hätte das zweifellos eine solche Stärkung der Autorität des Zaren beim Volk nach sich gezogen – einer Autorität, die bereits stark im Verfallen war –, dass die zwei Jahrzehnte später auftretenden Bolschewisten keinen Boden für die Verwirklichung ihrer dunklen Pläne in seinen Reihen gefunden hätten.

So kann ganz besonders dieses Beispiel deutlich zeigen, dass die Frage des Verzeihens für das Schicksal ganzer Völker und zum Teil sogar der ganzen Menschheit während fast eines Jahrhunderts entscheidend sein kann.

Wenn wir uns nun der Geschichte der anthroposophischen Bewegung und der Anthroposophischen Gesellschaft im 20. Jahrhundert, ganz besonders aber den tragischsten Ereignissen ihrer Entwicklung nach dem Tod Rudolf Steiners zuwenden und uns mit den Erinnerungen, den polemischen Artikeln, Briefen, Stenogrammen, Mitteilungen, Versammlungsprotokollen usf. beschäftigen, so fällt unter dem Aspekt unseres Themas bei der Fülle des Materials ein Dokument auf. In ihm wird, im Gegensatz zu der überwiegenden Mehrzahl der Dokumente, nicht der negative Begriff der «Schuld» in der Hauptsache betont, sondern der positive Begriff des «Verzeihens», und es wird in ihm nicht von einer sich an die Vergangenheit richtenden und deshalb vom geistigen Standpunkt aus unfruchtbaren Suche nach dem «Schuldigen» gesprochen, sondern von einem anderen und allein fruchtbaren Weg, der geeignet ist, vom Geist der Anthroposophie aus in die Zukunft zu führen.

Dieses Dokument ist der «Versöhnungsappell», den Marie Steiner am 12. Dezember 1942 für die Mitglieder der Anthroposophischen Gesellschaft im «Nachrichtenblatt» veröffentlichte.[7]

Worin aber erblickte Marie Steiner nach ihren eigenen Worten allein einen Ausweg aus der sich in jener Zeit entwickelnden tief tragischen Situation in der Anthroposophischen Gesellschaft? Sie erblickte ihn in dem, worin die Anthroposophische Gesellschaft auch heute den wahren Weg zur Lösung vieler gegenwärtiger Fragen sehen muss: in der größtmöglichen Verstärkung ihrer moralischen Substanz. Und das ist an erster Stelle durch den Akt wahrer Vergebung möglich. Darüber schreibt Marie Steiner in ihrem «Appell»:

«Doch es geschehen noch Wunder. Sie geschehen, wenn die moralische Substanz eine so starke ist, dass sie das Wunder rechtfertigt. Was können wir tun, um unsere moralische Substanz zu retten?

Wir können verzeihen! Jeder kann dasjenige verzeihen, was ihm zu verzeihen obliegt. Wir können das Vergessenswerte vergessen, nicht im alten, uns zugefügten Unrecht kramen. Wir können einen Strich machen unter all die alten Geschichten, die uns zermürben und denen wir, sofern wir jung sind oder abseits leben, nicht mehr in der Lage sind, auf den Grund zu blicken.»

Unter welchen Bedingungen kann sich im Sinne von Marie Steiner ein solcher Akt des Verzeihens im wahrsten und höchsten Sinne des Wortes vollziehen? Entsprechend der für sie charakteristischen Klarheit weist sie auch auf diese *Grundbedingung* hin: «Dann sollte auch von der Gemeinschaft bewusst gefasst werden der Entschluss zur *Selbstüberwindung*. Klar und willig.» Und dann schreibt sie am Ende ihres «Appells», sich an alle Mitglieder der Anthroposophischen Gesellschaft wendend: «Retten wir sein [Rudolf Steiners] Werk und die Menschheitskultur, indem wir uns überwinden und versöhnen, indem wir unsere Tore den Suchenden weit öffnen.»

Liest man diese Worte und dringt in den in ihnen enthaltenen geistigen Gehalt ein, so gewinnt man den Eindruck, dass sich die letzte und schwerste Katastrophe in der Geschichte der Anthroposophischen Gesellschaft, deren Folgen bis heute nicht voll überwunden sind, nicht hätte ereignen können, wenn die moralische Substanz, die in diesen Worten enthalten ist, in diesem kritischen Augenblick von einer größeren Zahl anthroposophisch orientierter Seelen aufgenommen, wenn die Stimme von einer größeren Zahl aufrichtig für die Anthroposophie schlagender Herzen vernommen worden wäre. Auch hätte sich wohl das folgende Schicksal der Anthroposophischen Gesellschaft in diesem Falle anders gestaltet.

Einen besonders starken Eindruck ruft der Text dadurch hervor, dass Marie Steiner ihn als ihr geistiges Vermächtnis bezeichnet, das sie allen Mitgliedern der Anthroposophischen Gesellschaft und, selbstverständlich, auch und vor allem ihren nächsten Freunden und Mitarbeitern hinterlasse. Sie schreibt dazu:

«Mir scheint, dass hier im Vergessen und Verzeihen *die einzige Möglichkeit* für unsere Läuterung liegt – als Gesellschaft und als Einzelne. Ich sage es im Vollbewusstsein des Gewichtes dieser Worte, im Bewusstsein der Tatsache, dass ich nach Menschenermessen ja bald vor Rudolf Steiners Geistgestalt zu treten haben werde.»[8]

Es mag wohl zu den besonders schicksalhaften Momenten in der Geschichte der Anthroposophischen Gesellschaft nach dem Tode Rudolf Steiners gehören, dass dieser «Appell» zu jener Zeit nicht in ausreichendem Maße von den Mitgliedern der Anthroposophischen Gesellschaft gehört wurde. Seltsamerweise wurde er auch von manchem ihrer engsten Freunde und Anhänger nicht gehört. Auch unter ihnen fanden sich nicht genügend Menschen, welche den moralischen Impuls dieses «geistigen Vermächtnisses» der nächsten Mitarbeiterin Rudolf Steiners voll aufgenommen und versucht hätten, ihn Wirklichkeit werden zu lassen.

So ist auf tragische Weise durch Jahrzehnte dieser «Appell» Marie Steiners ungehört geblieben, und ihr geistiger Wille harrt noch immer seiner endgültigen Erfüllung. Die wahre Bedeutung und der geistige Gehalt dieses Appells haben aber auch heute in keiner Weise ihre Kraft und Aktualität verloren, denn – wie das weiter unten gezeigt werden wird – die moralische Substanz dieses Appells erfließt aus dem zentralen spirituellen Impuls der Anthroposophie.

Damals – im Jahr 1942 – erlebten besonders zwei Menschen den geistigen Impuls, der *hinter* diesem Appell stand, auf die stärkste Weise. Das war die andere nächste Mitarbeiterin Rudolf Steiners, Ita Wegman, welche die Worte in ihrem Brief an Marie Steiner «groß und zukunftsvoll» nannte,[9] sowie der bekannte schweizerische Anthroposoph F. Eymann, der, nachdem er sie gelesen hatte, in eben diesem kritischen Augenblick den Entschluss fasste, Mitglied der Anthroposophischen Gesellschaft zu werden.

Wollen wir nun in einem tieferen Sinne verstehen, aus welchen geistigen Quellen Marie Steiner den Impuls zum Schreiben des «Versöhnungsappells» schöpfen konnte – um ihn zu schreiben, musste sie ja vor allem bei sich selbst die Kraft zum Verzeihen finden –, ist es notwendig, sich einem weiteren, zentralen Beispiel für das Verzeihen innerhalb der Geschichte der anthroposophischen Bewegung und der Anthroposophischen Gesellschaft zuzuwenden. Dieses Beispiel, das als eine Art höheres Urbild vor allen Mitgliedern der Anthroposophischen Gesellschaft steht, ist die Tat Rudolf Steiners auf der Weihnachtstagung von 1923/1924. Wir werden im nächsten Kapitel näher darauf eingehen. Hier ist nur kurz auf dieses Beispiel hinzuweisen.

Zunächst wollen wir auf die tragische Situation der letzten Jahre im Erdenleben und Wirken Rudolf Steiners schauen, ganz besonders aber auf das der Weihnachtstagung vorangehende Jahr 1923. Das Misslingen der Bewegung für soziale Dreigliederung in den Jahren 1918–1919, dessen Folgen das historische Schicksal Mittel- und in einem weiteren Sinne ganz Europas auf lange Zeit bestimmen sollten;[10] das Schicksal der zwei «Hochschulkurse» im ersten Goetheanum (in den Jahren 1920 und 1921), deren Inhalt nach den Worten Rudolf Steiners vielfach in vollem Gegensatz zu dem Geist des Baues stand, und das bedeutet, zu der gesamten Anthroposophie. Denn in ihnen geschah anstatt der Befruchtung der Wissenschaften durch die Anthroposophie das Gegenteil: Es wurden die naturwissenschaftlichen Denkgewohnheiten in letztere hineingetragen. Und schließlich erwies sich die allmähliche Herausbildung des sogenannten «Stuttgarter Systems» als eine bürokratische Mauer, die Rudolf Steiner immer stärker von den Mitgliedern der Gesellschaft trennte und seinen unmittelbaren Kontakt mit ihnen in wachsendem Maße erschwerte. Der Brand des Goetheanum schließlich war ein erschreckendes Symptom des zunehmenden Verfalls innerhalb der Anthroposophischen Gesellschaft, so dass die Ruinen auf dem Dornacher Hügel im Jahre 1923 zugleich ein sichtbares Symbol der Ruinen der Anthroposophischen Gesellschaft darstellten, worauf Rudolf Steiner selbst in dem Einleitungsvortrag am ersten Tag der Weihnachtstagung hinwies.

Der Hauptgrund dieser und vieler anderer tragischer Ereignisse – neben der ungewöhnlich stark wachsenden Feindseligkeit von außen – war die sich mehrende Zahl von Fehlern und Unzulänglichkeiten, die Mitglieder der Anthroposophischen Gesellschaft in den verschiedensten Gebieten begingen und die in der Mehrzahl der Fälle aus nicht genügend entwickelter Urteilsfähigkeit und aus persönlichen Ambitionen herrührten. Darüber äußerte Rudolf Steiner einmal: «Für alle Fehler der Gesellschaft werde ich verantwortlich gemacht, und darunter leidet die Bewegung.»[11]

Mehr noch, schon seit dem Beginn der zwanziger Jahre, und sogar noch früher, hatte sich allmählich eine Art «innerer Opposition» gegenüber Rudolf Steiner gebildet und sich auch immer stärker gezeigt, das aber bedeutet, eine Opposition gegen den von ihm vertretenen anthroposophischen Impuls. Während des Jahres 1923 wies Rudolf Steiner immer wieder aufs Neue auf diese innere Opposition hin, so zum Beispiel in dem vorletzten Vortrag des Zyklus, den er im Sommer 1923 in Dornach hielt und der den Titel trug *Die Geschichte und die Bedingungen der anthroposophischen Bewegung im Verhältnis zur Anthroposophischen Gesellschaft.*[12]

«Es fing an, in dieser dritten Periode [1918–1923] sich auszubilden, was ich nennen möchte eine innere Opposition gegen dasjenige, was ich selbst in der Anthroposophischen Gesellschaft zu tun habe, eine gewisse innere Opposition. Natürlich sind die meisten erstaunt, wenn ich von dieser inneren Opposition spreche, weil sie sich ihrer nicht bewusst sind, viele wenigstens. Aber ich möchte sagen: um so schlimmer. Denn diese innere Opposition ist in Gefühlen gerade in der dritten Periode sehr stark heraufgekommen.»[13]

Im ganzen gesehen war die allgemeine Situation in der Anthroposophischen Gesellschaft und seine eigene Stellung in ihr für Rudolf Steiner selbst so unerträglich geworden, dass er sogar ernstlich erwog, die Gesellschaft zu verlassen und sein Werk nur auf «private» Weise, innerhalb eines kleinen Kreises weiter fortgeschrittener Schüler fortzusetzen. Eine solche Möglichkeit erwähnte Rudolf Steiner allerdings in persönlichen Gesprächen schon bedeutend früher. So erinnert Marie Steiner in Bezug darauf im Jahre 1926: «Oft schon in der Nachkriegszeit … in manchem schweren Moment des Versagens gegenüber dem so hässlich geführten Kampf der Gegner und der Lauheit ihrem zerstörenden Eifer gegenüber, hatte Rudolf Steiner sich so ausgesprochen: ‹Wer weiß, ob es nicht besser wäre, die Bewegung ohne Gesellschaft weiterzuführen!›»[14]

Diese Lage der Dinge kulminierte jedoch im Jahr 1923. Bereits im April wies Rudolf Steiner auf der Generalversammlung der Anthroposophischen Gesellschaft in der Schweiz mit aller Deutlichkeit darauf hin, «dass ich meine Tätigkeit für die Anthroposophische Gesellschaft notwendigerweise einstellen müsste, mich zurückziehen müsste auf bloß persönliches Wirken,»[15] wenn in der Gesellschaft in allernächster Zeit kein entscheidender Wandel einträte und alles so bliebe wie bis dahin.

Etwas später, im November desselben Jahres, äußerte Rudolf Steiner während seines Aufenthaltes in Den Haag bei Gelegenheit der Begründung der holländischen Landesgesellschaft in Gegenwart führender holländischer Anthroposophen mit unverhohlener Bitternis, fast mit Verzweiflung: «Die Mitglieder wollen nicht ... Sie sind voller guter Absichten, aber ... Was soll ich tun ...? Soll ich denn einen Orden gründen?!»[16] W. Zeylmans van Emmichoven, der damals zugegen war, beschreibt diesen Abend dann weiter:

«Wir saßen ganz zerschlagen da; wir mussten verspüren, welch tiefer Schmerz ihn erfüllte und welch schwere Sorge auf ihm lastete. Nur ganz langsam kam das Gespräch wieder in Gang, und Dr. Steiner erklärte deutlicher, inwiefern er von der Gesellschaft überall und immer wieder enttäuscht sei und was er in ihr vermisse. Auch sagte er, er habe doch bestimmte Anregungen gegeben ... jetzt komme man, statt diese Anregungen aufzugreifen, mit ganz anderen, völlig unzureichenden Vorschlägen.»

Wie ernst es Rudolf Steiner während des Jahres 1923 damit war, folgt auch daraus, dass er es nun zurückblickend für notwendig erachtete, bei seiner Eröffnungsrede zur Weihnachtstagung an diese Möglichkeit zu erinnern: «Es ist schon so, dass gegenwärtig die Dinge sehr, sehr ernst, bitter ernst genommen werden müssen, sonst müsste eigentlich dennoch dasjenige eintreten, wovon ich ja oftmals gesprochen habe, dass ich mich von der Anthroposophischen Gesellschaft zurückziehen müsste.»[17]

Dessen ungeachtet entschloss sich Rudolf Steiner doch nicht zu diesem Schritt, sondern er vollbrachte das genaue Gegenteil, indem er auf der Weihnachtstagung das Amt des Vorsitzenden auf sich nahm und so sein Schicksal gänzlich und rückhaltlos mit der Allgemeinen Anthroposophischen Gesellschaft verband. Das aber bedeutet, dass er in den Kreis seines eigenen Karma *alle* Mitglieder der neu begründeten Gesellschaft, die die innere Opposition in sich einschloss, unmittelbar aufnahm. Hier haben wir etwas, das wir mit aller nur möglichen Klarheit vor unser moralisches Bewusstsein stellen müssen, und zwar, dass Rudolf Steiner den Entschluss auf der Weihnachtstagung fasste, die «Opposition» nicht aus der Gesellschaft zu verjagen, sich nicht von ihr zu trennen, indem er sich ihr entgegenstellte, sondern im Gegenteil, sich mit der ganzen Gesellschaft vereinigend, *sich auch mit ihr zu verbinden!* Und das war vom okkulten Standpunkt aus gesehen nur dadurch möglich, dass das *Prinzip des Verzeihens* im höchsten christlichen Sinne verwirklicht wurde, indem er allen Mitgliedern der Anthroposophischen Gesellschaft *alle* ihre Fehler und sogar ihre Opposition gegen ihn selbst verzieh, deren Folgen Rudolf Steiner nun immer wieder aufs Neue im äußeren und inneren Sinne persönlich auf sich nehmen musste.

In diesem vollkommenen und umfassenden Akt des Verzeihens, den Rudolf Steiner vor der Weihnachtstagung vollbrachte, wurde so jene reale geistige Substanz geschaffen, der spirituell-moralische Boden bereitet, auf welchem allein der Impuls der Weihnachtstagung als moderner Impuls der neuen christlichen Mysterien in der Folgezeit erwachsen konnte.

Auf denselben Grundlagen, aus eben diesem zentralen anthroposophischen Impuls heraus schrieb auch Marie Steiner im Jahre 1942 ihren «Versöhnungsappell». Und genauso fasste sie auch bis zum Ende ihres Lebens die Idee und die Aufgaben des noch von Rudolf Steiner berufenen «esoterischen Vorstandes» auf: «Die tiefste Esoterik könnte darin bestehen, bisher divergierende frühere geistige Strömungen in einigen ihrer Repräsentanten jetzt zum harmonischen Ausgleich zu bringen», schrieb sie im Jahre 1944 im Vorwort zur ersten Ausgabe der Stenogramme der Weihnachtstagung.[18] Ein solcher «harmonischer Ausgleich» aber konnte in der Vergangenheit nur geschaffen werden und wird auch heute und ganz besonders in der Zukunft nur möglich sein, wenn jene «moralische Substanz» bewahrt und verstärkt wird, die allein durch das auf Selbstüberwindung begründete «Verzeihen, Vergessen, Versöhnen» gewonnen wird, zu denen Marie Steiner in ihrem Appell von 1942 aufruft.

Das erklärt auch, warum dieser Appell unter allen näheren Mitarbeitern Rudolf Steiners gerade auf Ita Wegman einen so «tiefen Eindruck» machte, deren Frage nach den «neuen Mysterien», die sie Rudolf Steiner stellte, eine solch große Rolle bei seinem endgültigen Entschluss spielte, die Weihnachtstagung abzuhalten. Denn in den Worten Marie Steiners sah Ita Wegman nicht nur einen Anruf an das moralische Bewusstsein jener Mitglieder, «welche der Sache und Rudolf Steiner treu» sind, sondern vor allem eine lebendige Gegenwart und konkrete Äußerung des zentralen *Impulses der Weihnachtstagung.* Nur in diesem tieferen Sinne können wir die oben zitierte Äußerung Ita Wegmans, dass die Worte Marie Steiners in dem Appell «groß und zukunftsvoll» sind, wirklich verstehen. Sie werden jedoch nur dann groß und zukunftsvoll sein, wenn sich Menschen in der Anthroposophischen Gesellschaft finden, die ihre Verwirklichung durch wahre *Selbstüberwindung* erstreben!

Ein Beispiel einer solchen Verwirklichung, das heißt eine aus dem Zentralimpuls der Weihnachtstagung vollbrachte Tat ist die Wiedervereinigung der holländischen Landesgesellschaft durch Zeylmans van Emmichoven mit der Allgemeinen Anthroposophischen Gesellschaft und dem Goetheanum zu Ostern 1960, nach einer fünfundzwanzigjährigen Trennung. In dem offiziellen Brief, den er im September 1959 schrieb, finden wir die folgenden Worte:

«Wenn wir nun doch bereit sind, uns der Allgemeinen Gesellschaft einzugliedern, geschieht es aus dem Grunde, weil wir der Meinung sind, dass die Zeit drängt und dass wir zum mindesten unseren Beitrag leisten möchten, eine Allgemeine Anthroposophische Gesellschaft aufzubauen, die den Namen ‹Allgemeine› dadurch rechtfertigt, dass sie alle umfasst, die sich als aufrichtige Schüler Rudolf Steiners erleben.»[19] Besonders die letzten Worte dieses Auszugs ähneln dem Inhalt des «Versöhnungsappells» von Marie Steiner sehr stark. Auf die Frage aber, weshalb er sich dazu entschloss, antwortete Zeylmans van Emmichoven: «Weil wir es wollen.» Und später fügte er im persönlichen Gespräch hinzu: «Rudolf Steiner zuliebe!»[20]

Ebenso wirkten, besonders nach der Beendigung des zweiten Weltkriegs, Emil Bock, Fritz Götte, Clara und Rudolf Kreutzer in der Richtung einer solchen Verwirklichung des Zentralimpulses der Weihnachtstagung mit erhöhter Aktivität. Besonders die Bemühungen der zwei letzteren führten dann zum Entstehen des sogenannten «Scheveninger Kreises», der einen bedeutenden Schritt auf dem Wege einer neuen Konsolidierung der Anthroposophischen Gesellschaft um das Goetheanum in Dornach darstellte.[21]

Der *Impuls des Verzeihens*, dessen Bedeutung im Leben Rudolf Steiners wir betrachtet haben, ist in einer tieferen Weise darin begründet, dass der von ihm der ganzen Menschheit erschlossene Einweihungsweg, so wie er in den Büchern *Wie erlangt man Erkenntnisse der höheren Welten?* und *Die Geheimwissenschaft im Umriss* dargestellt wird, gleichzeitig die moderne Form des Einweihungsweges ist, dessen Quellen zu der Zentralgestalt der gesamten christlichen Esoterik zurückgehen, die seit dem 14. Jahrhundert den Namen Christian Rosenkreutz trägt.[22] Deshalb können wir im Leben Rudolf Steiners, der seit seiner Jugendzeit ein Schüler von Christian Rosenkreutz war und der später in seinen Büchern und Vorträgen mehrfach darauf hinwies, dass der von ihm dargestellte geistige Entwicklungsweg auch sein eigener Weg war, vieles von dem finden, was für die umfassende Mission seines Lehrers besonders charakteristisch ist. Und zu den charakteristischen Zügen desselben gehört der Impuls des Verzeihens.

Die folgenden Worte Rudolf Steiners, die auf die bedeutende Mission von Christian Rosenkreutz in der Gegenwart und Zukunft weisen, können uns helfen, die Bedeutung des Verzeihens im Leben dieses führenden Meisters des esoterischen Christentums zu verstehen.

«Und die, welche es wissen, wie es gerade mit dieser Individualität steht, die wissen auch, dass Christian Rosenkreutz der größte Märtyrer unter den Menschen sein wird, abgesehen von dem Christus, der gelitten hat als ein Gott. Und die Leiden, die ihn zum großen Märtyrer machen werden, werden davon herrühren, dass die Menschen so wenig den Entschluss fassen, in die eigene Seele hineinzusehen, um immer mehr die sich entwickelnde Individualität zu suchen und sich der Unbequemlichkeit zu unterziehen, dass ihnen nicht wie auf einem Präsentierteller die fertige Wahrheit entgegengebracht wird, sondern dass man sie erringen muss in heißem Streben, in heißem Ringen und Suchen, und dass nicht andere Anforderungen gestellt werden können im Namen dessen, den man als Christian Rosenkreutz bezeichnet.»[23]

Nachdem wir uns mit diesen erstaunlichen Worten bekannt gemacht haben, ist zunächst zu fragen: Was wird aber die Quelle dieses großen Leidens von Christian Rosenkreutz in der zukünftigen Menschheitsentwicklung sein? Das wird der aus der eigenen Individualität, dem eigenen Ich hervorgehende Un-Wille sein, selbständig sich um die Suche nach geistigen Wahrheiten zu bemühen, sowie der Un-Wille, Verantwortung für die eigene höhere Entwicklung auf sich zu nehmen. Man kann auch sagen, dass in einem gewissen Sinne Christian Rosenkreutz in der Zukunft, die aber schon in unserer Zeit beginnt, vollkommen freiwillig einen Teil des Karma der «sich entwickelnden Individualität» auf sich nehmen wird. Da aber in der gegenwärtigen Epoche des überall herrschenden Materialismus die Menschheit im ganzen weniger zu innerer Selbständigkeit sowie einer derartigen individuellen Suche nach den geistigen Wahrheiten neigt, sondern im Gegenteil zu gänzlicher innerer Passivität in Bezug auf echte geistige Erkenntnisse, so wird die freiwillig übernommene karmische Aufgabe für Christian Rosenkreutz selbst zu einem Quell tiefsten Leidens werden. Dieses wird aber dadurch besonders groß sein, dass Christian Rosenkreutz, nach einem Gesetz der geistigen Welt, die Aufgabe, nachdem er sie einmal auf sich genommen hat, nicht mehr aufgeben kann, bis er seine Mission erfüllt hat.

Anders gesagt: Christian Rosenkreutz fasste den Entschluss, *bei der Menschheit zu bleiben* und sie geistig zu führen, dabei die Freiheit jedes Menschen zu achten und gleichzeitig bereit zu sein, alle Folgen eines möglichen Missbrauchs derselben durch die Menschen auf sich zu nehmen und zu tragen, alle Folgen, die durch ihren mangelnden Willen, den Weg der individuellen geistigen Entwicklung zu betreten, erwachsen würden. Die Möglichkeit, unter solchen Bedingungen bis zu der Zeit bei der Menschheit zu bleiben, bis diese schließlich selbst zu individueller, innerer Aktivität erwacht, kann sich für Christian Rosenkreutz jedoch nur ergeben, wenn er den spirituellen Akt *eines höheren Vergebens* in Bezug auf all die zahlreichen Menschen vollzieht, welche es in unserer Zeit fürchten, die geringste innere Aktivität im Sinne der oben angeführten Worte Rudolf Steiners aufzubringen, ja welche das auch nicht wollen.[24]

In Bezug auf solche Menschen kann man, vom okkulten Standpunkt aus, auf zweierlei Weise vorgehen: entweder sich von ihnen abwenden, das heißt im höheren Sinne, ihnen ein solches bewusstes, häufig jedoch unbewusstes Wirken gegen den rechten Gang der Menschheitsentwicklung nicht verzeihen, oder ihnen dieses *vergeben* und so die Möglichkeit erlangen, geistig bei ihnen zu bleiben und, ihnen immer aufs Neue verzeihend, geduldig zu warten, bis sie aus eigener Freiheit zu der Erkenntnis gelangen, dass für die künftige Entwicklung die individuelle geistige Initiative absolut notwendig ist, was zugleich die Voraussetzung dafür bildet, dass Christian Rosenkreutz sie in die Schar seiner Schüler aufnehmen kann.

Das ist ein Bild des Kreuzweges, den Christian Rosenkreutz heute geht und den Rudolf Steiner seit der Weihnachtstagung betreten hat. Deshalb antwortete er auch auf die ihm nach der Weihnachtstagung gestellte Frage über seine Beziehung zu Christian Rosenkreutz mit der Imagination: Neben einem in der geistigen Welt befindlichen Altar steht links von demselben Christian Rosenkreutz mit einer blauen Stola und rechts Rudolf Steiner mit einer roten.[25]

Die zwei Lehrer des esoterischen Christentums stehen somit in geistiger Beziehung nebeneinander und stellen sich beide als unmittelbare Nachfolger und Nachahmer der göttlichen Wesenheit des Christus dar. Denn der Christus gab der Menschheit mit seinem dreijährigen Erdenleben und seinem Leiden am Kreuz das höchste Urbild jenes Weges *des allumfassenden Verzeihens*, den heute Christian Rosenkreutz und Rudolf Steiner gehen.

Dieses höchste Urbild kommt in den Abschiedsworten des Christus Jesus zum Ausdruck, die er vom Kreuz auf Golgatha sprach: «Vater, vergib ihnen, denn sie wissen nicht, was sie tun» (Lukas 23, 34). So muss auch seitdem jeder Mensch, der die christliche Einweihung wirklich erlangt hat und der infolgedessen mit seinem ganzen Wesen, mit allen Kräften seiner Seele die Nachahmung Christi anstrebt,[26] notwendigerweise früher oder später den dornigen Weg betreten, auf dem es ihm bestimmt ist, «der größte Märtyrer unter den Menschen zu werden» und gleichzeitig ein Mensch, der in Wahrheit über unbegrenzte *Kräfte des Verzeihens* verfügt, denn das eine ist, geistig betrachtet, von dem anderen nicht zu trennen. Dieses schwere Kreuz des Leidens und Allverzeihens werden Christian Rosenkreutz sowie alle mit ihm verbundenen geistigen Lehrer und mit ihnen ihre eingeweihten Schüler tragen, so lange es noch Menschen in der Welt gibt, «die nicht wissen, was sie tun», die deshalb des höheren Verzeihens bedürfen und die seiner bedürfen werden, bis ihnen schließlich die Augen für das Erkennen der Realitäten der geistigen Welt aufgehen. Das aber kann nur in dem Maße geschehen, in dem sich der Prozess in Richtung auf eine spirituelle, innere Aktivität ihrer Seelen verstärkt.

Nachdem wir uns in diesem Kapitel *sieben* Beispiele vor Augen geführt haben, welche die verschiedensten Aspekte des Verzeihens von der Gegenwart bis zu dem höchsten Urbild zum Ausdruck bringen, können wir, besonders in dem letzten Beispiel wie auch in den Worten, die über das Verzeihen vom Kreuz herab für die ganze Menschheit und für jeden einzelnen Menschen der Vergangenheit, Gegenwart und Zukunft ertönten, einen Hinweis auf das eigentliche Geheimnis des Verzeihens und seinen Zusammenhang mit der Sphäre des Erkennens finden.

In diesem Sinne stellt *das Wesen des Verzeihens als Erkenntnisproblem* nicht nur eines der alltäglichen, sondern auch eines der wichtigsten Probleme unserer Zeit dar, welche sich die Anthroposophie oder die moderne Geisteswissenschaft stellen muss. Denn nur eine solche Wissenschaft vom Geiste ist in der Lage, sich auf konkrete Ergebnisse der übersinnlichen Forschung stützend, dieses Problem in einer dem gegenwärtigen Bewusstsein entsprechenden Weise wirklich zu lösen.

IV
Das Wesen des Verzeihens aus geisteswissenschaftlicher Sicht

Eine Charakteristik des Verzeihens aus geisteswissenschaftlicher Sicht ist am besten mit einer Darstellung der menschlichen Wesensglieder zu beginnen, wie sie sich im zweiten Kapitel von Rudolf Steiners Buch *Die Geheimwissenschaft im Umriss* findet. Da heißt es:

«Was für den physischen Leib der Tod, für den Ätherleib der Schlaf, das ist für den Astralleib das *Vergessen*. Man kann auch sagen: dem Ätherleib sei das *Leben* eigen, dem Astralleib das *Bewusstsein* und dem Ich die *Erinnerung*.»[1]

Die angeführten Worte Rudolf Steiners können wir folgendermaßen verstehen. Der physische Leib verwandelt sich sogleich in einen Leichnam, kaum dass ihn die höheren Wesensglieder verlassen haben, und es vollziehen sich in ihm die Prozesse, die wir überall in der mineralischen Welt finden. Die mineralische Substanz als solche hat kein Leben. Dieses dringt mit dem Ätherleib in sie ein, wie das auch bei den Pflanzen geschieht. Dieselben besitzen, obgleich sie Leben haben, doch noch kein Bewusstsein, jedenfalls nicht in der Form, die der Mensch kennt. So sind die Pflanzen in ihrer Unbewusstheit gleichsam in einen tiefen Schlaf versunken, vergleichbar dem tiefen, traumlosen Schlaf des Menschen.

Das Erwachen geschieht erst auf der folgenden, nächst höheren Stufe des Naturdaseins durch die Vereinigung mit dem Astralleib, der ein Träger des Bewusstseins ist. Über eine solche innere Beschaffenheit, die erste Bewusstseinselemente enthält, verfügen die Tiere. Deshalb finden wir auch bei ihnen beispielsweise den rhythmischen Wechsel der zwei Bewusstseinszustände von Schlaf und Wachen, obwohl sich diese noch sehr stark von den entsprechenden Zuständen beim Menschen unterscheiden. Denn der «Bewusstseinszustand» der Tiere, der durch das Hinzutreten des Astralleibes hervorgerufen wird, kann in Wirklichkeit nur mit dem Traumzustand des Menschen verglichen werden, da das Bewusstsein des Astralleibes allein nur bis zur Traumklarheit reicht.

Worüber das Tier jedoch, das heißt der in ihm wirkende Astralleib, ganz und gar nicht verfügt, das ist ein konsequenter, ununterbrochener Bewusstseinsstrom und ein sich auf denselben stützendes individuelles *Selbst*-Bewusstsein. Über ein solches Selbstbewusstsein verfügt nur der Mensch als Träger eines individuellen Ich, über den Astralleib hinaus. Deshalb äußerte Rudolf Steiner über den Astralleib und das Ich in diesem Zusammenhang, dass «der Astralleib das Vergangene immer wieder in die *Vergessenheit* sinken lassen [müsste], wenn dieses nicht vom ‹Ich› in die Gegenwart herübergerettet würde.»[2]

Nur bei gewissen krankhaften Zuständen kann es geschehen, dass das Traumbewusstsein, das aus dem Astralleib hervorgeht, beim Aufwachen aus dem Schlaf nicht in genügendem Maße ergriffen und erhellt wird durch die Einwirkung der von außen kommenden Eindrücke der äußeren Sinne. Dann liegt ein unangemessenes «Aufwallen» des Astralleibes vor, so dass die inneren Wirkensbereiche des menschlichen tagwachen Ich-Bewusstseins bis zu einem gewissen Grade durch seine Kräfte und den in ihm lebenden traumhaften Willen überschwemmt werden. Dann unterbricht der Astralleib gleichsam eigenmächtig das ihn ständig durchdringende Ich sowie den es tragenden Erinnerungsstrom, wodurch das klare, wache Bewusstsein des Menschen von dem dunklen, herabgedämpften Bewusstsein des Astralleibes getrübt wird, vergleichbar einem Traumerleben im Wachen.

Rudolf Steiner führt in seinen Vorträgen zur Erläuterung dieses Prozesses mehrfach ein aus dem Leben genommenes und deshalb besonders anschauliches Beispiel an. In seiner Jugend war er selbst einem Menschen begegnet, der plötzlich sein Gedächtnis verloren hatte. Dieser war am Morgen aufgestanden und hatte, ohne irgendwelchen Zweifel, seine Familie und sein Haus verlassen, sich in den Zug gesetzt und war in eine andere Stadt gefahren. Dort hatte er abermals ein Billett zu einer weiteren Stadt gelöst, von dort zu einer dritten und so fort. So reiste er mehrere Wochen durch Europa, ohne dass er begriff, was er tat. Das Bewusstsein seines Astralleibes mit den Gewohnheiten, die durch das frühere Wirken seines Ich in demselben entstanden waren, ließ ihn äußerlich völlig «vernünftig» vorgehen – er kaufte die Fahrkarten, schaute in den Fahrplänen nach, beachtete alle Verhaltensregeln bei der Fahrt und so weiter, bei alledem hatte er jedoch kein Selbstbewusstsein, das heißt kein Bewusstsein seines Ich. Das ging so fort, bis er schließlich die Kontinuität seines individuellen Gedächtnisses wiedererlangte und sich im Asyl einer völlig fremden Stadt wiederfand.[3]

Dieses Geschehen erklärte Rudolf Steiner dann vom geisteswissenschaftlichen Standpunkt aus folgendermaßen: «Wir tragen sozusagen als den erarbeiteten Schatz aus unseren Erlebnissen [in der Außenwelt] die Erinnerungen mit uns. Und wenn uns irgend etwas in krankhaften Fällen – ich habe ja auch davon gesprochen – verlorengeht von diesen Erinnerungen, dann ist das ein Schadhaftwerden unseres Ich selber.»[4] Daraus folgt mit aller Klarheit, dass ein solches Einwirken des Astralleibes auf das Ich völlig gegen die rechtmäßige Entwicklung verstößt, wenn er als ein niedereres Glied des Menschenwesens sich unrechtmäßig in die Sphäre des höheren Gliedes hineindrängt und so dessen gesetzmäßiges Wirken stört.[5]

Nachdem wir uns mit diesen einleitenden Gedanken bekannt gemacht haben, können wir nunmehr den Prozess des Verzeihens vom Standpunkt der modernen Geisteswissenschaft aus betrachten. Denn beim Akt des Verzeihens rufen wir in unserem Innern auch eine Art «Unterbrechung» oder einen Augenblick des «Vergessens» in dem dauernden Erinnerungsstrom hervor, der eine Grundlage unseres wachen Ich-Bewusstseins ist, jedoch mit vollem Bewusstsein und aus eigenem Willen. Nur wird, im Gegensatz zu dem oben angeführten Fall, im Akt des Verzeihens als einem *bewusst* herbeigeführten Vergessen dem individuellen menschlichen Ich keinerlei Schaden zugefügt. Im Gegenteil, seine Kräfte wachsen dadurch in erheblichem Maße, und die innere Welt des Menschen wird gereinigt und vergeistigt. Daraus folgt, dass die sich im Akt wahren Verzeihens äußernde geistige Kraft, die ihrem Wesen nach das menschliche Ich verstärkt, nicht aus dem Astralleib erfließen kann, der nur auf eine negative, sein Bewusstsein verdunkelnde Weise auf das Ich zu wirken vermag.

Was aber kann in positiver Weise auf das Ich wirken? Eine Antwort auf diese Frage gibt uns ein grundlegendes pädagogisches Gesetz, das Rudolf Steiner im zweiten Vortrag des *Heilpädagogischen Kurses* formulierte.[6] Dort wird gezeigt, dass eine positive Einwirkung eines Wesensgliedes auf ein anderes nur in der Richtung vom höheren zum niederen vor sich gehen kann und nicht umgekehrt. So muss beispielsweise der Erzieher, wenn er positive Veränderungen am physischen Leib seines Schülers oder des ihm anvertrauten Pfleglings herbeiführen will, aus den Kräften seines Ätherleibes auf diesen einwirken. Für das positive Wirken auf den Ätherleib des Schülers oder Pfleglings bedarf es der Kräfte des eigenen Astralleibes und für ein positives Einwirken auf dessen Astralleib der Kräfte des Ich. Schließlich formuliert Rudolf Steiner selbst die nächst folgende Stufe, die eine Antwort auf unsere Frage enthält: «… auf ein Ich kann wirksam sein nur ein in einem Geistselbst Lebendes.» Dabei ist zu beachten, dass dieses Gesetz ein irdisches Abbild des gegenseitigen Einwirkens *aller* höheren Hierarchien der rechtmäßigen Entwicklung in den geistigen Welten ist, bis hin zu den höchsten von ihnen, sowohl untereinander als auch in Bezug auf den Menschen.

Und so kann allein das höhere Ich des Menschen oder sein Geistselbst in positivem Sinne auf das gewöhnliche Ich wirken, ohne ihm Schaden zuzufügen, sondern, im Gegenteil, sein weiteres Wachsen und seine Entwicklung fördernd. Darin ist ein Hinweis auf das innerste Wesen des *Verzeihensvorganges* enthalten: Es kann der Mensch in Wirklichkeit nur verzeihen, das heißt aus eigenem Willen und ohne den geringsten Schaden für sich selbst den Erinnerungsstrom, der sein individuelles Ich trägt, unterbrechen, wenn er das Licht seines höheren Ichs in sich aufleuchten lässt oder anders gesagt, wenn er in der Lage ist, sein Ich mit den Kräften des Geistselbst zu durchdringen. Und das bedeutet, dass in der Frage des Verzeihens als solcher bereits die gegenseitige Beziehung des höheren und niederen Ichs enthalten ist, so dass ohne eine Vertiefung in das Wesen und die Bedeutung des Verzeihens diese Beziehung nicht wirklich verstanden werden kann. Denn das, was das höhere Ich während des ganzen Erdenlebens unaufhörlich in Bezug auf das niedere vollbringt, das ist – in menschlicher Sprache ausgedrückt – ein *Prozess des ununterbrochenen Verzeihens*, des Verzeihens all jener zahlreichen Fehler und Irrtümer, welche das letztere immer wieder begeht, und das vor allem deshalb, weil es sich in der Mehrzahl der Fälle in vollständiger oder teilweiser Unwissenheit (Vergessen) in Bezug auf die wahren Impulse des stetig führenden höheren Ich befindet.

Wenn wir uns hier bewusst machen, dass Rudolf Steiner darauf hinweist, wie das höhere Ich (Geistselbst) des Menschen in unserem Entwicklungszyklus in den geistigen Welten vom Schutzengel getragen wird und dass deshalb von einem bestimmten Standpunkt aus kein prinzipieller Unterschied besteht, ob man sagt, es wirkt das Geistselbst, oder, es wirkt der Engel im Menschen,[7] dann kann das bisher Gesagte auch auf den eigentlichen *Charakter* der gegenseitigen Beziehung des Menschen mit dem ihn führenden und behütenden Engel ein Licht werfen. Denn die Beziehungen des Engels zu dem von ihm geführten Menschen werden auf das strengste gemäß den oben angeführten Worten des Christus gestaltet: «Vater, vergib ihnen, denn sie wissen nicht, was sie tun.» Der Mensch weiß ja in seinem gewöhnlichen Tagesbewusstsein in der Regel fast nichts von den Absichten, den bedeutenden Entschlüssen, dem idealen Plan für sein zukünftiges Erdenleben, die er selbst unter der Führung seines Engels in seinem höheren Ich vor der Geburt fasste und ausarbeitete. Und von diesen nichts wissend, sich ihrer nicht erinnernd, vollbringt er dann im Leben Taten, hegt Gedanken und Gefühle in seiner Seele, die zum größten Teil das genaue Gegenteil derselben sind. Andererseits bildet dieses Nichtwissen (man kann auch sagen: Vergessen) die Grundlage für die fast unbegrenzten Kräfte des Verzeihens, welche der Engel dem von ihm geführten Menschen entgegenbringt. Denn ohne diese Kräfte, das heißt ohne immer wieder aufs Neue oder, wie der Christus Jesus selbst sagte, «nicht siebenmal, sondern siebenzigmal siebenmal»[8] zu verzeihen, könnte er den ihm anvertrauten Menschen niemals auf die rechte Weise von Inkarnation zu Inkarnation führen, ohne ihn auch nur einen Augenblick im Stich zu lassen.

So geleitet der Engel den Menschen durch das irdische Leben und die Zeiten des nachtodlichen Daseins in ständigem Dienst für die Christus-Wesenheit, deren Impuls der Engel der rechtmäßigen Entwicklung vor den Menschen aufnahm, während der Christus auf seinem Weg zur Inkarnation auf der Erde als Jesus von Nazareth durch die Engelsphäre ging.[9]

Diese Charakteristik des Verzeihens als eines Ausdrucks des Zusammenwirkens des höheren mit dem niederen Ich macht die in dem vorangegangenen Kapitel beschriebene Beziehung eines solchen führenden Eingeweihten der christlichen Esoterik wie Christian Rosenkreutz zu dem höheren Ich des Menschen verständlich. Denn diese Beziehung kommt ihrem Charakter nach derjenigen nahe, welche der den Menschen führende Engel zu ihm hat, da die großen Eingeweihten in ihrer eigenen Entwicklung schon heute jenen Zustand vorausnehmen, der von den übrigen Menschen erst auf dem Jupiter erreicht werden wird.

Im Vortrag vom 18. Oktober 1905 beschreibt Rudolf Steiner diese Beziehung des Eingeweihten zum höheren Selbst anderer Menschen folgendermaßen: «Das höhere Selbst des Menschen ist nichts, was in uns lebt, sondern um uns herum. Das höhere Selbst sind die höherentwickelten Individualitäten. Der Mensch muss sich klar darüber sein, dass das höhere Selbst außer ihm ist. Wenn er es in sich suchte, würde er es nie finden. Er muss es bei denjenigen suchen, die den Weg schon gegangen sind, den wir gehen wollen. … Um … wirklich Bekanntschaft mit dem höheren Selbst zu machen, müssen wir es da suchen, wo es heute schon ist, bei den höheren Individualitäten. Das ist der Verkehr der Schüler mit den Meistern.»[10]

Liest man heute die recht zahlreichen Erinnerungen von persönlichen Schülern Rudolf Steiners, so kann man bei einigen durch ihre Beschreibung des Eindrucks, den er in der einen oder anderen Situation auf sie machte, empfinden, wie die Begegnung mit ihm zu einer Begegnung mit dem eigenen höheren Ich für sie wurde, die sie so zum ersten Mal dank Rudolf Steiner erlebten.

In dem Maße jedoch, in dem die großen Eingeweihten dieses höhere Ich repräsentieren, müssen sie auch die Aufgabe erfüllen, die dieses dem niederen Ich gegenüber hat, das heißt, sie müssen ihm verzeihen, damit sie weiterhin bei ihm bleiben, ihm helfen können, sich auf dem aufsteigenden und nicht dem absteigenden Entwicklungsweg zu bewegen. Und so wirken auch die wahren Eingeweihten in Bezug auf die Menschen.

Zusammenfassend können wir den okkulten «Mechanismus» des Verzeihens folgendermaßen beschreiben. Infolge der Anstrengung des aus dem individuellen Ich hervorgehenden moralischen Willens, der den Akt des Verzeihens hervorbringt – das heißt das bewusste Vergessen* des uns zugefügten Bösen oder der Unge-

* Es ist hier keinesfalls das gewöhnliche Vergessen gemeint. Vielmehr geht es in diesem Prozess zuerst darum, dass alles Subjektive, zum Beispiel der innere Protest oder die Antipathie, ihren Platz einer vollkommenen Seelen-Ruhe und einem objektiven Annehmen des Schicksals abgeben. Das zugefügte Unrecht kann von dem Betroffenen vollkommen objektiviert und von der eigenen Person als solcher ganz getrennt werden. Dann wird die schlechte, nachtragende Erinnerung allmählich durch eine Art Tod (Vergessen) hindurchgehen, um als *Verzeihen* auferstehen zu können, als ein starker Wille, der Welt so viel Gutes

rechtigkeit –, bilden sich in dem ununterbrochenen Erinnerungsstrom, der unser Ich durchdringt und der unser Ich-Bewusstsein trägt, gleichsam «von Erinnerung freie Räume», in welche sich nun die Substanz des höheren Ich oder Geistselbst als alles Böse Verwandelndes ergießen kann. Und diese Geistselbstsubstanz dringt, vom Erinnerungsstrom weitergetragen, durch ihn in das menschliche Ich ein, es mehr und mehr vergeistigend. Dadurch geschieht dann keine Verengung, sondern im Gegenteil eine immer größere Ausweitung des Ich-Bewusstseins und gleichzeitig eine Durchdringung desselben mit höheren moralischen Kräften, die es dem Erleben seines Urbildes näherbringen – der Begegnung mit dem Christus in der an die Erde grenzenden Geisteswelt.

---

zu geben, wie ihr durch die schlechte Tat genommen wurde. An eine solchen Tat wird man sich dann nur so weit erinnern, wie es für die Verwirklichung des wahren Verzeihens nötig ist.

V
Das Verzeihen als ein Bestandteil des modernen Weges zu dem Christus

> «Immer höher werden die Offenbarungen des Christus liegen. Das ist das Mysterium der Entwickelung des Christus.»
>
> *Rudolf Steiner*
>
> (Vortrag vom 17. Juni 1910)

1. Die erste der vier Stufen

Zu Beginn unserer Betrachtung wurde davon gesprochen, dass das Verzeihen selbst nur ein – wenn vielleicht auch für unsere Zeit besonders wichtiger – Teil des geistigen Entwicklungsweges ist, der den modernen Menschen zum Erleben des Christus und zugleich zu einer vollständigen Verwandlung seines eigenen Wesens führen kann.

Dieser Weg besteht zunächst aus vier Stufen. Die erste geht dem eigentlichen Akt des Verzeihens voraus, spielt aber eine außerordentlich große Rolle in unserem Leben. Es ist das die Stufe der echten Toleranz, die man auch als eine Art «Verzeihen im kleinen» charakterisieren kann.

Wir wollen diese Eigenschaft nun vom geisteswissenschaftlichen Standpunkt aus betrachten. Dafür ist das Folgende zu beachten. Wir wissen durch die Geisteswissenschaft, dass wir unser waches Ich-*Bewusstsein* in erheblichem Maße dem physischen Leib verdanken oder genauer, den durch seine Sinnesorgane in ihn eindringenden Eindrücken der Außenwelt. Man kann sagen, dass das Ich gleichsam, indem es aus dem Inneren heraus wirkt, ständig an die Außenwelt anstößt und sich dadurch seiner eigenen Wesenheit immer wieder aufs Neue bewusst wird. Das zeigt sich in dem Augenblick, wo wir aus dem Schlaf erwachen, besonders deutlich. In der Regel rufen gerade die Eindrücke der Außenwelt, die durch die Tore der äußeren Sinne in uns eindringen, den Akt des Erwachens, das Aufflammen unseres wachen Ich-Bewusstseins in uns hervor.

Und so entsteht letzteres – von einem bestimmten Standpunkt aus betrachtet – durch das Zusammenwirken des Ich mit dem physischen Leib, vornehmlich mit dessen Sinnesorganen. Etwas Ähnliches findet aber auch, wenn auch auf eine etwas andere Weise, bei der Entwicklung der Toleranz statt. Denn auch hier spielt ein Zusammenwirken des Ich mit den Sinnesorganen eine Rolle. Das lässt sich an einem ganz einfachen Beispiel zeigen.

Stellen wir uns vor, jemand ist uns unsympathisch. Dann kann es geschehen, dass uns seine Gegenwart durch das ganze Spektrum unserer Sinnesorgane reizt. Es reizt uns, wie er aussieht, sich verhält, wie er spricht und denkt, wie er sich bewegt – mit anderen Worten, alles erscheint uns abstoßend an ihm, bis hin zum Timbre seiner Stimme und sogar dem Parfüm, dessen er sich bedient. Bei genauerer, differenzierterer Beobachtung kann man feststellen, dass die aufreizenden, und das heißt von uns als «negativ» empfundenen Wirkungen praktisch durch *alle* zwölf Sinnesorgane auf unser Ich ausgeübt werden, ganz besonders aber durch die mehr auf die Außenwelt gerichteten (den Ich-Sinn, den Gedanken- und Wort-Sinn; den Hör-Sinn, Wärme-Sinn, Seh-, Geruchs- und Geschmacks-Sinn).[1]

Das verhält sich so, weil das Ich in der gegenwärtigen Epoche der Erdenentwicklung, da es noch unter dem Einfluss des ungereinigten Astralleibes steht, die äußeren Sinnesorgane so benutzt, dass sie ihm eher etwas von den negativen Eigenschaften der Wesen oder Ereignisse der Außenwelt mitteilen. Daraus resultiert auch die in der heutigen Zivilisation so verbreitete, allgemeine Intoleranz, die aber auf dem genannten Weg überwunden werden muss. Wie kann das geschehen? Da ist vor allem eine ganz neue Erziehung der äußeren Sinne notwendig. Wenn aber der Mensch nicht das Glück hatte, eine entsprechende Erziehung in der Schule, in der Familie oder auf eine andere Weise zu erhalten, dann muss er das Versäumte später im Leben durch ein bewusstes Bemühen seines Ich nachholen. Dann muss sein eigenes Ich im reifen Alter der Erzieher seiner Sinne werden und diese daran gewöhnen, in jedem Wesen und Prozess der äußeren Welt vor allem die positiven Seiten und Eigenschaften wahrzunehmen. Und man kann diese bei *jedem* Prozess, Ereignis oder Wesen finden. Das ist jedoch nur möglich, wenn ein intensives *moralisches Denken* entwickelt wird, denn nur dieses kann ein solches Instrument werden, das unser Ich braucht, um allmählich unsere Sinne in der genannten Richtung umzuerziehen.

Auf den inneren Charakter eines solchen moralischen Denkens wies Rudolf Steiner in seinen Aufsätzen über das «Michael-Mysterium» hin mit den Worten: «Er [der Mensch] denkt zwar mit dem Kopf, aber das Herz fühlt des Denkens Hell oder Dunkel.»[2] Eine intensive Gedankenarbeit, die auf eine moralische Verwandlung und Reinigung des Denkens von Selbstliebe und egoistischen Elementen ausgerichtet ist, kann aus ihm allmählich den besten «Lehrer» unserer Sinnesorgane machen, so dass diese vor allem die *positiven* Seiten der Ereignisse und Wesenheiten in der Außenwelt wahrzunehmen vermögen, was dann wiederum eine sichere Grundlage für das Entwickeln der Toleranz darstellt. In seinem Buch *Wie erlangt man Erkenntnisse der höheren Welten?* weist Rudolf Steiner auf diese für die Geistesschülerschaft so wichtige Seelenhaltung hin mit den Worten: «Begegne ich einem Menschen und tadle ich seine Schwächen, so raube ich mir höhere Erkenntniskraft; suche ich liebevoll mich in seine Vorzüge zu vertiefen, so sammle ich solche Kraft. Der Geheimjünger muss fortwährend darauf bedacht sein, diese Anleitung zu befolgen. Erfahrene Geheimforscher wissen, was sie für eine Kraft dem Umstande verdanken, dass sie immer wieder allen Dingen gegenüber auf das Gute sehen und mit dem richtenden Urteile zurückhalten.»[3]

Hier mag uns als das wohl kraftvollste, geistig-pädagogische und zugleich künstlerische Beispiel die von Rudolf Steiner für das erste Goetheanum geschaffene plastische Gruppe dienen, welche den Christus als Menschheitsrepräsentanten, zwischen Luzifer und Ahriman, darstellt. Betrachtet man diese, so kann man erleben, wie der Blick gleichsam auf eine ganz natürliche Weise von der Zentralgestalt angezogen wird. Und dieser Eindruck des *unmittelbaren Begegnens* kann so intensiv und stark sein, dass der Betrachter zunächst nichts von der Umgebung wahrnimmt, außer dem Menschheitsrepräsentanten vor sich. Erst nach einiger Zeit, wenn der erste starke Eindruck mehr und mehr vom Bewusstsein erfasst wird, erblickt man gleichsam zwei Ströme, die sich, vom Herzbereich der Zentralgestalt ausgehend, nach den nach oben und unten ausgestreckten Händen ergießen; und folgt der Blick diesen, wird man allmählich auch die Widersachermächte in der Nähe des Menschheitsrepräsentanten bemerken.

So offenbart sich uns beim Betrachten der Gruppe, und das heißt durch künstlerisch-geistige Einwirkung, zunächst das zentrale Mysterium des Guten und danach erst das Doppelgesicht des Bösen. Anders gesagt, unser Blick wird zuerst auf natürliche Weise auf das objektiv Gute in der Welt und im Menschen gelenkt und erst danach – wenn unsere Seele bereits durch es gestärkt ist – auf das Böse, damit es sodann durch das Gute in eine neue, positive Kraft verwandelt werde. Wenn hingegen der Mensch mit dem Wahrnehmen des Bösen in einem Ding oder Wesen beginnt, ohne vorher seine Seele in der Suche nach den guten Seiten in ihnen gestärkt zu haben, das heißt, ohne das Wirken und die Gegenwart der Christus-Kräfte auch in ihnen wahrgenommen zu haben, dann erweist er sich, vielleicht ohne es selbst zunächst zu bemerken, nur zu leicht als innerlich von den bösen Mächten gefangen. Und diese trachten nun danach, ihm in seiner Umgebung nur das ihnen verwandte Böse zu zeigen, was schließlich zur Folge hat, dass der Mensch überhaupt die Fähigkeit verliert, in den äußeren Ereignissen und Wesen das in ihnen verborgene Gute zu finden.

So ist uns mit der plastischen Gruppe heute aus einem modernen hellsichtigen Bewusstsein nicht nur eine bedeutende Kunstschöpfung gegeben worden, sondern auch ein wichtigstes *Erziehungs*mittel, das tiefste Kräfte der Toleranz im Menschen wecken kann und das es ihm auf diese Weise ermöglicht, den Weg zu betreten, von dem in diesem Kapitel gesprochen wird.

Dieser Weg beginnt mit dem Entwickeln eines echten *Interesses* für den anderen Menschen, was nur möglich ist, wenn die Aufmerksamkeit konsequent auf die in diesem lebenden positiven, guten Eigenschaften gelenkt wird. Nur ein solches Interesse, das sich durch alle zwölf Sinne äußern kann, vermag das Entstehen einer umfassenden *Toleranz* herbeizuführen, die Rudolf Steiner als einen «Gedankenweg zu dem Christus» für unsere Zeit charakterisiert.[4] Und die innere Aufforderung, die heute für jedes geistig offene Ohr erklingt, die Aufforderung, dem Nächsten wieder und wieder – im kleinen – zu verzeihen, bezeichnet er in demselben Vortrag als unmittelbar von dem ätherischen Christus ausgehend: «Und so spricht er heute zu denjenigen, die ihn hören wollen: Was einer der geringsten eurer Brüder denkt, das habt ihr so anzusehen, dass ich in ihm denke, und dass ich mit euch fühle, indem ihr des anderen Gedanken an euren Gedanken abmesset, soziales Interesse habt für dasjenige, was in der anderen Seele vorgeht. Was ihr findet als Meinung, als Lebensanschauung in einem der geringsten Brüder, darin suchet ihr mich selber. – So spricht in unser Gedankenleben hinein der Christus, der sich gerade auf eine neue Weise – wir nähern uns der Zeit – den Menschen des 20. Jahrhunderts offenbaren will.»[5]

Und weiter erklärt Rudolf Steiner: «Wir finden ihn [den Christus] aber nicht, wenn wir egoistisch in uns bleiben mit unseren Gedanken, sondern nur, wenn wir unsere Gedanken messen mit den Gedanken der anderen Menschen, wenn wir unser *Interesse* erweitern in innerer *Toleranz* für alles Menschliche.»

Und so ist die Erziehung der Sinnesorgane, die mit dem «Ich-Sinn» sowie dem «Gedanken-Sinn» beginnt, die dann die weiteren

Sinne erfasst und die zugleich zum Erringen wahrer *Toleranz* führt in Bezug auf jegliche Äußerungen des individuellen Ich, auf die Denkweise und alle übrigen Erscheinungsformen eines Menschen, ganz besonders im sozialen Leben, dasjenige, wozu uns der ätherische Christus in seiner neuen Offenbarung aufruft.[6] Das ist für unsere Epoche eine konkrete Äußerung der geisteswissenschaftlichen Wahrheit, dass «der Christus-Impuls in der geraden Linie des sich gestaltenden Denkens liegt».[7]

Dieses alles können wir in der folgenden Zeichnung zusammenfassen:

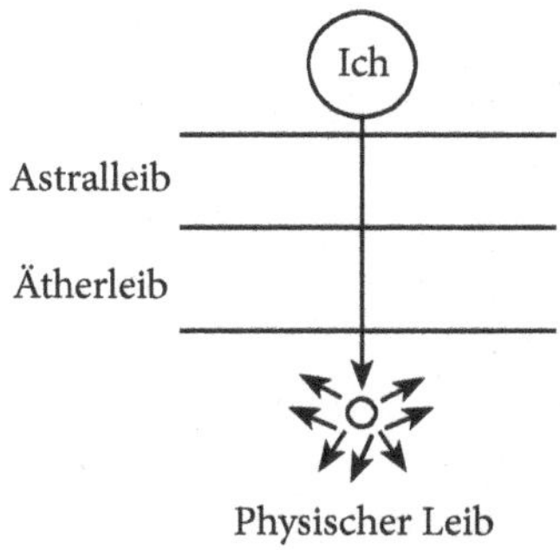

2. *Die zweite Stufe*

Wenn wir uns nun der zweiten Stufe des genannten Weges zuwenden, kommen wir wiederum zum Thema der vorliegenden Arbeit, dem Wesen des Verzeihens. Denn in einem bestimmten Sinne ist das wahre Verzeihen nichts anderes als ein höherer oder sozusagen potenzierter Akt der Toleranz. So verbindet diese beiden Stufen die konsequente moralische Umwandlung der Persönlichkeit, welche sowohl eine neue Erkenntnis als auch ein neues Christus-Erleben sucht.

Wie wir im vorangehenden Kapitel sahen, ist das wahre Verzeihen (von seinen Unterscheidungsmerkmalen wird noch gesprochen werden) ohne eine wenn auch nur teilweise Durchdringung des irdischen Ich durch das höhere oder das Geistselbst unmöglich. Aber so wie das Ich auf der ersten Stufe durch ein moralisches Denken die Sinnesorgane reinigen und zu einem Wahrnehmen vornehmlich des Guten und Schönen in der Welt erziehen kann, so kann das Geistselbst auf der zweiten Stufe, indem es in das Ich eindringt, dieses von innen her so kräftigen und vergeistigen, dass sich ihm die Möglichkeit eröffnet, die Welt nicht nur mit Hilfe der Sinnesorgane des physischen Leibes, sondern auch mit Hilfe der höheren Sinnesorgane des Ätherleibes wahrzunehmen. Mit anderen Worten, so wie das irdische Ich der Sinnesorgane seines physischen Leibes bedarf, um Bewusstsein zu entwickeln, der Organe, die es selbst während der Embryonalzeit von außen in ihm erbildet, so bedarf das Geistselbst, wenn es bewusst im Menschen leben soll, der Wahrnehmungsorgane des Ätherleibes, die es sogleich in ihm erbildet, sobald es in das irdische Ich einzudringen beginnt. Und so wird das Geistselbst, indem es das irdische Ich im Akt des Verzeihens durchdringt, zugleich fähig, der «Erzieher» des Ätherleibes zu werden und alle jene «Verdunkelungen» und «Verhärtungen» aufzulösen, die sich infolge unserer irdischen Fehler, der moralischen, charakterlichen Mängel, des lügenhaften Denkens und ganz besonders infolge von Rachsucht und Neid unaufhörlich in ihm bilden. (Geistig betrachtet ist der Neid eine Form der Rachsucht.)

Aus zahlreichen Beschreibungen Rudolf Steiners geht hervor, dass der Ätherleib an den Prozessen des Erinnerns und Vergessens einen entscheidenden Anteil hat. Deshalb befreien wir auch, wenn wir verzeihen, wo wir unter dem Einfluss unseres höheren Ich die Folgen des uns zugefügten Unrechts bewusst aus unserem Gedächtnis «tilgen», unseren Ätherleib von allen ihn zerstörenden und verdunkelnden Elementen. Indem wir diese im Akt des Verzeihens durch die Kraft des Geistselbst auflösen, machen wir unseren Ätherleib leuchtender und durchsichtiger und schließlich, bei einer weitergehenden Reinigung, sogar zu einem *Schauenden* in der ihn umgebenden elementaren (astralischen) Welt. Denn ein längeres Wirken des Geistselbst in unserem Ich macht dieses allmählich fähig, nicht nur mit dem physischen, sondern auch mit dem Äther- oder Lebensleib die äußeren Eindrücke wahrzunehmen. Das kann durch die folgende Zeichnung veranschaulicht werden:

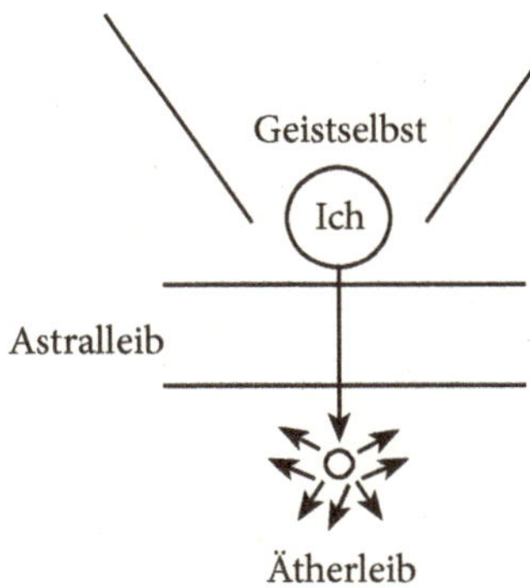

Was sich dann aber dem Menschen zuallererst hellsichtig durch seine neu erschlossenen Wahrnehmungsorgane des Ätherleibes eröffnet, das ist das Schauen des ätherischen Christus in der geistigen Welt, die der Erde benachbart ist. Deshalb weist Rudolf Steiner auch auf den unmittelbaren Zusammenhang hin, der zwischen dem schon in unserer Zeit beginnenden Eintreten der Kräfte des Geistselbst in das Bewusstsein der Menschen (wobei die Kulmination dieses Prozesses erst in der folgenden sechsten Kulturepoche erfolgen wird) und dem übersinnlichen Wahrnehmen des ätherischen Christus besteht: «Aber wir müssen uns klar sein, dass wir uns allerdings … jetzt allmählich herausarbeiten von dem Leben in der Bewusstseinsseele zu dem Leben im Geistselbst hinein. Ich habe es öfter angedeutet, wodurch das Eintreten in das Geistselbst erscheint. Ich habe darauf hingewiesen, dass die Leute, welche die

Erscheinung des Christus-Impulses erleben werden in den nächsten dreitausend Jahren, immer zahlreicher werden, dass die Menschen allmählich fähig werden, in den geistigen Welten den Christus-Impuls zu erleben.»[8]

Je nach der individuellen Verfassung eines Menschen, seines Karma und der konkreten Lebensbedingungen mag das Einwirken des vom Geistselbst verstärkten Ich auf den Ätherleib anfangs nicht sogleich zu der Gestaltung der übersinnlichen Wahrnehmungsorgane führen, die eine Hauptvoraussetzung sind für das Erwachen neuer hellsichtiger Fähigkeiten, sondern zur inneren Verwandlung des Ätherleibes in eine solche Richtung, dass er für die Wahrnehmung der makrokosmischen Kräfte des Weltenäthers besonders fähig wird. In einzelnen Fällen kann es sogar geschehen, dass ein Mensch, der durch das Verzeihen eine bedeutende Reinigung seines Ätherleibes erreicht hat, zunächst überhaupt kein ätherisches Hellsehen entwickelt, sondern sozusagen dessen «*Kehrseite*», das heißt, nicht zu einem übersinnlichen Schauen des Christus gelangt, sondern zu einer erhöhten Wahrnehmungsfähigkeit für die von ihm ausgehenden Lebenskräfte. Infolgedessen wirkt der Christus dann, obwohl er selbst ihn nicht hellsichtig schaut, real in seinem Ätherleibe, und die anderen Menschen können unter gewissen Bedingungen seine Gegenwart *durch einen solchen Menschen* erleben. Der Mensch selbst aber erlangt, wie schon gesagt, den Zugang zu den in Wirklichkeit unerschöpflichen Quellen des kosmischen Lebens.

Diesem Phänomen begegnen wir in Bill Cody, wie er in dem Buch von George Ritchie beschrieben wird. Das erklärt sowohl seine ungewöhnlichen physischen und seelischen Kräfte, die durch die Gegenwart der Christus-Kräfte in seinem Ätherleib genährt werden, wie auch die Möglichkeit, dass andere Menschen wie zum Beispiel George Ritchie *durch ihn* die Begegnung mit dem ätherischen Christus erleben können. So folgt aus diesem Beispiel mit besonderer Klarheit, dass für unsere Zeit der *Weg des Verzeihens* der unmittelbarste und richtigste ist, um es den geistigen Kräften des ätherischen Christus zu ermöglichen, sich in die irdische Zivilisation zu ergießen und den Menschen früher oder später zur hellsichtigen Begegnung mit sich zu führen.

Nun können wir uns auch der Lösung des Problems von Simon Wiesenthal nähern, vor dem er am Bett des sterbenden SS-Mannes stand und das ihn während seines ganzen Lebens verfolgte. Denn die Frage für Simon Wiesenthal, ob er dem jungen Menschen, der ein solches Verbrechen begangen hatte und der es dann so bitter bereute, hätte verzeihen müssen, ist nur ein äußerer Ausdruck der zentralen Frage jedes Menschen heute, der Christus-Frage. Denn in dieser allerschwierigsten Lebenssituation, in der sich Simon Wiesenthal befand, zu verzeihen heißt, sich dem Erleben des ätherischen Christus zu nähern, und nicht zu verzeihen – darauf zu verzichten. Wiesenthal selbst wählte weder das eine noch das andere. Er hörte sich die Beichte des Sterbenden bis zum Schluss an, ging dann schweigend, ohne ein Wort zu sagen, aus dem Raum und ließ damit die Frage offen. Die Tatsache jedoch, dass die Frage in ihrer Ungelöstheit und die Zweifel ihn lange Jahre quälten und ihn schließlich veranlassten, ein Buch zu schreiben, zeugt von dem ihn nicht mehr loslassenden Gefühl – das vielleicht gar nicht vollständig in sein Bewusstsein drang –, dass er am Bett des reuigen Verbrechers die größte *Möglichkeit* seines Lebens versäumt haben könnte, die Möglichkeit, demjenigen zu begegnen, der unsichtbar als *Dritter* in jenem engen Lazarettzimmer in Lemberg zugegen war. Und wenn auch diese Begegnung zu jener Zeit nicht zustande kommen konnte, so spricht doch die Tatsache, dass die Frage Simon Wiesenthal in der Folgezeit immer weiter bedrängte, davon, dass bei dem inneren Ringen um ihre Lösung Samen in die Seele gelegt wurden, die früher oder später, in diesem Leben oder im nachtodlichen Dasein für sein erwachendes Geistbewusstsein als eine Frage, als ein *Verlangen nach dem Christus* in ihm aufgehen werden.

3. Die dritte Stufe

Wenn wir nun die weiteren Stufen des genannten Weges betrachten wollen, so ist zu bemerken, dass die zweite Stufe desselben im Prinzip von *jedem* Menschen erreicht werden kann, die zwei folgenden Stufen dagegen sich nicht auf das allgemeine Entwicklungsniveau des heutigen Menschen beziehen, sondern auf den über seine Grenzen hinausführenden Einweihungsweg.[9] Wird dieser jedoch vom Menschen als Geistesschüler betreten, so kann heute jeder Mensch, wenn auch gewiss nur ganz anfänglich, mit der Arbeit beginnen, die schließlich zum Erreichen der dritten Stufe zu führen vermag. Diese anfängliche Arbeit wird darin bestehen, dass ein erhöhtes Verantwortungsgefühl entwickelt wird für das, was der andere Mensch, eine Menschengemeinschaft, ein Volk oder gar die ganze Menschheit tut. Solche erweiterte Verantwortung, die der Mensch freiwillig auf sich nimmt und in sich pflegt für alles, was in der Welt geschieht, kann ihn schon im gewöhnlichen Leben für die dritte Stufe des beschriebenen Weges weitgehend vorbereiten.

Das Wesen dieser Stufe besteht nun nicht nur im Verzeihen, sondern im bewussten *Aufnehmen des Karma eines anderen Menschen oder sogar einer ganzen Menschengruppe.*[10] Der Geistesschüler, und ganz besonders der moderne Eingeweihte, kann das durch ein weiteres Verstärken seines Ich erreichen. Und das ist nur möglich, wenn er sich nicht nur mit dem Geistselbst-Prinzip durchdringt, sondern mit dem noch höheren Prinzip des Lebensgeistes. In der östlichen Terminologie wird der Lebensgeist auch das Buddhi-Prinzip oder das allumfassende kosmische Prinzip der Liebe genannt. So kann das «kosmische Buddhi» auch der Christus genannt werden,[11] der die Substanz der kosmischen Liebe zur Erde brachte und der sodann, um die ganze Erdenevolution mit ihr zu durchdringen, das Karma der Menschheit im Mysterium von Golgatha auf sich nahm.

Diesem zentralen Urbild der Erdenentwicklung sucht auch der

Geistesschüler auf dieser Stufe zu folgen, indem er an der Entwicklung nicht nur des Geistselbst, sondern auch des Lebensgeistes, das heißt jener Selbstlosigkeit und Vergeistigung der Liebe zu den Menschen in sich arbeitet, die allein die Kraft geben, ihr Karma auf sich zu nehmen.

Und wenn Rudolf Steiner nach der Weihnachtstagung von 1923/1924 von der neu begründeten Allgemeinen Anthroposophischen Gesellschaft als von einer Karmagemeinschaft spricht, deren Hauptaufgabe die Verwandlung des alten und die Bildung eines neuen «michaelischen» Karma sei, so ist damit eben diese anfängliche Arbeit in der angegebenen Richtung gemeint. Denn das, was der einzelne Mensch heute so sehr schwer nur erreichen kann, das kann eine Gemeinschaft von geistig Strebenden sehr viel eher verwirklichen.

Das Eindringen der Substanz des Lebensgeistes in den Menschen hat jedoch noch eine sehr wichtige Folge. Denn das vom Lebensgeist verstärkte individuelle Ich kann nun allmählich übersinnliche Wahrnehmungsorgane nicht nur im ätherischen, sondern im sehr viel höheren Astralleib bilden. Die folgende Zeichnung mag das verdeutlichen:

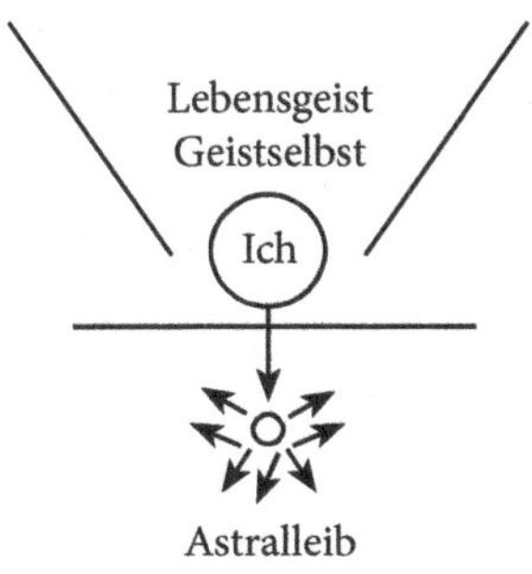

Dadurch kann dem Menschen mit der Zeit eine neue und noch umfassendere Christus-Offenbarung zuteil werden, die Rudolf Steiner als ein Erscheinen des Christus im astralischen Leibe auf dem niederen Devachan oder den niederen Bereichen des Geisterlandes charakterisiert (im Unterschied zu seiner vorhergehenden Offenbarung im Ätherleib auf dem Astralplan oder, was dasselbe ist, im Seelenreich).

Dieses noch höhere Erleben des Christus kann zudem allein dem Menschen Kraft geben, das Karma anderer Menschen nicht nur auf sich zu nehmen, sondern es auch weiterhin zu *tragen*. Denn so wie der ätherische Christus im Akt des Verzeihens wirkt, so wirkt der kosmische (astralische) Christus in jedem bewussten oder sogar unbewussten Auf-sich-Nehmen des Karma eines anderen Menschen. Man kann ebenso sagen, dass das Auf-sich-Nehmen und Tragen des fremden Karma für einen Menschen überhaupt unmöglich ist ohne eine, wenn auch nur anfängliche, Berührung mit dieser hohen Sphäre der Christus-Offenbarung.

4. Die vierte Stufe

Die vierte und in gewissem Maße höchste Stufe ist dann diejenige, wo nicht nur das Karma eines Menschen oder einer kleineren Gruppe von Menschen aufgenommen, sondern am Tragen des Karma *der ganzen Menschheit* teilgenommen wird. Die oben (im III. Kapitel) beschriebenen Leiden des Christian Rosenkreutz sprechen deutlich davon, dass die vierte Stufe dieses Weges von ihm erreicht wurde. Denn indem er der Menschheit unaufhörlich die Leiden *vergibt*, die sie ihm heute zufügt und die sie ihm in noch größerem Maße in der Zukunft zufügen wird, erlangt er die Möglichkeit, bei ihr zu bleiben, sie keinen Augenblick zu verlassen, um so auch weiterhin das Karma des sich entwickelnden individuellen Ich mitzutragen und damit seinem göttlichen Lehrer – dem Christus – nachzufolgen.

Vom okkulten Standpunkt aus gesehen, kann diese vierte Stufe nur durch die weitere Entwicklung der inneren Kräfte des eigenen individuellen Ich erreicht werden, wo dieses die Organe für die höhere übersinnliche Wahrnehmung unmittelbar aus der eigenen Substanz zu bilden vermag, ohne die Vermittlung durch die drei niederen Leiber oder Hüllen (des physischen, ätherischen oder astralischen Leibes). Und das ist für das Ich des Eingeweihten nur möglich, wenn es sich wenigstens bis zu einem gewissen Grade nicht nur mit der Substanz des Geistselbst und Lebensgeistes, wie auf den vorangehenden Stufen, sondern auch mit der des *Geistesmenschen* zu durchdringen vermag:

Diese Stufe der inneren Entwicklung des Eingeweihten eröffnet ihm den Zugang zur folgenden dritten und für den gegenwärtigen Entwicklungszyklus höchsten Christus-Offenbarung, seiner Offenbarung auf dem höheren Devachan als das allumfassende Ich unseres Kosmos. Hier erst erscheint der Christus dem Menschen in seinem eigentlichen inneren Wesen, ohne alle Hüllen, welche er, die unvollkommene geistige Wahrnehmungsfähigkeit des Menschen gleichsam «schützend», auf den niederen Seinsebenen annehmen musste, indem er auf dem Astralplan im ätherischen und im niederen Devachan im astralischen Gewande erschien. Wenn nun diese Mittler-Hüllen fallen, vermag der Eingeweihte den Christus aus seinem eigenen, hellsichtig gewordenen Ich als sein wahres kosmisches Urbild, als das kosmische All-Ich zu schauen.

Was auf den vorhergehenden Stufen als eine Erkenntnis des Christus-Wesens im verwandelten Denken erschienen war, in dem, was Rudolf Steiner «intellektuelles Hellsichtigwerden» nennt, das heißt, in dem Denken, das sich zu den Imaginationen erhebt, die zum Schauen des ätherischen Christus führen,[12] und das, was sich dem in die Inspiration verwandelten Fühlen als das Erleben des astralischen Christus offenbarte, das erlangt nun seine Vollendung, dank der Verwandlung des menschlichen Willens, dadurch, dass der Christus in der *Intuition* als kosmisches Ich erlebt wird, das von dem menschlichen Ich wahrgenommen wird und es zugleich durchdringt, gemäß der Natur der intuitiven Erkenntnis.[12a]

Über die hier dargestellte Folge der übersinnlichen Offenbarungen des Christus, die sich in seiner höchsten Ich-Offenbarung vollenden, sprach Rudolf Steiner folgendermaßen: «Wir sehen also, wie der auf die Erde herabgestiegene Christus, von einer physisch-irdischen Menschenwesenheit ausgehend, sich allmählich entwickelt als ätherischer, als astralischer, als Ich-Christus, um als Ich-Christus der Geist der Erde zu sein, der dann mit allen Menschen sich emporhebt zu höheren Stufen.»[13]

Oben wurde davon gesprochen, dass eine führende Individualität der Strömung des esoterischen Christentums, Christian Rosenkreutz, wie auch einige seiner fortgeschritteneren Mitarbeiter und Schüler sich bereits auf der Stufe der inneren Entwicklung befinden, die es ihnen erlaubt, teilzuhaben an dem Tragen des Karma, welches das Ich-Werden der Menschheit begleitet. Das ist jedoch unausweichlich damit verbunden, dass große Leiden freiwillig ertragen werden, die durch innere Passivität und zahlreichen Missbrauch der den Menschen heute gegebenen Freiheit hervorgerufen werden. Um diese Leiden zu ertragen, braucht der Eingeweihte stärkste innere Kräfte. Nun ist deutlich, woher diese erfließen. Der Eingeweihte schöpft sie aus dem steten Schauen der dritten übersinnlichen Offenbarung des Christus, in welcher dieser ihm als der neue Geist-Führer oder das Ich der Erde erscheint, welches das Karma der ganzen Menschheit trägt.

Diese Stufe der inneren Entwicklung eröffnet dem Eingeweihten jedoch noch ein weiteres außerordentlich wichtiges Tätigkeitsfeld. Er kann sich nun, nachdem er sich auf diese vierte Stufe erhoben hat, auf eine ganz neue Weise nicht nur an der Befreiung und Vervollkommnung der Menschheit, sondern auch an der Erlösung jener an der Erdenevolution teilhabenden Gegenmächte beteiligen, die in der modernen Geisteswissenschaft luziferische und ahrimanische genannt werden.

Einst in urferner Vergangenheit der Erdenevolution brachten diese Wesenheiten eine Art Opfer, indem sie den Entschluss fassten, sich von der allgemeinen Entwicklung der ihnen ähnelnden Wesen loszulösen, damit der Mensch durch die Notwendigkeit, ihnen zu widerstehen, und im Überwinden der von ihnen herbeigeführten Widerstände allmählich ganz neue Kräfte und höhere Fähigkeiten in sich entwickeln könne als ohne eine solche Überwindung, vor allem aber die Fähigkeit zum inneren Freiheitserlebnis.[14] – Eine solche Beteiligung der Widersachermächte an der Erdenevolution hat jedoch noch eine andere Seite. Sie mussten, nachdem sie sich von der rechtmäßigen Entwicklung ihrer Art von Wesenheiten losgelöst hatten, ihr Tätigkeitsfeld in einen anderen kosmischen Bereich verlegen, von dem aus jede weitere Entwicklung *für sie selbst* unmöglich war. In einer populäreren Form weist das Bild vom Kampf des Erzengels Michael mit dem Drachen, den Michael zwingt, unten, unter seinen Füßen zu bleiben, auf diese okkulte Tatsache.

Eine Weiterentwicklung ist für diese Wesenheiten nur durch ihre Verbindung mit dem zentralen Impuls unseres Kosmos, mit dem Christus-Impuls möglich. Sie können diese jedoch nicht von sich aus erreichen, sondern, wenn sie sich dem Weg der rechtmäßigen Entwicklung wieder zuwenden wollen, dann können sie den Zugang zu dem Christus-Impuls heute nur *im Menschen* erlangen. Und das bedeutet, dass die Möglichkeit, die Gegenmächte zu erlösen, wie auch ihre damit verbundene Rückkehr in den Schoß der allgemeinen Weltevolution in einem gewissen Sinne durch die höheren Mächte in die Hände des Menschen gelegt ist.

Der Prozess ihrer Befreiung selbst wird darin bestehen, dass der Mensch als Folge bewusst vollzogener innerer Entwicklung dem luziferischen und ahrimanischen Einfluss in seiner Seele einen anderen Einfluss entgegenzustellen vermag, der unmittelbar aus der Christus-Wesenheit erfließt. Rudolf Steiner beschreibt das am Beispiel der luziferischen Wesenheiten mit den Worten: «Dadurch, dass wir mit Hilfe und nur mit Hilfe des Christus alle diejenigen Eigenschaften des Menschen, die von Luzifer kommen, auslöschen, dadurch befreien wir als Menschen nach und nach die luziferischen Mächte mit. Und es wird eine Zeit kommen, wo die luziferischen Mächte, welche während der Mondenentwickelung zum Heile der menschlichen Freiheit heruntersinken mussten in eine gewisse niedere Entwickelung und auf der Erde nicht Gelegenheit hatten, selber die Christus-Kraft zu erleben, wo diese durch den Menschen werden die Christus-Kraft erleben und erlöst werden. Der Mensch wird Luzifer erlösen, wenn er die Christus-Kraft in der entsprechenden Weise aufnimmt.»[15]

An dieser «Befreiung» der luziferischen Mächte wird von den großen Menschheitseingeweihten, welche Rudolf Steiner «die Meister der Weisheit und des Zusammenklangs der Empfindungen» nennt, schon seit fast zweitausend Jahren, seit der Vollendung des Mysteriums von Golgatha gearbeitet. Vom Beginn der Neuzeit an kommt zu dieser ersten noch eine zweite Aufgabe hinzu: die «Erlösung» auch der ahrimanischen Mächte. Wenn aber heute *jeder* Mensch – zwar zunächst in anfänglicher Form – durch die Aufnahme des Christus-Impulses in seine Seele sich an der «Befreiung» Luzifers beteiligen kann, so kann in der Richtung der Befreiung Ahrimans, auch nur in anfänglicher Form, allein eine soziale Menschengemeinschaft wirken. Solches auf individuelle Weise zu tun vermögen heute nur die höchsten Eingeweihten.

Dabei ist ausdrücklich zu betonen, dass es sich hier um die Erlösung oder Befreiung und nicht einfach nur ein Vertreiben der Widersachermächte aus dem einen oder anderen Tätigkeitsfeld des Menschen handelt. Das war sowohl einzelnen Menschen als auch ganz besonders streng abgeschlossenen esoterischen Gemeinschaften zu allen Zeiten und auch vor dem Mysterium von Golgatha möglich. Rudolf Steiner weist in den Vorträgen über das «Fünfte Evangelium» mit außergewöhnlicher Kraft und Anschaulichkeit am Beispiel des Essäer-Ordens darauf hin, an dessen Pforte Jesus von Nazareth ein entscheidendes geistiges Erlebnis hatte: Er erblickte im Geiste Luzifer und Ahriman, wie sie, aus dem Bereich des Ordens vertrieben, *zu anderen Menschen* hinstrebten, die sie nunmehr noch größerer Not und härteren Versuchungen unterwarfen.

Ihre *Erlösung* setzt dagegen vor allem eine größtmögliche und allseitige Erkenntnis ihres Wesens, ihres Ortes in unserem Kosmos und des Charakters ihres Wirkens in der Welt und im Menschen voraus. Denn diese Erkenntnis, die aus den Quellen der wahren christlichen Esoterik erfließt, wie sie heute die Anthroposophie vermittelt, ist schon, wenn sie in das menschliche Bewusstsein aufgenommen wird, der *Beginn* des Erlösungsprozesses dieser Wesenheiten.

Gemäß der Geisteswissenschaft hat jede Kategorie der Widersachermächte zudem auch einen Ort des rechtmäßigen Wirkens. Luzifer zum Beispiel im Bereich des «schönen Scheines», der Phantasie und Kunst; Ahriman innerhalb des Wirkungsbereiches der Kräfte der Materie sowie in der Sphäre der Wissenschaft und besonders der Technik. Es haben die höheren Götter sie jedoch im Gebiete ihres rechtmäßigen Wirkens unaufhörlichem und unerträglichem Leiden geweiht, das daraus entspringt, dass es ihnen unmöglich ist, sich irgendwie weiter zu entwickeln. In geistiger Beziehung kann man ihre Lage mit der mittelalterlichen Folter vergleichen, wo ein Mensch in der Kindheit in einen engen eisernen Panzer eingeschlossen wurde, so dass das weitere Wachsen ihm größte Schmerzen bereitete. Auf die Ausweglosigkeit dieser Situation der Gegenmächte in ihrem eigenen Bereich weisen die Worte Straders im 3. Mysteriendrama, in *Der Hüter der Schwelle*, welche dieser beim Anblick Ahrimans in seinem eigenen Reich äußert:

In deinen rauhen Worten klinget Schmerz
Aus dir; und Schmerz sind sie in mir auch selber.
Ich kann, – betracht' ich dich – nur – klagen, weinen.[16]

In ihrem eigenen Reich ohne Unterbrechung unerträgliche Leiden erlebend, suchen die Gegenmächte nach irgendeiner Möglichkeit, diesen auch nur auf eine kurze Zeit zu entgehen, um eine irgendwie geartete Erleichterung zu erlangen. Anders gesagt, sie versuchen mit allen Mitteln unentwegt, die Grenzen ihres eigenen, ihnen ursprünglich von den hohen Göttern zugewiesenen Reiches zu überschreiten, indem sie in die menschliche Evolution eindringen und in ihr als Versucher wirken und als Geister aller möglichen Widerstände. Hier erscheinen sie, zeitweilig von ihren Leiden befreit, entweder als unrechtmäßig stolze oder überintelligente Wesen, die dem Menschen allüberall ihre verführerischen «Gaben» reichen, in Wirklichkeit jedoch nur Zerstörung und Untergang mit sich führen.[17]

Darauf weist Strader in derselben Szene mit den Worten hin:

Doch was entringt sich meiner Seele hier;
Ich spreche Worte, welche mich vernichten,
Sobald ich sie auf Erden richtig finde.

Und das bedeutet, dass *außerhalb* von Ahrimans Reich, das heißt auf dem Entwicklungsfeld der Menschheit, der Mensch *verpflichtet* ist, Ahriman (wie auch Luzifer) mit allen Kräften auf das intensivste entgegenzuwirken. Jedoch nicht in dem Sinne, dass Böses mit Bösem oder mit Gewaltanwendung bekämpft wird, sondern dadurch, dass diesem wahres *Gutes* entgegengehalten wird. Das ist im okkulten Bereich nur dadurch möglich, dass sich den Gegenmächten nicht schwache menschliche Kräfte bewusst entgegenstellen, sondern der vom Menschen in das eigene Wesen aufgenommene Christus-Impuls, damit stets dann, wenn Luzifer und Ahriman versuchen, die Grenzen ihres rechtmäßigen Wirkens im Menschen zu überschreiten und ihn zu verführen, sie den Christus-Kräften in ihm begegnen. Dann vermag nicht der Mensch, sondern der Christus Luzifer und Ahriman zum Guten zu wenden, was das eigentliche Wesen aller wahrhaft manichäischen Mysterien ausmacht.

Dieser Prozess ist auf dem nördlichen pfirsichblütfarbenen Fenster des ersten Goetheanum zu sehen. Im Zentralmotiv desselben ist die Begegnung des Menschen mit dem Christus in der an die Erde grenzenden Ätherwelt dargestellt, die Aufnahme seines Wesens in das eigene Wesen und rechts und links die Folgen dieser Aufnahme: Die Erlösung Luzifers, der auf dem alten Mond zurückblieb, durch den Christus und die Erlösung Ahrimans, der noch früher auf der alten Sonne zurückblieb. Die Zeichen des Mondes und der Sonne weisen auf diese Abstammung sowie auf den Astralleib (Mond) und den Ätherleib (Sonne) des Menschen. In den ersten drangen die luziferischen Kräfte im alten Lemurien ein und in den zweiten die ahrimanischen auf der Atlantis.[18]

Nur wenn der moderne Eingeweihte die vierte und bis jetzt höchste Stufe des genannten Weges erreicht hat und nun in der Sphäre der dritten übersinnlichen Offenbarung des Christus verweilt, das heißt, wenn er in vollem Bewusstsein seine Gegenwart im eigenen Ich erlebt als die substantielle Verwirklichung des Wortes: «Nicht ich, sondern der Christus in mir», kann er wirklich zum Befreier nicht nur des Menschengeschlechtes, sondern auch der Gegenmächte werden. Denn wenn diese in einen solchen Eingeweihten eindringen, werden sie den Christus in ihm nicht in seiner ätherischen oder astralischen Hülle, sondern unmittelbar in seiner ursprünglichen Wesenheit als das allumfassende Ich unseres Kosmos antreffen und zugleich als den neuen Führer-Geist der Erde.[19]

Deshalb wird auch das, was auf den vorhergehenden Stufen

nur eine ganz anfängliche, vorbereitende Arbeit zur Befreiung der Gegenmächte war, wodurch diese dem Christus im Innern des Menschen nicht unmittelbar in seiner ursprünglichen Wesenheit begegnen konnten, sondern nur mittels seiner ätherischen oder astralischen Erscheinungsform, nun von dieser Stufe an zu einem bewusst vollzogenen Prozess ihrer endgültigen Erlösung. Es beginnt das von dem Christus erfüllte Ich des Eingeweihten, einer Sonne ähnlich, in die Dunkelheit seiner äußeren Hüllen zu leuchten und in seinem Astralleib «Licht» zu erzeugen, im Ätherleib «Leben» und im physischen Leib die Kräfte der «Auferstehung», das heißt, mikrokosmisch das zu wiederholen, worauf die Anfangsverse des Johannes-Evangeliums weisen, die von dem makrokosmischen Herabsteigen des Logos in die Menschheit sprechen. Man kann auch sagen, dass von dieser Zeit an der Christus-Impuls, vom Ich des Menschen ausgehend, so dessen Hüllen durchdringt, dass das Wort: «Nicht ich, der Christus in mir» zunächst in seinem Astralleib, sodann im Ätherleib und schließlich – auf die künftige Entwicklung weisend – im physischen Leib Wirklichkeit wird.

In dieser Richtung geht heute auch die esoterische Arbeit aller führenden christlichen Eingeweihten vor sich, welche die Christus-Sonne in ihrem Ich tragen und die Rudolf Steiner als die «Meister der Weisheit und des Zusammenklanges der Empfindungen» charakterisiert. Konkret besteht sie darin, dass diese, ihren Astralleib mit seinem *Licht* erfüllend, die Möglichkeit für die Erlösung Luzifers durch die Berührung mit diesem Licht herbeiführen. Weiterhin schaffen sie allmählich dadurch, dass sie ihren Ätherleib mit dem *Leben* erfüllen, das von der Christus-Sonne in ihrem Ich ausgeht, die Möglichkeit, dass durch die Berührung mit diesem Ahriman erlöst werden kann, und erst in fernster Zukunft werden sie dadurch, dass sie ihren physischen Leib ganz mit den Kräften der *Liebe* durchdringen, die von der Christus-Sonne in ihrem Ich ausgeht, den Weg zur Erlösung auch der dritten Kategorie der Widersachermächte, der asurischen Mächte, eröffnen. Das ist jedoch nur der Anfang der Erlösungstaten. Ihre Vollendung wird erst dann in der Erdenentwicklung eintreten, wenn die *ganze* Menschheit sich auf die Stufen erheben wird, auf denen heute die höchsten irdischen Eingeweihten weilen und arbeiten. So werden innerhalb der Weltentwicklung nicht die Menschen selbst, sondern es wird der Christus in ihnen (im Sinne des Wortes: «Nicht ich, der Christus in mir») der große Befreier aller drei Kategorien von Gegenmächten sein.

Mit geisteswissenschaftlicher Terminologie kann man sagen, dass der Prozess der Erlösung Luzifers darin bestehen wird, dass die Kräfte des vom Christus-Impuls durchdrungenen Geistselbst sich in den menschlichen Astralleib ergießen; die Erlösung Ahrimans darin, dass der von den Christus-Kräften erfüllte Lebensgeist sich in den Ätherleib ergießt; und die Erlösung der asurischen Mächte wird in der Zukunft dadurch geschehen, dass der physische Leib des Menschen von den Kräften des Christus-erfüllten Geistesmenschen durchdrungen wird, das heißt von den Kräften des «Auferstehungsleibes», des Phantoms.[20]

Und das alles ist auf das engste mit der Verkörperung, dem Erdenleben, dem Tod und der Auferstehung des Sonnenwesens des Christus verbunden. Denn die Möglichkeit, innerhalb der Erdenentwicklung an der Erlösung der Gegenmächte zu arbeiten, wurde durch das dreijährige Leben des Christus auf der Erde und durch das Mysterium von Golgatha geschaffen, durch welches die Früchte dieses dreijährigen Lebens der Erdenevolution eingegliedert wurden. So verwandelte der Christus im Laufe des ersten Jahres aus seinem kosmischen Ich heraus den Astralleib des Jesus von Nazareth in das Geistselbst; und im zweiten Jahre dessen Ätherleib in den Lebensgeist; im dritten Jahre aber verwandelte er durch das Mysterium von Golgatha dessen physischen Leib in den Geistesmenschen, der sodann als der neue Auferstehungsleib (das Phantom) aus dem Grab auferstand. Dadurch wurde in die Erdenentwicklung der Grund dafür gelegt, dass Menschen, die die Früchte dieses dreijährigen Lebens des Christus in sich zu realisieren suchen, die luziferischen, ahrimanischen und schließlich auch die asurischen Mächte werden befreien können.

6. Die besondere Bedeutung der Erlösung Luzifers in unserer Zeit

In dieser Entwicklung kommt der Erlösung Luzifers in unserer Zeit die erste Bedeutung zu. Dank der Arbeit, welche die Meister der Weisheit und des Zusammenklanges der Empfindungen im Laufe der letzten fast zweitausend Jahre verrichteten, ist dessen Erlösung so weit fortgeschritten, dass Rudolf Steiner in seinen Vorträgen zu Beginn unseres Jahrhunderts offen von diesem wichtigen okkulten Geheimnis sprechen konnte. Das geschah ganz besonders in dem Vortrag vom 22. März 1909 in Berlin.[21]

Diese Eingeweihten schaffen in ihrem Inneren, indem sie das Licht der in ihrem Ich aufleuchtenden Christus-Sonne sich in ihren Astralleib ergießen lassen, die Bedingungen, dass Luzifer die Berührung mit dem Christus erfahren kann. Und das muss unweigerlich dazu führen, dass Luzifer fortan, vom Licht des Christus berührt, freiwillig dessen Diener wird, das heißt ein neuer Träger seines Lichtes im Kosmos, was ursprünglich auch sein Name «Luzifer» oder «Phos-phorus», «Licht-Träger», bedeutet. Dann aber wird er sich, mit seinem ganzen Wesen dem Christus zugewandt, allmählich in eine völlig neue Wesenheit verwandeln, in eine vom Heiligen Geist erfüllte Wesenheit. Er wird als kosmischer Träger des Lichtes der Christus-Sonne im Dienst für den Christus zum Führer jedes nach höherer Erkenntnis strebenden Menschen werden, jedes Menschen, der in die verborgensten Geheimnisse des Kosmos, in dessen zentrale Mysterien, die Christus-Mysterien, einzudringen sucht.

In den Abschiedsgesprächen des Christus, wie sie in dem esoterischsten der vier Evangelien, dem Johannes-Evangelium, überliefert sind, finden wir einen Hinweis auf dieses Geheimnis der Erlösung Luzifers. Dort spricht Christus selbst von dem Paraklet oder

Spender des Geistesmutes, der einmal kommen wird (Kap. 14,16). Vom esoterischen Standpunkt ist das nichts anderes als ein Hinweis auf den erlösten und hinfort dem Christus dienenden Luzifer, dessen neue Aufgabe jetzt ist, den Menschen im Auftrag des Christus den erneuerten Impuls des Heiligen Geistes zu bringen, der ihnen die wahre Erkenntnis von dem Christus zu offenbaren vermag.[21a]

Das lässt auch besser verstehen, warum Rudolf Steiner im Jahre 1921 beschloss, von den zunächst nur für Mitglieder bestimmten Zyklen den Zyklus *Der Orient im Lichte des Okzidents. Die Kinder des Luzifer und die Brüder Christi* ganz öffentlich in der Zeitschrift *Die Drei* herauszubringen, diesen Zyklus, den er zwölf Jahre zuvor, im August 1909 aus Anlass der Aufführung des Dramas von Edouard Schuré *Die Kinder des Luzifer* in München gehalten hatte. In ihm nimmt ja die Erlösung Luzifers einen zentralen Platz ein. Gleichzeitig aber enthält dieser Zyklus die Beschreibung der Quellen der christlichen Esoterik der Rosenkreuzer, die auf eines der wichtigsten geistigen Konzilien der nachchristlichen Zeit zurückgeht, das im 4. Jahrhundert stattfand. An diesem Konzil nahmen vier führende Meister der Weisheit und des Zusammenklanges der Empfindungen teil: Manes, Skythianos, Zarathustra und Buddha, welche, ebenso wie der später zu ihnen hinzutretende Christian Rosenkreutz, in dem Prozess der Erlösung Luzifers eine entscheidende Rolle spielten und spielen. Mit diesem Ziel – der Erlösung Luzifers – arbeiteten sie auf dem genannten Konzil auch einen Plan aus, wie die aus der kosmischen Sphäre des Heiligen Geistes entspringende Bodhisattva-Weisheit in der Zukunft in die Entwicklung des rosenkreuzerischen Christentums einfließen soll, um einer immer tieferen Erkenntnis der Christus-Wesenheit und des Mysteriums von Golgatha willen.[22]

Auch die Bezeichnung der Zeitschrift, die Rudolf Steiner zu Beginn des Jahrhunderts noch im Rahmen der Theosophischen Gesellschaft herausgab: *Lucifer-Gnosis*, bekommt in diesem Zusammenhang einen tieferen, okkulten Sinn. Denn in ihr sollte von der neuen, kosmischen Christus-Erkenntnis, die von dem sich dem Christus zuwendenden und ihm hinfort dienenden Luzifer als neuem «Licht-Träger» erfloss, gesprochen werden: «Dem Christus trägt voran die Fackel der wiedererstandene Luzifer, der jetzt zum Guten umgewandelte Luzifer. Den Christus selber trägt er. Er ist der Träger des Lichtes, der Christus ist das Licht.»[23]

Die Tatsache jedoch, dass Rudolf Steiner dieses Mysterium von der Erlösung Luzifers enthüllte, das bis dahin nur von den Meistern der Weisheit und des Zusammenklanges der Empfindungen und ihren nächsten Schülern gehütet wurde, hatte noch eine andere Bedeutung. Denn nun, nach der Beendigung der dunklen Zeit des Kali-Yuga im Jahre 1899 und dem Beginn der neuen hellen Epoche, sollen nicht allein geheime, von der Welt abgeschlossene Eingeweihte und ihre esoterischen Schüler bewusst an dessen weiterer Erlösung arbeiten, sondern alle Anhänger der modernen Geisteswissenschaft, die eine wahre Erkenntnis des Christus nicht nur als irdischer, sondern vor allem als allumfassender kosmischer Wesenheit suchen: «Aber jetzt kann der Mensch, wenn er will, den Christus erkennen! Jetzt kann sich der Mensch alle Weisheit sammeln, um den Christus zu erkennen. Was tut er dadurch? Etwas Ungeheures! Wenn der Mensch den Christus erkennt, wenn er sich wirklich einlässt auf die Weisheit, um zu durchschauen, was der Christus ist, dann erlöst er sich und die luziferischen Wesenheiten durch die Christus-Erkenntnis.»[24]

Wenn dagegen Rudolf Steiner von der künftigen Erlösung Ahrimans sprach, dann gab er fast immer nur allgemeine Hinweise oder beschränkte sich auf Nebenbemerkungen. Denn in der heutigen Entwicklungsperiode können nur Eingeweihte, die auf der Stufe der Meister der Weisheit und des Zusammenklanges der Empfindungen stehen oder ihr schon nahe sind, wirklich an der Erlösung Ahrimans arbeiten, während die übrigen Menschen mit allen Kräften bestrebt sein sollten, gegen alle Formen seines unrechtmäßigen Einflusses auf die Erdenevolution zu arbeiten. Und das ist nur möglich, wenn ein größerer Kreis von Menschen sich ein konkretes Wissen von Ahriman, seinem Wesen, dem Ort und Charakter seines Wirkens in der Welt und im Menschen aneignet, wie das heute in der anthroposophisch orientierten Geisteswissenschaft gepflegt wird. Das ist auch angesichts seiner zu Beginn des dritten Jahrtausends bevorstehenden Verkörperung auf der Erde und den mit ihr verbundenen harten Prüfungen, die die Menschheit dann wird durchmachen müssen, ganz besonders notwendig.[25]

Was aber die dritte Kategorie der Widersachermächte betrifft, so haben auch die Meister der Weisheit und des Zusammenklanges der Empfindungen an deren Erlösung noch nicht wirklich zu arbeiten begonnen. Denn das Wirken dieser gefährlichsten Wesenheiten und die mit ihnen zusammenhängenden Versuchungen stehen der Menschheit erst noch bevor, weshalb auch Rudolf Steiner eine sehr viel weiter entfernte Zukunft im Auge hat, wenn er von ihnen spricht.[26] Und obgleich die ersten Symptome ihres Eindringens in die Erdenentwicklung schon da und dort in der modernen Zivilisation in Erscheinung treten, so bleibt doch das Erkennen und der Widerstand gegen die ahrimanischen Mächte die Hauptaufgabe für unsere Zeit, worauf Rudolf Steiner immer wieder bis zum Ende seines Lebens hinwies.[27]

So können wir, den in diesem Kapitel beschriebenen Weg der inneren Entwicklung zusammenfassend, den erstaunlichen Zusammenhang mit dem modernen Weg der christlich-rosenkreuzerischen Einweihung feststellen, so wie ihn Rudolf Steiner in seinem Buch *Die Geheimwissenschaft im Umriss* und in vielen Vorträgen und Zyklen darlegte.[28] Man kann sogar sagen, dass alles hier Beschriebene eine Art Metamorphose dieses zentralen modernen Einweihungsweges ist.

Wir wollen deshalb diesen Zusammenhang in einem Bilde vor uns hinstellen. Dann entspricht die erste Stufe der christlichen Rosenkreuzereinweihung, das «Studium der Geisteswissenschaft, wobei man sich zunächst der Urteilskraft bedient, welche man in der physisch-sinnlichen Welt gewonnen hat», dem Bestreben des

Menschen, als Resultat dieses Studiums eine Umwandlung des eigenen Denkens zu erreichen, bis hin zu der Fähigkeit, jedes Phänomen oder Wesen, dem man im Leben begegnet, von allen zwölf Standpunkten aus zu betrachten. Denn nur eine solche, in das Denken übertragene Vielseitigkeit und auf diese begründete Erziehung der Sinne kann als Grundlage für eine wahre *Toleranz* den Lebensäußerungen anderer Menschen gegenüber dienen.

Die zweite Stufe, die «Erwerbung der imaginativen Erkenntnis», entspricht dann dem Weg des *Verzeihens*, der zum imaginativen Erleben des ätherischen Christus in der der Erde nächsten übersinnlichen Welt (auf dem Astralplan) führt. Die dritte Stufe der «inspirativen Erkenntnis» entspricht dem Auf-sich-Nehmen des Karma anderer Menschen, eines einzelnen oder einer kleineren Gruppe, wie das ganz besonders bei der individuellen Beziehung zwischen einem Geisteslehrer und seinen Schülern der Fall ist. Auf diese Stufe weist Rudolf Steiner im dritten Mysteriendrama *Der Hüter der Schwelle* mit den Worten:

> Ich muss begleiten jeden, der von mir
> Im Erdensein das Geisteslicht empfangen,
> Ob er sich wissend, ob nur unbewusst
> Sich mir als Geistesschüler hat ergeben,
> Und muss die Wege weiter ihn geleiten,
> Die er durch mich im Geist betreten hat.[29]

Die vierte Stufe der «intuitiven Erkenntnis» entspricht der Möglichkeit, nicht nur das Karma eines einzelnen Menschen oder einer Menschengruppe auf sich zu nehmen, sondern einer ganzen Gesellschaft, die in ihren verschiedenen Untergliederungen Repräsentanten der ganzen Menschheit umfasst, was dann der Beginn dessen ist, dass der Eingeweihte das Karma derselben mit zu tragen in der Lage ist. Die höchste Erkenntnis des Christus als des neuen Geistes der Erde und zugleich als des makrokosmischen Ich, das in seinem eigenen Ich lebt und wirkt, ermöglicht es ihm, von der Ebene der geistigen Entwicklung, die er nunmehr erreicht hat, folgerichtig und bewusst, durch die Kraft der in ihm aufleuchtenden Christus-Sonne an der Erlösung aller drei Kategorien von Gegenmächten zu arbeiten. Obwohl sich dem Eingeweihten diese *Möglichkeit* auch schon auf der vierten Stufe eröffnet, wird er doch erst auf noch höheren Stufen der geistigen Entwicklung in vollem Umfang an diesem Prozess teilnehmen können.

So erlangt der Eingeweihte auf der fünften Stufe des christlich-rosenkreuzerischen Weges die «Erkenntnis der Verhältnisse von Mikrokosmos und Makrokosmos», wie sie sich durch die Vereinigung der makrokosmischen Christus-Wesenheit mit dem mikrokosmischen Menschenwesen Jesus von Nazareth gestalteten, der Verhältnisse, die im Mysterium von Golgatha ihren Höhepunkt erreichten, und er gewinnt die Kraft, welche Luzifer veranlasst, sich dem Guten zuzuwenden.

Auf der sechsten Stufe erlangt der Eingeweihte die Kraft, die mit der Zeit auch Ahriman sich zum Guten wenden lässt – wenn er auch die Fähigkeit entwickelt hat, *noch im physischen Leibe* «eins zu werden mit dem Makrokosmos» und bewusst in diesem zu leben, ohne auch nur einen Augenblick das individuelle Bewusstsein zu verlieren, was nur möglich ist, wenn der Christus-Impuls das Ich des Menschen durchdringt.[30]

Schließlich wird der Eingeweihte in einer noch weiter entfernten Zukunft, wenn er jene Stufe bewusst erreicht haben wird, die Rudolf Steiner die letzte Stufe des christlichen Rosenkreuzer-Weges nannte und die nach seinen Worten bereits jenseits dessen liegt, was die gegenwärtige irdische Sprache beschreiben und der gewöhnliche Menschenverstand begreifen kann,[31] in der Lage sein, auch auf die dritte Kategorie der Gegenmächte einzuwirken. Das wird für ihn aber nur möglich sein, wenn – wie schon gezeigt wurde – der in sein Ich aufgenommene Christus-Impuls bis zu seinem physischen Leib zu dringen vermag, diesen immer mehr in einen «Auferstehungsleib» verwandelnd und sein hellsichtiges Bewusstsein unmittelbar in das Reich des Vaters führend, das sich bis zur materiellen Welt erstreckt. Anders gesagt, wenn die Worte des Christus «Niemand kommt zum Vater denn durch mich» (Joh. 14, 6) für ihn erlebte okkulte Realität sind.

Nachdem wir in diesem Kapitel den Platz, den das *Verzeihen* im Verlaufe dieses Geistesweges einnimmt, charakterisiert haben, von dem es ein unabdingbarer Teil ist, können wir nun in seiner Betrachtung fortfahren.

VI Über die okkulte Bedeutung des Verzeihens

1. Die Bedingungen des Verzeihens

Wollen wir uns den Problemen des Verzeihens aus okkulter Sicht nähern, so ist als erstes auf jene Merkmale hinzuweisen, durch die das wahre Verzeihen, von dem allein in diesem Buch gesprochen wird, von seinen zahlreichen Abbildern und Masken, unter denen es sich so oft im Leben zeigt, ohne seinem tieferen Wesen nach ein solches zu sein, sicher zu unterscheiden ist. Es wird ja nicht selten recht einfach aufgefasst. Ist doch oft das, was bei einer oberflächlichen Betrachtung wie Verzeihen aussieht, in Wirklichkeit nur eine besondere Form eines bewussten oder unbewussten Egoismus, eines verborgenen Wunsches, sich in einem möglichst günstigen Licht zu zeigen, die Maske des Pseudo-Wohltäters aufzuziehen, wo das sogenannte «Verzeihen» keinerlei innere Anstrengung kostet, sondern leicht zum Erreichen eigennütziger Ziele benutzt wird.

Im Gegensatz zum Pseudo-Verzeihen zeichnet sich das wahre Verzeihen durch zwei Eigenschaften oder Merkmale aus. Diese treten besonders deutlich im zweiten und im vierten Beispiel hervor, die im dritten Kapitel angeführt werden. Wir wollen sie hier in der umgekehrten Reihenfolge betrachten. So war der «Versöhnungsappell», den Marie Steiner im Jahre 1942 schrieb, als viertes Beispiel angeführt worden. Dort wird mehrmals auf die erste Haupteigenschaft jedes wahren Verzeihens hingewiesen. Sich ihrer bewusst zu werden, ist ganz besonders wichtig, da gerade sie das echte Verzeihen so schwierig macht. Marie Steiner schreibt in diesem Zusammenhang: «Dann sollte auch von der Gemeinschaft bewusst gefasst werden der Entschluss zur *Selbstüberwindung*.

Klar und willig.»[1] Und nochmals am Schluss des Appells: «Retten wir sein [Rudolf Steiners] Werk und die Menschheitskultur, indem wir uns überwinden und versöhnen ...»

Um die Notwendigkeit der Selbstüberwindung bei jedem Akt des wahren Verzeihens besser zu verstehen, müssen wir beachten, dass, wie schon einmal erwähnt, ein Durchdringen des niederen Ich mit den Kräften und der Substanz des höheren bei jedem Verzeihen stattfindet. Das aber ist mit der Notwendigkeit verbunden, gleichzeitig alle nach unten ziehenden Tendenzen des niederen Ich zu überwinden. Denn nur dort, wo die Kräfte des letzteren in ausreichendem Maße durch den moralischen Willen des Menschen überwunden wurden, kann das höhere Ich seine Tätigkeit entfalten. Und das bedeutet, dass das wahre Verzeihen stets *Opfercharakter* hat.

Auch sein okkulter Wirkungsgrad – von dem weiter unten eingehender gesprochen werden wird – wird vor allem durch das Ausmaß der *Opferwilligkeit* bestimmt, die in einer wenigstens teilweisen Überwindung des niederen durch das höhere Ich besteht. Denn ersteres wehrt sich infolge seines Egoismus auf alle mögliche Weise gegen das Verzeihen, sich an jeden Vorwand oder jede Ausflucht klammernd, die es ihm erlauben, diesen inneren Schritt nicht zu vollziehen. Ist doch das niedere Ich seiner Natur nach stets geneigt, nachtragend zu sein und nicht «freiwillig» zu vergessen, da es im Vergessen eine Beeinträchtigung seiner rein egoistischen Ganzheit sieht (vgl. Kap. IV).

Ein zweites Charakteristikum des wahren Verzeihens ist seine innere Aktivität. Das wahre Verzeihen – im Unterschied zum unwahren oder nur scheinbaren – kann niemals passiv sein. Denn bei ihm fassen wir nicht nur den Entschluss, das uns zugefügte Böse oder die uns widerfahrene Ungerechtigkeit zu *«vergessen»*, sondern wir nehmen außerdem innerlich die Verpflichtung auf uns, den objektiven Schaden, den nicht nur wir, sondern auch die Welt durch die böse Tat erlitten hat, *wieder gutzumachen*. Anders gesagt, wir nehmen beim wahren Verzeihen freiwillig, aus voller innerer Freiheit, die Verpflichtung auf uns, der Welt – nach Maßgabe unserer Kräfte – so viel Mitleid, Liebe, Güte zu geben, wie ihr objektiv durch die böse Tat genommen wurde.[1a]

Diese zweite Bedingung für das wahre Verzeihen tritt im zweiten Beispiel, in der Geschichte von Bill Cody, besonders stark in Erscheinung. «Der Hass hatte gerade sechs Personen getötet, die mir das meiste auf der Welt bedeuteten», sagte er zu George Ritchie. «Ich entschied mich dafür, dass ich den Rest meines Lebens – mögen es nur wenige Tage oder viele Jahre sein – damit zubringen wollte, zu lieben.» Hier stehen wir vor einer erstaunlichen Tatsache. Denn diese zweite Bedingung ist zugleich schwerer und bei weitem leichter zu erfüllen als die erste: schwerer von der Sicht des niederen Ich aus und sehr viel leichter von der des höheren. Denn um die erste Bedingung – die echte Selbstüberwindung – zu erfüllen, ist der Sieg in dem schweren Kampf des höheren mit dem niederen Ich zu erringen; die zweite Bedingung dagegen ist – sofern sie überhaupt in den heutigen Lebensumständen erfüllt werden kann – nur *nach* diesem Sieg, das heißt bereits aus dem *höheren Ich* heraus zu verwirklichen.

Wenn wir nun beachten, dass letzterem das andauernde Verzeihen gegenüber dem niederen Ich ursprünglich eignet – faktisch während des ganzen Erdenlebens –, gleichzeitig aber auch das sich opfernde Verströmen in die Umwelt, wobei das höhere Ich, das niedere durchdringend, dadurch mit der Welt in Berührung kommen kann – dann mögen uns die so erstaunlichen Worte verständlicher werden, die Bill Cody sprach und die für unser Alltagsbewusstsein ganz unglaublich klingen: «Es war eine *leichte Entscheidung*, wirklich.» Und tatsächlich, was für das niedere Ich unerreichbar und nicht einmal erstrebenswert erscheint, das ist für das höhere Ich etwas Selbstverständliches, ganz Leichtes. So erweisen sich gerade diese Worte Bill Codys von der «Leichtigkeit des Verzeihens» als ein reines Zeugnis davon, dass das höhere Ich in seiner Seele lebte und wirkte.

Auch folgt aus diesem zweiten Beispiel, dass die «Schwere» oder «Leichtigkeit» im Erreichen des wahren, das heißt innerlich aktiven Verzeihens vor allem von der Gegenwart und dem Wirken des höheren Ich im Menschen abhängt, das heißt von dem Ausmaß seines Sieges über das niedere Ich. So gesehen kann jeder Mensch an seiner Fähigkeit zu verzeihen den Grad der Gegenwart und der Entwicklung des höheren Ich in sich selbst messen.

Erstaunlich genau hat dieses natürliche Streben des höheren Ich, sich in die Welt, mit der es im Akt des Verzeihens in Berührung kommt, opfernd zu ergießen, in dem deutschen Wort «ver-geben» seinen Ausdruck gefunden, in dem die innere Geste des Gebens, Schenkens, Sich-Hingebens enthalten ist, das heißt die Selbsthingabe in opfervoller Liebe. Was aber die oben beschriebene erste Bedingung für das Verzeihen angeht, so kommt diese in dem anderen deutschen Wort «verzeihen» zum Ausdruck, welches den anderen Aspekt betont. Denn «verzeihen», das von dem Verb «verzichten» herrührt, was eine freiwilige Absage an alle egoistischen Kräfte und Bestrebungen des niederen Ich beinhaltet, ist nur durch wahre Selbstüberwindung möglich.

Und so wurden mit den zwei deutschen Worten für das Verzeihen die zwei grundlegenden Eigenheiten des wahren Verzeihens von dem Sprachgenius geprägt: «Verzeihen» – Überwindung des niederen durch das höhere Ich (Selbstüberwindung) und «Vergeben» – Sich-Ausgießen des höheren Ich in die Welt (Selbst-Hingabe)! In diesem Zusammenhang nimmt die deutsche Sprache eine mittlere Stellung zwischen dem Westen und dem Osten ein. So haben wir im Englischen, Französischen und Italienischen ein Wort, das inhaltlich und morphologisch dem deutschen «vergeben» genau entspricht: englisch «to forgive», französisch «pardonner», italienisch «perdonare». Das russische Verb «proschtschatj» bedeutet dagegen «einfach, einfältig, natürlich machen», was einen freiwilligen Verzicht auf alles beinhaltet, was kompliziert ist. Anders gesagt kehrt der Verzeihende zur ursprünglichen Harmonie mit Gott zurück, der in der mittelalterlichen mystischen Tradition, im Gegensatz zu der aus zahlreichen einzelnen Teilen bestehenden Welt, eine einfache, «nicht zusammengesetzte» Wesenheit ist, das heißt esoterisch eine Wesenheit, die kein Karma hat. Die Entfernung der gesamten Schöpfung von dem Schöpfer ist eine Wirkung der zunehmend verwickelter werdenden Karmagesetze, sie macht die Welt immer komplizierter. Einfachheit oder Einfalt als ein Ausdruck für die Tatsache, dass der Mensch in hohem Grade von individuellem Karma frei ist, welches aus menschlichen Fehlern und Unvollkommenheiten entsteht, besaß ursprünglich Parzival, der deshalb auch ein «heilig Einfältiger» genannt wurde.

Bis zu einem gewissen Grad erlebt *jeder* Mensch das Gefühl der Erleichterung und Befreiung, das stets mit dem «Einfachmachen» des Karma bei jedem echten Verzeihen verbunden ist. Dagegen bedrückt das Nachtragen die Seele wie eine schwere Last.

Noch eine weitere Seite der zwei Aspekte oder Bedingungen des wahren Verzeihens soll hier erwähnt werden. So kann man bei aufmerksamer Beobachtung bemerken, dass beide Bedingungen in einem gewissen Sinn einander diametral entgegengesetzt sind. Bei der ersten ist es unabdingbar, das einem selbst zugefügte Unrecht zu *vergessen*, was ohne Selbstüberwindung unmöglich ist, und bei der zweiten ist es umgekehrt notwendig – so wie im Fall von Bill Cody –, unaufhörlich jenes innere Gelöbnis zu *erinnern*, das ebenso mit jedem Akt des Verzeihens untrennbar verbunden ist und das darin besteht, freiwillig die Verpflichtung auf sich zu nehmen, der Welt so viel Gutes und so viel Liebe zu geben, wie ihr durch die böse oder unmoralische Tat objektiv entzogen wurde.

Das einem selbst zugefügte Böse zu vergessen und sich beständig der Notwendigkeit zu erinnern, Liebe und Güte in die Welt zu tragen als einziges Mittel, die Folgen des Bösen in der Welt zu überwinden, diese zwei Grundbedingungen des Verzeihens entsprechen auf das genaueste dem *im Leben*, was auf der entsprechenden Stufe der Einweihung der Geistesschüler, nachdem er auf seinem inneren Entwicklungsweg den «Tempel der höheren Erkenntnisse» erreicht hat, dort als «Vergessenheitstrank» und «Gedächtnistrank» empfängt. «Er wird nämlich in das Geheimnis eingeweiht, wie man wirken kann, ohne sich durch das niedere Gedächtnis fortwährend stören zu lassen … Er muss die Schleier der Erinnerung zerstören können, die sich in jedem Augenblick des Lebens um den Menschen ausbreiten.»[2] Und dank des zweiten Trankes «erlangt er die Fähigkeit, höhere Geheimnisse stets im Geiste gegenwärtig zu haben … Übung, Gewöhnung, Neigung müssen sie werden.» Diese Worte beschreiben selbstverständlich konkrete Erlebnisse auf einer bestimmten Einweihungsstufe. Beim Verzeihensgeschehen treten sie dann gleichsam als eine Metamorphose auf, welche der Beginn dessen ist, was Rudolf Steiner als «einen gewissen, schon im [gewöhnlichen] Leben unbewusst erlangten Grad von Einweihung» bezeichnete.[3] Da erscheint die Wirkung des ersten Trankes in der Form des vom Menschen bewusst hervorgerufenen Vergessens (Auslöschens) der negativen Neigungen seines niederen Ich, besonders aller Arten von Rachsucht, Nachtragen und Neid, und das Wirken des zweiten in der Form eines vollbewusst hervorgerufenen Erinnerns an die Gegenwart der Kräfte des höheren Ich in der Seele mit seinem Streben, sich in Liebe selbstlos der Welt hinzugeben.

Schließlich ist noch ein weiteres Element zu nennen, das unbedingt zum wahren Verzeihen gehört – das Element der *Erkenntnis*. Das tritt ganz konkret in dem Bericht von Bill Cody hervor. Er erzählte George Ritchie: «Ich war Rechtsanwalt. In meiner Praxis hatte ich zu oft gesehen, was der Hass im Sinn und an den Körpern der Menschen auszurichten vermochte.»

Um diese Worte wirklich zu verstehen, um die entscheidende Rolle der Erkenntnis beim Verzeihen zu verstehen, müssen wir uns abermals seinem zentralen Urbild zuwenden, das der höchste Ausdruck der *erkennenden Liebe* auf der Erde ist, den Worten des Christus am Kreuz: «Vater, vergib ihnen, denn sie wissen nicht, was sie tun.» «Sie wissen nicht …», da sie sich ganz und gar im Wirkungsbereich allein des niederen Ich befinden, mangelt ihnen gänzlich die Erkenntnis, *wer* vor ihnen steht. Sie ahnen nicht einmal, dass der von ihnen Gekreuzigte in Wirklichkeit der Träger des Welten-Ich ist, das heißt der Träger des hohen kosmischen Urbildes ihres eigenen Ich. Was in einem anderen Falle Sinn und Inhalt ihres ganzen Lebens hätte sein können, das erreichen sie nicht, denn sie sind in ihrer inneren Verdunkelung unendlich weit von jeglicher Einwirkung ihres eigenen höheren Ich auf sie selbst entfernt, des Ich, mit dessen Augen allein sie *denjenigen* erblicken könnten, der wirklich vor ihnen steht.

So haben wir in diesem historischen Geschehen auf dem Hügel von Golgatha, wo die Menschen, da sie nicht begreifen, wer wirklich vor ihnen steht, den Christus Jesus kreuzigen, der ihnen vom Kreuz herab vergibt, denn er weiß, dass, wenn sie denjenigen erkennten, der als Urbild ihres eigenen Ich vor ihnen steht, sie ihn niemals kreuzigen, sondern sich vor ihm neigen und seine Schüler werden würden – in diesem Geschehen haben wir zugleich ein mystisches und ein historisches Urbild für die Beziehung zwischen dem niederen und dem höheren Ich in jedem Menschen, der die Erkenntnis des letzteren noch nicht erlangt hat. Denn ohne diese Erkenntnis ist der Mensch in seinem Hingegebensein allein an das niedere Ich und dessen egoistische Triebe, diesen blind folgend, vor allem vor dem eigenen höheren Ich mehr als vor allem anderen schuldig. Mehr noch, er kreuzigt in Wirklichkeit, wenn er sich nur den Kräften seines niederen Ich hingibt, unentwegt sein höheres Ich in einem geistigen Sinne, dieses aber «vergibt» ihm trotz alledem, denn es weiß der Mensch in seinem gewöhnlichen Bewusstsein nichts von dieser Lage der Dinge.

Verzeiht der Mensch dagegen, so geht in einem tieferen okkulten Sinn das umgekehrte vor sich. Das im Akt des Verzeihens wirkende höhere Ich, das niedere mit seiner Substanz erfüllend, beginnt, dieses zum geistigen Erwachen zu führen, und das bedeutet zur *Erinnerung* an jene Ziele und Aufgaben, die sich der Mensch noch *vor* der Geburt auf der Erde in seinem höheren Ich stellte, die er jedoch seitdem völlig vergaß, nachdem er sich im physischen Leib verkörpert hatte.[4]

Platon nannte im *Menon* jede wahre Erkenntnis eine Erinnerung

(Anamnesis). Und betrachtet man den Prozess des Verzeihens aus okkulter Sicht, dann kann diese alte Wahrheit eine ganz neue Bedeutung für uns erlangen.

Der Mensch setzt sich, selbstverständlich, die verschiedensten Ziele und Aufgaben im vorirdischen Dasein in Bezug auf seine bevorstehende Verkörperung. Welche erinnert er nun ganz besonders im Prozess des Verzeihens? Es sind das diejenigen vor allem, die dann im Verzeihen selbst in Erscheinung treten. Er erinnert sich an die Notwendigkeit, sich im Erdenleben immer wieder selbst zu überwinden (sein niederes Ich zu überwinden) sowie sich in Liebe der Welt hinzugeben. Nur leben diese Ziele, die sich der Mensch selbst aus seinem höheren Ich heraus stellt, im übersinnlichen Dasein, in dem er bis zur Geburt auf der Erde weilt, im Gegensatz zum irdischen Dasein nicht in der Form irgendwelcher abstrakter Ideale, moralischer Gebote oder sittlicher Imperative, sondern als konkrete *Wesenheiten* der geistigen Welt, die die entsprechenden Impulse mit ihrem ganzen Wesen «verkörpern».

So wird der Anstoß zu diesen zwei Bedingungen des wahren Verzeihens in der geistigen Welt nicht abstrakt wahrgenommen, sondern durch den unmittelbaren Anblick dieser Wesenheiten. Und diese Wesenheiten, denen jeder Mensch *vor* seiner Verkörperung auf der Erde in der höheren Welt begegnet, sind der Christus und sein «Engels-Antlitz» Michael.[5]

Zunächst erscheint dem Menschen unmittelbar vor seiner Geburt auf der Erde Michael als der hohe hierarchische Geist, der immer und überall den Drachen unter seinen Füßen hat. Und aus diesem Anblick erfließt dem Menschen die Kraft, derer er bedarf, um dann auf der Erde in seiner Seele den Sieg des höheren über das niedere Ich zu erlangen, wenn er diesem Urbild treu bleiben will. Die Kraft aber der *Selbstüberwindung*, die zum Sieg des höheren über das niedere Ich führt, ist die Kraft, deren Repräsentant in unserem Kosmos Michael ist. Als ein «geistiger Held der Freiheit»[6] repräsentiert er diese Kraft in der geistigen Welt, welche vielleicht die folgenden Zeilen Goethes in dem unvollendeten Gedicht «Die Geheimnisse» am besten in menschlichen Worten beschreiben:

> In diesem innern Sturm und äußern Streite
> Vernimmt der Geist ein schwer verstanden Wort:
> Von der Gewalt, die alle Wesen bindet,
> Befreit der Mensch sich, der sich überwindet.

Mit diesen Worten wird auch im irdischen Dasein auf den Weg hingewiesen, den zu betreten Michael jeden Menschen in unserer Zeit vor der Geburt aufruft.

Nach Michael erscheint der Christus dem Menschen im vorirdischen Dasein. Bei seinem Anblick eröffnet sich die zweite, noch höhere Kraft, welche des Menschen Seele auf der Erde braucht, wenn sie diesem hohen kosmischen Urbild folgen will. Es ist das die Kraft, deren Träger in unserem Kosmos der Christus ist: die Kraft der Welten-Opfer-Liebe. Deshalb nennt Rudolf Steiner ihn auch, ausgehend von der zentralen Strömung christlicher Esoterik, «das große Opfer», «das mystische Opferlamm».[7]

Wie wir sahen, ist nur auf der Grundlage dieser zwei Kräfte in ihrem mikrokosmischen Wirken im Menscheninnern ein wahres Verzeihen auf der Erde möglich. So nähern wir uns, wenn wir wahrhaftig verzeihen, den kosmischen Quellen dieser Kräfte, deren Erinnerung unser höheres Ich für uns bewahrt, das vor unserer Geburt ein Diener des Michael-Christus[8] war und das wünscht, durch das Verzeihen-Vergeben den Weg dieses Dienens auch auf der Erde fortzusetzen.

2. Das Verzeihen und das karmische Wirken des Christus

Durch das Verzeihen können wir jedoch noch in einer ganz anderen Hinsicht Diener und Helfer des Michael-Christus auf der Erde werden. Um das besser zu verstehen, stellen wir uns vor, was aus okkulter Sicht im umgekehrten Falle, beim Nicht-Verzeihen, geschieht.

Wenn durch irgendeinen Menschen einem anderen eine Kränkung oder etwas Böses zugefügt wird, dann beginnen sogleich allumfassende Karmagesetze zu wirken. Ihre Aufgabe ist es, mitunter noch in diesem Leben, häufiger dagegen erst in einem folgenden, eine solche Situation herbeizuführen, bei der beide Menschen einander abermals begegnen, jedoch so, dass der zweite, der vor dem ersten schuldig geworden ist, nun seine Tat auf irgendeine Weise wieder gut machen, das heißt in der neuen Situation dem ersten soviel Gutes tun muss, wie er ihm im vergangenen Leben Böses zugefügt hat.

Wenn wir uns vorstellen, wie vielgestaltig, kompliziert und verflochten die einzelnen menschlichen Schicksale auf der Erde sind, auch in Anbetracht der «Schuld» des einen vor dem anderen, die karmischen Ausgleich fordert, und wie zahlreich die karmischen Beziehungen sind, die den einzelnen Menschen mit seinem Volk und mit der ganzen Menschheit (mit seiner Epoche) verbinden, so ist es nicht schwierig, sich zu vergegenwärtigen, welche wahrhaft kolossale, unseren ganzen Kosmos umfassende Arbeit die Karmamächte leisten müssen, um für *jegliches* menschliches Tun, Fühlen oder Denken früher oder später mit eiserner Notwendigkeit einen Ausgleich zu schaffen.

Deshalb müssen sich auch, um dieses umfassende Gesetz der karmischen Notwendigkeit zu erfüllen, das zugleich auch ein Gesetz der höheren Gerechtigkeit unseres Kosmos ist, *alle neun* göttlich-geistigen Hierarchien in den geistigen Welten beteiligen. Das schildert Rudolf Steiner mit den Worten: «Dieses Menschenkarma ist ja zunächst ein Hintergrund, ein Vorhang, wie ein Schleier. Schauen wir hinter diesen Schleier, dann weben und arbeiten und wirken und tun daran Archai, Archangeloi, Angeloi; Kyriotetes, Dynamis, Exusiai; Seraphim, Cherubim, Throne.»[9] Für alle diese Hierarchien ist es jedoch bei weitem nicht gleichgültig, ob der Mensch dem anderen, der vor ihm schuldig wurde oder ihm Böses antat, verzeiht oder nicht. Tut er es *nicht*, so «zwingt» er damit gleichsam die Hierarchien, das Weltenkarma und die von diesem abhängende zukünftige Entwicklung der Welt und der Menschen entsprechend dem Gesetz der eisernen Notwendigkeit zu gestalten, das früher oder später einen gerechten und restlosen Ausgleich jeder falschen Tat fordert. Unendliche geistige Kräfte aller neun Hierarchien müssen in diesem Falle verausgabt werden, um die Situation in der Erdenentwicklung herbeizuführen, die es möglich macht, den Ausgleich zu schaffen. Deshalb kann man sagen, dass jedes Nicht-Verzeihen die Verstärkung des Netzes der eisernen Notwendigkeit des Karma fördert, das unseren Kosmos umfasst.

Verzeiht dagegen ein Mensch, so, wie es hier beschrieben wurde, dann verzichtet er freiwillig auf die «Wiedergutmachung», auf die er ein objektives Anrecht im Kosmos hat, wenn ihm ein unverdientes Unrecht durch einen anderen widerfahren ist. Durch einen solchen Verzicht auf einen Ausgleich, der in einem folgenden Erdenleben unabdingbar für ihn geschehen müsste, befreit aber der Mensch zahllose Kräfte der höheren Hierarchien von der *Notwendigkeit*, immer neue Situationen in der Zukunft für den Ausgleich vergangenen Karmas auf der Erde zu schaffen.

So sind im Falle des Verzeihens diese Kräfte der höheren Hierarchien *frei*, und das bedeutet, dass sie, statt im Sinne der Gesetze der eisernen karmischen Notwendigkeit gebraucht zu werden, als frei der Welt geopferte höhere geistige Kräfte in ganz neuer Form wirken können, einer Form, die aus der Sicht der Erdenentwicklung mit dem Wort «Gnade» bezeichnet werden kann. Anders gesagt, ein wesentlicher Teil der geistigen Kräfte, deren sich die Hierarchien früher bedienten, um das Karmagesetz zu erfüllen, wird nun von dieser Aufgabe frei und kann im Geiste der Absichten und Ziele des Christus als Bausteine für den von ihm allmählich zu erbauenden moralischen Kosmos genutzt werden, von dem Rudolf Steiner am Ende des Buches *Die Geheimwissenschaft im Umriss* spricht.[10] Dadurch beginnt im Schoße des unseren gesamten Kosmos erfüllenden Reiches der eisernen karmischen Notwendigkeit allmählich ein neues Reich zu erstehen, ein Reich, in dem das Karma zum Segen wird und sich die Notwendigkeit in volle geistige Freiheit verwandelt, in dem der Christus als *Herr des Karma* wirkt. Denn durch jeden Akt des Verzeihens schafft der Mensch im Gewebe des Karma einen gleichsam von karmischer Substanz leeren Raum, in den der Christus eintreten, in dem er wirken kann, zu dem weder die luziferischen noch die ahrimanischen Mächte Zugang haben.

So verwandelt der Mensch mit jedem Verzeihen einen Teil des Karmafeldes der Welt, das unseren Kosmos mit einem dichten Netz eiserner Notwendigkeit durchzieht, in ein neues Wirkensfeld des Christus als Herrn des Karma. Und da der Christus gerade von unserer Zeit an zum Herrn des Karma wird,[11] hat das Verzeihen schon heute und in wachsendem Maße in der Zukunft eine unermessliche Bedeutung für die Menschheitsentwicklung.

Für denjenigen aber, der Verzeihen übt, entsteht mit dem Verzeihensakt eine vollkommen neue Beziehung zu dem Christus, die es ihm ermöglicht, allmählich ein immer bewussterer «Mitarbeiter» des Christus in der Karmasphäre zu werden, und das heißt beim Umwandlungsprozess unseres Kosmos. Gleichzeitig kann der Christus auf eine viel intensivere Weise in den Bereich eintreten, in dem das individuelle Karma eines solchen Menschen gestaltet wird, als *ohne* das Verzeihen. Man kann deshalb sagen, dass das Prinzip «Nicht ich, sondern der Christus in mir» sich im Augenblick des Verzeihens real im Menschen zu verwirklichen beginnt, während beim Nicht-Verzeihen das entgegengesetzte Prinzip des «Nicht ich, sondern Jahve in mir» in Erscheinung tritt. Und daraus folgt, dass jeder Mensch an seiner Fähigkeit zu verzeihen real lebensmäßig und nicht abstrakt gedanklich feststellen kann, in welchem Maße er noch ein alttestamentlicher Mensch ist, der nach den Gesetzen der karmischen Notwendigkeit lebt, nichts und niemandem vergebend («Die Rache ist mein, ich will vergelten», 5. Mos. 32,35), oder ob er den Weg betreten hat, der zum Entstehen des neutestamentlichen Menschen führt, welcher wie eine Blume der Sonne der Christus-Freiheit, der Christus-Liebe und -Segenskraft entgegenwächst.

Das hängt ganz unmittelbar mit jener mächtigen Veränderung

zusammen, die heute in der «an die Erde grenzenden» geistigen Welt vor sich geht, in Verbindung damit, dass der ätherische Christus der Herr des Karma der Erdenentwicklung wird. Rudolf Steiner charakterisiert diese Veränderung auf die folgende Weise.

In alten Zeiten begegnete jeder der abendländischen Zivilisation angehörende Mensch nach dem Tode, vor dem Eintritt in das Kamaloka, zwei übersinnlichen Gestalten: einem Cherub mit einem feurigen Schwert ähnlich jenem, der Adam und Eva einst aus dem Paradies vertrieb, dem Vertreter der kosmischen Gerechtigkeit, die zu bewahren ist, und Moses mit den Gesetzestafeln, die die Kräfte der ehernen karmischen Notwendigkeit anschaulich demonstrieren.

Nach dem Zeugnis der modernen Geisteswissenschaft gesellt sich von unserer Zeit an allmählich zu diesen zwei Gestalten eine dritte, die nach und nach gänzlich an die Stelle der Moses-Gestalt treten wird, und diese dritte ist der Christus.[11a] Das Erscheinen seiner Gestalt aber anstelle der des Moses bedeutet, «unser Karma kommt mit Christus in einen Zusammenhang, Christus wächst mit unserem eigenen Karma zusammen».[11b] Und das ist – nicht abstrakt, sondern geistig konkret – der Übergang vom alttestamentlichen zum neutestamentlichen Menschen, von dem oben gesprochen wurde. Ein wesentliches Element dieses Prozesses bildet die bewusste und freie Entwicklung der Fähigkeit zu verzeihen, welche diesen Übergang in bedeutendem Maße beschleunigen kann. Besonders aus einer Tatsache wird diese Beziehung deutlich erkennbar.

Eine der wichtigsten Folgen, welche die Verwandlung des Moses- in die Christus-Gestalt in den übersinnlichen Welten für die einzelne menschliche Seele bringt, wird sein, dass sie während des Erdenlebens das erfährt, was Rudolf Steiner als *das neue karmische Hellsehen* beschreibt. Dieses stellt eine Metamorphose und Weiterentwicklung dessen dar, was man – üblicherweise – das Gewissen nennt. Denn das, was heute bei den meisten Menschen als eine mehr oder weniger dunkle Gewissensstimme hörbar wird, wird sich allmählich in lebenerfüllte imaginative Bilder verwandeln, welche dem Menschen offenbaren werden, was er von einem höheren Standpunkt aus, das heißt vom Standpunkt seines höheren Ich aus, in der Zukunft wird vollbringen müssen, um die Folgen dieser oder jener schlechten Taten, Gefühle oder Gedanken auszugleichen.

Als Folge einer solchen übersinnlichen Schau wird der Mensch, wenn er sie nur recht zu verstehen vermag – und das wird dank der Verbreitung der Geisteswissenschaft möglich sein – zu sich sagen: «Jetzt habe ich dies getan [irgendeine schlechte Tat]. Nun wird mir gezeigt, was ich zum Ausgleich tun muss, und was mich immer zurückhalten würde in der Vervollkommnung, wenn ich den Ausgleich nicht vollbringen würde.»[11c]

Ein solches Erleben hängt unmittelbar mit dem zusammen, was im vorhergehenden Kapitel als die zweite Bedingung wahren Verzeihens aufgeführt wurde: so viel Gutes in die Welt zu bringen, wie ihr durch die schlechte Tat genommen wurde und das ist das Streben, letztere auszugleichen. Dies aber ist nichts anderes als die konsequente Erweiterung und Vertiefung des Gewissensimpulses in der Richtung des neuen karmischen Hellsehens, von dem die Geisteswissenschaft spricht. Was aber die erste Bedingung betrifft, die darin besteht, dass das niedere Ich sich selbst überwindet, bewusst alle Wünsche und Neigungen dem höheren Ich opfert, so wird der Mensch diese notwendigerweise erfüllen müssen, um in sich die inneren Kräfte zu erlangen, die er braucht, damit er auf der Erde verwirklichen kann, was ihm in der imaginativen Schau gezeigt wurde. So hängen diese beiden Voraussetzungen des Verzeihens unmittelbar mit dem heutigen Mysterium des menschlichen Gewissens zusammen, mit seiner allmählichen Verwandlung in das neue karmische Schauen und mit der Fähigkeit, ihm entsprechend zu leben.

Zusammenfassend können wir sagen: Es tritt der Mensch, wenn er vergibt, allmählich aus den Grenzen seines persönlichen Karma hinaus und befreit sich immer stärker von dessen Zwängen. Gleichzeitig wird er aber auch zu einem Organ auf der Erde, durch das –

wie im Falle von Bill Cody – der Christus selbst als Herr des Karma in ätherischer Form unter den Menschen wirken kann. Denn das Karma des Verzeihenden, das noch nicht ausgelebt ist, sondern noch seine Verwirklichung sucht, erfüllt sich im Verzeihensakt mit neuer moralischer Substanz, empfängt gleichsam einen neuen Inhalt. Selbstverständlich befreit sich dieser Mensch nicht von den karmischen Folgen der von ihm selbst begangenen Fehler oder Untaten, sondern alle ihm notwendigerweise zufallenden Prüfungen, Leiden und Schicksalserschütterungen werden dank des in ihm aktiv in Erscheinung tretenden Christus-Impulses in das allgemeine Karma der Welt und der Menschheit im Sinne der Absichten und Ziele des Christus eingegliedert und zugleich von diesem so gelenkt, dass sie das Erwachen und das Wachsen der Kräfte des höheren Ich im Menschen selbst fördern.

3. Das kosmische Urbild des Verzeihens

Das Problem des Verzeihens im Zusammenhang mit dem dreijährigen Leben des Christus Jesus auf der Erde sprach Rudolf Steiner mehrmals in seinen Vorträgen an, ganz besonders in den anthroposophischen Betrachtungen der vier Evangelien. Dort kommentiert er eine ganze Reihe Szenen des Neuen Testamentes, die mit diesem Thema zusammenhängen, so zum Beispiel die Erzählung von «der Frau, die auf frischer Tat beim Ehebruch ergriffen worden» (Joh. 8,1-11), oder die von der Heilung des Gelähmten (Matth. 9,2-8) und schließlich das Gespräch des Christus Jesus mit dem Verbrecher, der zur Rechten von ihm gekreuzigt wurde (Luk. 23,39-43).[12]

In allen diesen Szenen, in denen der Christus Jesus als kosmisches Urbild des Ich-Prinzips «Sündenvergebung» vollzieht, geschieht, geisteswissenschaftlich betrachtet, für kürzere oder längere Zeit eine Durchdringung des gewöhnlichen Ich der Menschen mit ihrem höheren Ich dank ihrer Begegnung mit dem Christus. So bringt in der ersten der genannten Szenen die Christus-Kraft, die aus den Worten spricht: «Wer von euch von der Sünde frei ist, der werfe als erster den Stein auf sie», bei den Menschen, welche die Frau herbeibrachten, das höhere Ich zum Erwachen, und das bedeutet, zum dunklen Bewusstsein der tiefen Schuld ihres eigenen niederen Ich vor ihrem höheren. Wonach, so heißt es im Evangelium weiter, «sie hinausgingen, von ihrem Gewissen überführt, einer nach dem anderen» (Joh. 8,9; Luther). Die Stimme des Gewissens ist hier nichts anderes als die Stimme des höheren Ich in ihren Seelen, dessen Kräfte nun, von dem Christus erweckt, beginnen, ihr niederes Ich, das noch in der Sphäre des Gesetzes lebt – «Moses hat uns im Gesetz geboten, solche Frauen zu steinigen» (Joh. 8,5) –, zu beherrschen, indem sie es durchdringen und umwandeln, und infolgedessen «verurteilt» (8,10) keiner der Anwesenden die Frau, sondern alle *verzeihen* ihr, dem Gesetz widersprechend.

Ähnlich erweckt der Christus die Kräfte des höheren Ich auch bei dem Gelähmten. In seinen an diesen gerichteten Worten «Ermutige dich, mein Sohn!» (Matth. 9,2) weist schon das Wort «Sohn» darauf, dass das höhere Ich in dem Kranken zu wirken beginnt. Denn als Sohn Gottes ist der Christus das Ich des Makrokosmos und als Sohn des Menschen das höhere Ich jedes einzelnen Menschen. Und so vollbringt nun nicht der Christus, sondern das höhere Ich des Gelähmten, das von der von dem Christus ausgehenden Kraft erfüllt ist, noch einmal das, was es in der frühen Kindheit in jedem Menschen noch vor dem Erwachen des individuellen Ich-Bewusstseins vollbringt, es vollzieht sich das «Stehe auf und wandle» (Matth. 9,5), dank dessen dem Kinde für das ganze folgende Leben die Fähigkeit verliehen wird, aufrecht zu stehen und zu gehen.

Ganz besonders deutlich tritt der Unterschied zwischen dem Verhalten des Menschen, der aus den Impulsen des höheren Ich, und dem, der aus denen des niederen Ich handelt, bei der Kreuzigungsszene in der Beziehung der zwei Verbrecher zu dem Christus Jesus hervor: in dem, der sich ihm zuwendet, und dem, der ihn lästert. Hier haben wir eine grandiose prophetische Imagination der zukünftigen Teilung der Menschheit in zwei Rassen: die gute und die böse, die schon heute vorbereitet wird, aber erst in der sechsten Kulturepoche deutlich in Erscheinung treten und auf dem künftigen Jupiter erst vollständig vollzogen werden wird.[13]

Grundlage dieser Teilung wird dann die Beziehung *jedes* individuellen Menschen zu dem Christus bilden. Schon heute, ganz besonders aber von der sechsten Epoche an, wird eine wachsende Zahl von Menschen der übersinnlichen Schau des Christus im Ätherleib gewürdigt werden, um dann in voller Freiheit vor die Wahl gestellt zu werden, den Christus anzunehmen oder abzulehnen. Und diese vollkommen freie Entscheidung wird den weiteren Weg der Seele bestimmen, ihre Zugehörigkeit zur guten oder bösen Rasse.

Rudolf Steiner betrachtet diese «Vergebung der Sünden» eingehend in dem vorletzten Vortrag des Zyklus *Christus und die menschliche Seele*, in welchem er, von dieser Szene ausgehend, seinen Hörern eine der zentralen Tatsachen der anthroposophischen Christologie darstellt. Es handelt sich da um das Folgende. Beide zur Rechten und zur Linken des Christus gekreuzigten Übeltäter hatten dasselbe Verbrechen begangen, und beide werden nach dem unerbittlichen Karmagesetz dessen Folgen in ihren künftigen Erdenleben vollständig ausgleichen müssen. Was aber verzeiht der Christus dem einen von ihnen? Um diese Frage zu beantworten, weist Rudolf Steiner auf das Vorhandensein von zweierlei Arten karmischer Folgen, die durch die Taten eines Menschen hervorgerufen werden. Zum einen auf Taten, die den Menschen selbst betreffen und die allmählich durch das Wirken der Karmagesetze völlig ausgeglichen werden können, zum andern auf das objektive Böse, das der Welt mit jeder bösen Tat zugefügt wird. Ein einfaches Beispiel möge das veranschaulichen: Wenn ein Mensch einen anderen im Leben quälte und ihm Leid zufügte, so muss er nach dem Karmagesetz in einer der folgenden Inkarnationen dem Gekränkten so viel Gutes tun, wie er in diesem Leben ihm Leid und Böses zufügte. Gleichzeitig aber ist die Tatsache, dass einem anderen Menschen Leid zugefügt wurde, als ein objektives Geschehen Teil des Weltprozesses geworden. Auf ewig in die Akasha-Chronik als unauslöschliche geistige Erinnerung unseres Kosmos eingeschrieben, wirkt sie, wenn vielleicht auch als ein kleines, so doch als ein Zentrum zerstörerischer Kräfte in der Welt weiter. Geschähe nun nichts weiter, so würde sich am Ende unserer jetzigen Erdenentwicklung das Folgende ereignen. Sogar wenn alle Menschen ihr persönliches *subjektives* Karma vollständig auszugleichen vermöchten, so würde doch die Erde, von der Last der in der Akasha-Chronik bewahrten zerstörerischen Kräfte als *objektive* Folgen der schlechten Handlungen, Gefühle und Gedanken der Menschen niedergedrückt, nicht in der Lage sein, zum Jupiter überzugehen: «Dann würden am Ende der Erdenzeit die Menschen ankommen mit ihrem ausgeglichenen Karma, aber die Erde wäre dann nicht bereit, sich zum Jupiter hinüberzuentwickeln, und die ganze Erdenmenschheit wäre da ohne Wohnplatz, ohne die Möglichkeit, sich hinüberzuentwickeln zum Jupiter.»[14] Mehr noch, der Mensch selbst müsste dann alle seine schlechten Taten mit ihren zerstörerischen Folgen für die Erde und den Kosmos beständig in der Akasha-Chronik schauen und bei ihrem Anblick und besonders bei der Unmöglichkeit, sie zu korrigieren, größte Qualen leiden. Und das bedeutet, dass der Mensch mit Hilfe des Karma zwar sich selbst, jedoch mit seinen Kräften allein die Erde *nicht* erlösen *kann*, was für die weitere Entwicklung aber absolut notwendig ist.

Und hier kommt der Christus dem Menschen zu Hilfe. Denn da er sich, durch das Mysterium von Golgatha hindurchgehend, mit der Erde und der Menschheit auf ihr vereinigt hat, ist er als neuer Geist der Erde, dank seines kosmischen Opfers, in der Lage, im wörtlichen Sinne die *objektiven* Folgen unserer Sünden und Irrtümer auf sich zu nehmen und so alle ihre Folgen, ja die Erinnerung an sie aus der Akasha-Chronik auszulöschen: «Denn dadurch, dass der Christus auf Golgatha gestorben ist, wird der Mensch nicht sehen seine Schuldentafeln, sondern er wird den sehen, der sie übernommen hat; sehen wird er vereinigt in der Wesenheit des Christus alles dasjenige, was sonst ausgebreitet wäre in der Akasha-Chronik. Der Christus steht statt der Akasha-Chronik vor ihm, er hat das alles auf sich genommen.»[15] Und so schafft der Christus kraft seines Opfers in der Akasha-Chronik anstelle der dort früher eingeschriebenen bösen Taten der Menschen und deren Folgen gleichsam «leere Stellen», die er sodann mit seinem unsere ganze Erde erlösenden *Geist* erfüllt. Deshalb «haucht» der Christus auch den Aposteln, bevor sie in die Welt gesandt werden, in der Szene, wo ihnen die Gabe der objektiven Erlösung der Erde gegeben wird, den heiligen Geist ein und erneuert so das Mysterium der ursprünglichen Schöpfung des Menschen, wie es zu Beginn des Alten Testaments beschrieben wird (Gen. 2,7). Im Johannes-Evangelium wird von diesem Geschehen folgendermaßen berichtet: «Und als er das gesagt hatte, hauchte er sie mit seinem Atem an und sprach: Nehmet hin den heiligen Geist! Die ihr aus der Sünde löset, sollen aus ihr gelöst sein, und die ihr in ihr verharren lasst, sollen in ihr verharren» (20,22-23). Dieses hier angesprochene neue Wirken des Heiligen Geistes kommentiert Rudolf Steiner auf die folgende Weise: «Was bedeutet es für die menschliche Seele, wenn im Auftrage Christi derjenige spricht, der sprechen darf: ‹Deine Sünden sind dir vergeben›? Das heißt, der Betreffende weiß zu bekräftigen: Du hast zwar deinen karmischen Ausgleich zu erwarten, aber deine Schuld und Sünde wandte der Christus um, so dass du später [auf dem Jupiter] nicht das ungeheure Leid zu tragen hast, zurückzuschauen auf deine Schuld so, dass du damit ein Stück Erdendasein vernichtet hast.»[16]

Dann weist Rudolf Steiner darauf hin, dass diese Evangelienworte von der Vergebung der Sünden durch die Kraft des Christus keine «karmische», sondern eine «kosmische» Tatsache sind.

An diesem Übergang jedoch von den «karmischen» Zusammenhängen oder Gesetzmäßigkeiten zu den «kosmischen» oder, und das ist hier dasselbe, von der Erde zum Jupiter muss der Mensch von unserer Zeit an immer bewusster teilnehmen. Er soll lernen, sich nicht nur um seine eigene Erlösung zu bemühen, sich nicht nur für sein eigenes (subjektives) Karma zu interessieren, sondern auch für die Erlösung der ganzen Erde, was unauflöslich mit dem Ausgleich des ganzen *objektiven* Karma kraft des Christus-Impulses, den er aufgenommen hat, verbunden ist. Dafür aber ist es notwendig, über die Grenzen des eigenen, individuellen Karma hinauszuwachsen, und das bedeutet vor allem, *verzeihen* zu lernen.

Zugleich ist mit allen Kräften der Seele nach dem zu streben, was einmal auf dem Jupiter voll in Erscheinung treten wird, wo das «Gemeinschaftsgefühl mit der Welt ... das Grundlegende sein wird»[17] und wo sich im gemeinsamen Dasein der Menschen das verwirklichen wird, was Rudolf Steiner als höhere «Gemeinschaft des Geistes» beschreibt, bei der Glück und Wohlergehen keines einzigen Menschenwesens möglich sein wird ohne das Glück und Wohlergehen des Ganzen.[18]

Damit kommen wir zur eigentlichen Frage dieses Kapitels: Wo finden wir das *kosmische Urbild* des inneren Prozesses, der bei der sittlichen Tat stattfindet, die auf der Erde *Verzeihen* genannt wird?

Oben (siehe Kapitel IV) sprachen wir bereits davon, dass der Mensch beim Verzeihen bewusst, durch moralische Anstrengung seines Willens jene Erinnerungen, die sich auf das ihm zugefügte Unrecht beziehen, gleichsam aus dem ununterbrochenen Erinnerungsfluss tilgt, der durch sein gewöhnliches Ich fließt und der seine Lebenstätigkeit auf die rechte Weise unterhält. Er kann das jedoch, ohne Schaden für sein gewöhnliches Ich, nur ausgehend von seinem höheren Ich oder Geistselbst tun. Dieses nennt Rudolf Steiner in der *Theosophie* «den als Ich lebenden *Geist*»,[19] dessen Substanz dann den inneren Raum des Gedächtnisses ausfüllt, der auf die geschilderte Weise von den negativen Erinnerungen befreit wird und gleichzeitig die Möglichkeit mit sich bringt, aus der von ihm ausgehenden *moralischen Intuition* alles Böse in Gutes zu verwandeln.

Dasselbe aber, nun im Makrokosmos, vollbringt auch der Christus, während er seit dem Mysterium von Golgatha in der Erdenaura wirkt. Auch er tilgt als Repräsentant des höheren Ich unseres Kosmos immer wieder aufs Neue im Strom des kosmischen Gedächtnisses – in der Akasha-Chronik – die Folgen des objektiven Bösen, das Menschen der Welt zugefügt haben, und das heißt vor allem dem Christus selbst, dem neuen Geist der Erde, der seit dem Mysterium von Golgatha das Karma der ganzen Menschheit trägt. Den «Raum», der auf solche Weise in der Akasha-Chronik frei wird, erfüllt der Christus dann mit seinem Geiste, mit dem von ihm ausgehenden neuen Heiligen Geist,[20] der die «karmischen» Tatsachen in «kosmische» verwandelt und die Erde in den Jupiter.

So können wir sagen: Indem wir verzeihen, vollziehen wir im Kleinen, was der Christus beständig im Großen vollbringt. Denn so wie der Christus die Folgen unserer bösen Taten, Gefühle und Gedanken ohne Unterlass *für die Welt* aus der Akasha-Chronik tilgt, so nähern wir uns ihm, ihm ähnlicher werdend, im Verzeihen, indem wir das uns zugefügte Unrecht durch unser höheres Ich aus dem Strom unseres gewöhnlichen Ich tilgen.

Und wenn der Christus, die durch ihn freigemachten «Stellen» in der Akasha-Chronik mit seinem Geist erfüllend, den zukünftigen moralischen Raum des Jupiter vorbereitet, so lernt der Mensch, ihm nachfolgend, mit jedem Akt wahren Verzeihens *in den Bedingungen des zukünftigen Jupiter* leben, in den Bedingungen seines moralischen Raumes.

So ist heute jeder Mensch, wenn er die Ziele und den Sinn der Welt und der Menschheit versteht, aufgerufen, sich im Geiste der Absichten des lebenden Christus nicht nur um die Ziele seines eigenen beschränkten Daseins zu bemühen, sondern auch «das göttliche Erdenziel mit zu fördern»,[21] indem er die Kräfte des Verzeihens in sich entfaltet, die ihn zum «Mitarbeiter» machen in dem kosmischen Prozess, bei dem, noch im Schoße der Erdenentwicklung, die Keime für den kommenden Jupiter durch den Christus gebildet werden.

4. Über die Bedeutung des Verzeihens für das nachtodliche Leben

In jedem menschlichen Konflikt, in dem auf der einen Seite eine böse oder unrechte Handlung geschieht und auf der anderen diese verziehen wird, entwickelt sich sogleich eine innere Polarisierung, die in der Verstärkung der Kräfte des niederen Ich bei dem einen Beteiligten und der Kräfte des höheren Ich bei dem anderen besteht. Zugleich aber ergibt sich auf Grund des bereits erwähnten pädagogischen Gesetzes die Möglichkeit, dass das höhere Ich (Geistselbst) des einen Menschen auf das niedere des anderen wirkt, bis hin zu den karmischen Grundlagen des letzteren. Selbst wenn sich das auf äußere Weise nicht in einer persönlichen Begegnung der zwei Menschen zu zeigen vermag, so wird doch der Akt des Verzeihens in jedem Fall und ganz unabhängig davon, ob derjenige, dem verziehen wurde, in seinem gewöhnlichen Bewusstsein davon weiß oder nicht, eine sehr große Bedeutung für sein *nachtodliches* Leben haben.

Um besser zu verstehen, worin die Bedeutung des Verzeihens für das nachtodliche Leben besteht, müssen wir uns bewusst machen, was Rudolf Steiner über das Wirken der zwei Arten von Ätherleibern Verstorbener heute in der der Erde benachbarten Geisteswelt sagte. Zur ersten Art gehören diejenigen Ätherleiber von Menschen, die sich im letzten Leben vornehmlich unter dem Einfluss der modernen materialistischen Zivilisation befanden, ganz besonders aber auch von solchen, die sich den verschiedensten nationalistischen Vorstellungen und Leidenschaften intensiv überließen. Denn nichts fördert die Verdunkelung und Verhärtung des Ätherleibs so stark wie einerseits jegliche Form des Nationalismus, das aktive Nicht-Verzeihen-Wollen, Rachsucht und Neid. Denn ähnlich dem Nationalisten lebt auch der rachsüchtige Mensch in seinen den Ätherleib stark beeinflussenden, erstarrten, von einem konzentrierten Willen durchdrungenen negativen Vorstellungen, welche sich allmählich zu Zentren im Ätherleib entwickeln, um die unaufhörlich eine «Verdichtung» der Äthersubstanz vor sich geht. Weiterhin – nach dem Tode – lösen sich die Ätherleiber solcher Menschen nicht sogleich in der Ätherumwelt auf, sondern können – so wie die Ätherleiber der Nationalisten – von ahrimanischen Geistern in ihrem Kampf gegen das Erscheinen des ätherischen Christus in der an die Erde grenzenden geistigen Welt gebraucht werden.[22] Menschen dagegen mit einer Neigung zum Verzeihen bewirken damit, dass sich ihr Ätherleib besonders rasch nach dem Tode im allgemeinen Weltenäther auflöst. Dadurch können sie dann auch in ihrem nachtodlichen Dasein den Weg zu den Scharen Michaels leicht finden, welche unter dessen Führung in der an die Erde grenzenden geistigen Welt gegen die sich schwer auflösenden menschlichen Ätherleiber und gegen die durch sie wirkenden ahrimanischen Dämonen für das rechte – unentstellte – Erscheinen des

Christus und die Festigung seiner Macht unter den Menschen kämpfen.

In einer ganzen Reihe von Vorträgen, die während des ersten Weltkriegs gehalten wurden, weist Rudolf Steiner darauf hin, dass sich die Ätherleiber von Angehörigen der osteuropäischen Völker nach dem Tode ungewöhnlich schnell in der Ätherumgebung der Erde auflösen, was zur Folge hat, dass ihre Träger zu besonders wichtigen Helfern Michaels in seinem Kampf für das Erscheinen des ätherischen Christus werden.[23] Diese Mitteilung Rudolf Steiners wird durch den un-nationalistischen Charakter der osteuropäischen Völker vollauf bestätigt (Rudolf Steiner sprach in diesem Zusammenhang von dem «außerordentlich kosmopolitischen» Charakter der Russen[24]) sowie durch die außergewöhnliche Fähigkeit zu verzeihen, die tatsächlich einer der zentralen Charakterzüge ist, der sich oftmals im Laufe der osteuropäischen Geschichte, einschließlich unseres Jahrhunderts, gezeigt hat.

Wenn wir uns nun nochmals in die Erinnerung rufen, dass beim Verzeihen eine besonders unmittelbare Einwirkung des höheren Ich (des Geistselbst) auf das niedere Ich geschieht oder, was dasselbe ist, des Schutzengels, dann können wir besser verstehen, warum Menschen, die in ihrer letzten Verkörperung durch eine osteuropäische Leiblichkeit hindurchgegangen sind, im nachtodlichen Dasein die Möglichkeit erlangen, «sich im Bewusstsein mit ihrem Angelos zu identifizieren, die geistige Welt gleichsam anzusehen … mit den Augen des Angelos».[25] Und weiter: «Für den Angehörigen des russischen Volkes ist es etwas Naturgemäßes, immer mit seinem Angelos zusammen zu sein … mit dem Angelos zusammenzuwachsen …»

Das charakterisierte Verhältnis zu dem eigenen Engel nach dem Tode besteht jedoch nicht nur bei dem «russischen» Menschen, sondern es kann in Anbetracht alles bisher Gesagten mit Recht für das nachtodliche Dasein *jedes* Menschen, unabhängig von seiner Zugehörigkeit zu dem einen oder anderen Volk, angenommen werden, wenn dieser die Fähigkeit zum Verzeihen in seiner Seele entwickelt hat oder, einfacher gesagt, wenn er in seinem letzten Erdenleben viel verziehen hat.

Es gibt im Leben noch eine weitere, ganz besonders bedeutende Form des Vergebens, die nicht einem Menschen oder einer Gruppe von Menschen gilt, sondern einem schweren Schicksal, das einen Menschen heimgesucht hat, beispielsweise als eine schwere, unheilbare Krankheit oder ein Unglück, dessen Folgen bis zum Ende des Lebens zu tragen sind. Dazu gehört auch ein langjähriger unverschuldeter Aufenthalt im Gefängnis oder Konzentrationslager.

Solche Erlebnisse können selbstverständlich Protest, Zorn, Verzweiflung, Resignation hervorrufen, sie können aber auch zu voller, restloser *Versöhnung* mit dem eigenen Schicksal führen, das wie eine Prüfung durch höhere Mächte empfunden wird. Diese bedingungslose Annahme des Schicksals kann sich sogar in das Gefühl der Dankbarkeit gegenüber diesen Mächten verwandeln.

Und das ist nichts anderes als eine besondere Form des Verzeihens, die man vielleicht in Anbetracht der Tatsache, dass unsere irdische Sprache für solche Vorstellungen recht ungeeignet ist, als «Verzeihen dem eigenen Schicksal gegenüber» bezeichnen kann. Denn wenn das Schicksal ganz angenommen wird, dann durchdringt, ebenso wie beim wahren Verzeihen, das höhere Ich in besonders intensiver Weise das niedere. Ist doch jede karmabedingte, unheilbare Krankheit oder jedes Unglück, deren Folgen den Verlauf des Lebens unerbittlich verändern, ein direktes Ergebnis jener Entschlüsse, die der Mensch *selbst* in der geistigen Welt fasste, als er in seinem höheren Ich (Geistselbst) noch vor seinem endgültigen Herabsteigen zur Erdenverkörperung weilte. Damals fasste er sie beim Anblick – einerseits – all der Schönheit und Größe des göttlich-geistigen Kosmos und – andererseits – beim Betrachten der Mängel und Unvollkommenheiten seines eigenen, aus früheren Leben mitgebrachten Wesens, um es in zukünftigen Erdenleben durch (aus der Sicht des höheren Ich) freiwillig eingegangene reinigende und den Geist erhebende Prüfungen zu verbessern. Nun stellt sich der Mensch – auf der Erde – abermals, indem er diese freiwillig annimmt, sich ihnen ergibt und Furcht, Verzweiflung, Protest seines gewöhnlichen Ich überwindet, gleichsam auf den Standpunkt des höheren Ich, das diese Prüfungen herbeigeführt hat. Jetzt wirkt nur noch *dessen* Impuls in ihm oder, anders gesagt, der Impuls des Schutzengels, mit dem ein solcher Mensch, der sich überwunden und sein Schicksal angenommen hat, nach dem Tode in eine ähnliche Beziehung tritt, wie sie am Beispiel des nachtodlichen Daseins des russischen – osteuropäischen – Menschen beschrieben wurde.

Das ist auch eine der metahistorischen Ursachen der ungewöhnlichen Menge von Leiden, Qualen, tragischen Prüfungen, die das Los des ostslawischen Volkes während seiner ganzen Geschichte und besonders während des 20. Jahrhunderts waren. Denn mehr als hundert Millionen Märtyrer in einem Volke im Laufe von nur 72 Jahren bolschewistischer Herrschaft in Osteuropa – das ist eine Tragödie, für die es in der ganzen bisherigen Geschichte der Erdenmenschheit nichts Vergleichbares gibt.

Damit wird auch verständlich, warum das wahre Verzeihen ebenso wie das völlige und restlose Annehmen des eigenen Schicksals so oft mit großen Schwierigkeiten verbunden ist. Denn bei jedem Verzeihen muss der Mensch notwendigerweise ein für ihn selbst außerordentlich quälendes Erlebnis durchmachen (es mag lang oder kurz dauern, aber entgehen kann ihm niemand), und zwar dem Gefühl innerer *Ohnmacht*. Dieses rührt davon her, dass jedes echte Verzeihen mit dem Verzicht auf jeglichen «Wunsch nach Vergeltung» verbunden ist, und das heißt mit dem Verzicht auf jegliche «Hilfe» von Seiten des Weltenkarma. Man kann auch sagen, dass sich beim Verzeihen der vollständige Verzicht auf jede Form von «Machtanspruch» in der Schicksals-Karma-Sphäre besonders deutlich zeigt, so dass der Mensch für eine gewisse Zeit gleichsam gänzlich schutzlos vor den Schicksalsschlägen und der gesamten Umwelt zu stehen scheint.

Aus geisteswissenschaftlicher Sicht entsteht dieser Zustand dadurch, dass in der Regel beim Verzeihen ein Augenblick eintritt, wo die Kräfte des niederen Ich zurückweichen, es aber noch keine Erfahrung des höheren Ich gibt – dieses ist noch nicht voll in Erscheinung getreten. Der Mensch will sich vom Irdischen zum Göttlichen (vom niederen zum höheren Ich) erheben und vermag es nicht. Das ist äußerst quälend. Lässt er nicht nach und spannt seinen moralischen Willen weiter an, dann tritt mit Sicherheit die Überwindung dieser seelischen Ohnmacht ein, und es erscheint plötzlich das siegreiche Wirken des höheren Ich, der strahlenden Sonne vergleichbar, die durch die Wolken bricht.

Was so im Menschen vor sich geht, wird gleichsam zu einem mikrokosmischen, seelisch-geistigen Erlebnis des Mysteriums von Golgatha, welches in anfänglicher Weise zu dem Empfinden führt, dass der lebendige Christus in der eigenen Seele lebt. Diesen Durchgang durch einen inneren Zustand der Ohnmacht und das Auferstehen aus demselben beschreibt Rudolf Steiner mit den Worten: «Dann aber, wenn wir Ohnmacht und Wiederherstellung aus der Ohnmacht empfinden können, dann tritt für uns der Glücksfall ein, dass wir eine wirklich reale Beziehung zu dem Christus Jesus haben … Und derjenige, der reden kann von den zwei Ereignissen, von der Ohnmacht und von der Auferstehung aus der Ohnmacht, der redet von dem wirklichen Christus-Erlebnis.»[26] So kann das Verzeihen zu einem realen Erleben des Christus in der eigenen Seele führen.

Wenn wir die besonderen Fälle des Verzeihens betrachten, die als Annahme des eigenen Schicksals erscheinen, ist noch zu beachten, dass ein solcher besonderer Fall nicht nur bei einem einzelnen Menschen, sondern sogar bei einem ganzen Volk vorliegen kann. Denn es kann nicht nur ein einzelner Mensch, sondern auch ein Volk oder sogar eine Völkergruppe die ihnen von höheren Mächten gesandte Prüfung annehmen, die letzten Endes stets aus dem Karma der ganzen Menschheit erfließt, wodurch auch das tragische Schicksal eines solchen Volkes zu einem Weg wird, auf dem es dem höheren Ich der ganzen Erdenmenschheit – dem Christus

– dienen kann. Einen solchen Weg der Nachfolge des Christus geht jedes Volk, das sein historisches Schicksal ergeben auf sich nimmt und trägt, wie schwer es auch sei.[27]

Was aber den einzelnen Menschen betrifft, so hat die Fähigkeit zu verzeihen und das eigene Schicksal anzunehmen noch eine weitere Folge. Ein Mensch, der diese Fähigkeit in sich entwickelt hat, macht nach seinem Tod eine besonders leichte Reinigungszeit durch, ein lichtes Kamaloka. Denn dessen Aufgabe ist es ja, dem Menschen alle unrechten Neigungen in Bezug auf die rein physische Welt abzugewöhnen, diese gleichsam zu «vergessen». Wer jedoch auf der Erde viel verziehen hat, der hat infolgedessen die Fähigkeit zum «seelischen Vergessen» kraftvoll entwickelt, die Fähigkeit, dasjenige zu vergessen, was, vom Standpunkt des höheren Ich – in welchem nun der Mensch nach dem Tode lebt – nicht länger seine Seele erfüllen sollte.

Nachdem mit der Ablösung des Ätherleibes auch die subjektiven Erinnerungen von dem vergangenen Leben geschwunden sind und sich im Kamaloka dessen objektive Folgen zeigen, die bis ins kleinste Detail in der Akasha-Chronik bewahrt werden,[28] tritt für einen solchen Menschen das Folgende ein. Er nimmt, während er sein vergangenes Leben schaut, an der Stelle, wo er auf der Erde Verzeihen geübt hat, gleichsam das Entstehen eines freien «Raumes» wahr, der sich in dem Maße, in dem er ihn geistig betrachtet, allmählich mit Christus-Substanz erfüllt. Einfacher ausgedrückt kann man sagen, dass ihm an der Stelle aller Akte des Verzeihens, die er im vergangenen Erdenleben vollbrachte, der Christus erscheint. Und diese Begegnung mit dem Christus kann dazu führen, dass ein solcher Mensch *noch im Kamaloka* sein Diener und Gesandter wird, der Verkünder seines Willens und seiner Barmherzigkeit gegenüber den menschlichen Seelen, für welche das Kamaloka besonders schwer ist, und vor allem gegenüber denjenigen, denen er von ganzem Herzen auf der Erde vergab, unabhängig davon, ob diese im irdischen Leben davon wussten oder nicht.

Denn bei jedem wahren Verzeihen beginnt der eine Mensch –

der Verzeihende – das Karma des anderen, dem verziehen wird, auf sich zu nehmen. Und das erlaubt dem ersten, nach ihrer beider Tod, für den zweiten während seines Aufenthaltes im Kamaloka ein leuchtender Leitstern in seinem verdunkelten geistigen Gesichtskreis zu sein. So erscheint die eine Seele im Auftrag des Christus der anderen, um sie zum Erwachen in dem geistigen Licht der Selbsterkenntnis zu führen. Denn das größte Leiden zieht sich die Seele im Kamaloka zu, die nicht bereit ist, ihre Schuld zu erkennen und die Folgen ihrer Fehler, die sie auf der Erde beging, ihrer Irrtümer, schlimmen Taten, Gefühle und Gedanken auf sich zu nehmen. Bei dieser Selbsterkenntnis und bei der – aus der Sicht des höheren Ich und des geistigen Kosmos – richtigen Beurteilung dessen, was im irdischen Leben vollbracht wurde, vermag die eine Seele der anderen, der sie einst im Leben vergab, nun zu helfen. Jetzt kann sie, im Auftrag des Christus, das heißt, das Urbild des höheren Ich jedes Menschen in sich tragend, als sein Bote in der anderen Seele ein klares Bewusstsein aller Fehler, Irrtümer und schlechten Taten wecken, ebenso wie die aus diesem Bewusstsein erwachsende Fähigkeit zum Wahrnehmen im Geisteslicht.

Mehr noch, die Seele dessen, der verziehen hat, kann dadurch, dass sie der anderen Seele im Kamaloka erscheint, dieser den Weg zur kosmischen Sphäre des Christus weisen. Denn das ist die geistige Macht wahren Verzeihens: Sie kann der Seele dessen, der Verzeihen geübt hat, nach dem Tode die Kraft geben, das Christus-Licht in sich zu tragen, das die Kräfte des höheren Ich in allen Seelen weckt – nicht nur in solchen, die im Kamaloka weilen, sondern auch in solchen, die noch auf der Erde leben.

So nimmt der Mensch im Verzeihen, noch auf der Erde, den Christus-Impuls auf solche Weise in seine Seele auf, dass er hinfort – ähnlich wie das bei Bill Cody der Fall war – seiner ganzen Umgebung Segen bringen und nach dem Tode die Kräfte der Christus-Sonne in das geistige Dasein tragen kann, das vom Netz der Karmagesetze umfangen ist, um auf diese Weise an deren Verwandlung in Segen und Liebe helfend teilzunehmen.

Noch ein weiterer Aspekt nachtodlichen Wirkens der Kräfte des Verzeihens soll in diesem Kapitel betrachtet werden. Die schlechten Taten, Fehler und Irrtümer, die während des Erdenlebens begangen werden, rufen in wachsendem Maße ein Übergewicht des niederen über das höhere Ich hervor, vergleichbar einer Art seelisch-geistiger Verdüsterung. Und das bedeutet, dass der durch das höhere Ich wirkende Schutzengel nach und nach die Möglichkeit einbüßt, die ihm anvertrauten Menschen zu führen. Das tritt ganz besonders stark unmittelbar nach dem Tod des Menschen ein, der eine böse Tat getan hat und dann – jedenfalls für eine gewisse Zeit – die höhere Führung einbüßt.

Der Schutzengel hat aber nach einem Gesetz der geistigen Welt die Aufgabe, nach dem Tode eines Menschen dessen weiteres Leben in Harmonie mit dem geistigen Kosmos zu bringen oder wenigstens in einen gewissen Zusammenklang, was dann eine der Bedingungen für ein *richtiges* Leben der menschlichen Seele nach dem Tode bildet. Erweist sich diese jedoch im nachtodlichen Dasein als zu sehr von einem negativen Karma belastet und wehrt sie sich außerdem, wie das in solchen Fällen häufig geschieht, mit allen Kräften gegen eine echte Selbsterkenntnis, das heißt gegen ein Anschauen der eigenen Schuld, dann drohen einer solchen Seele quälende, unerträgliche Leiden, die aus ihrer Disharmonie mit dem Kosmos herrühren.

Subjektiv hat sie in dieser neuen Situation die Empfindung, als ob die sie nun umgebende geistige Welt sie in jene dunklen Bereiche des Kamaloka zurückstoße, welche das Evangelium die «Finsternis des äußeren Daseins» nennt. Infolgedessen, vor allem aber infolge der «kosmischen Einsamkeit», die dann entsteht, wenn sich ihr Angelos von ihr entfernt, steigern sich ihre nachtodlichen Qualen immer mehr und können schließlich eine solche Intensität erlangen, dass die Seele jegliches Zeitgefühl verliert, das heißt das Gefühl, allmählich in die höheren Bereiche der geistigen Welt aufzusteigen, und sie empfindet subjektiv ihren eigenen Zustand als «ewig». Man kann diesen in gewissem Sinne mit dem Erleben eines endlosen, völlig leeren, toten Raumes vergleichen, wo es keinerlei Bewegung, keine Entwicklung gibt, mit einem zeitentleerten Raum. Daher stammt auch die mittelalterliche Vorstellung von der «ewigen Hölle» oder den «ewigen» Qualen nach dem Tode, eine Vorstellung, die leider bis heute weder von der östlichen noch von der westlichen Kirche revidiert oder geisteswissenschaftlich betrachtet worden ist.

Das Gefühl der Zeit im nachtodlichen Dasein, das mit dem Erleben des folgerichtigen und harmonischen Hineinwachsens in immer weitere und erhabenere Kreise (Sphären) des Geistkosmos verbunden ist, sollte ihr Engel der Seele geben, denn das ist der wichtigste Teil seiner Führung nach dem Tode. Einem Menschen jedoch, der während seines Erdenlebens besonders viele schlechte Taten oder gar Verbrechen begangen hat, kann sich sein Engel nicht nähern, und er verliert infolgedessen die Möglichkeit, seine Aufgaben an ihm zu erfüllen. Da er nun nicht in der Lage ist, einen solchen Menschen durch die stufenweise aufsteigenden Sphären der geistigen Welt zu führen, *vergisst* er gleichsam – in irdischer Sprache ausgedrückt – für eine gewisse Zeit den seiner Führung anvertrauten Menschen. Ohne Orientierung in den geistigen Welten und in ihrem Bestreben, den oben beschriebenen unerträglichen Qualen auf irgendeine Weise zu entgehen, wenden sich solche Seelen häufig hilfesuchend an dämonische Wesen und gelangen bald um einer wenigstens teilweisen Abschwächung ihrer Leiden willen in deren Gewalt und müssen ihnen in der an die Erde grenzenden geistigen Sphäre dienen, von wo aus sie Krankheiten, Epidemien, Unglücksfälle in die physische Welt bringen, ganz besonders aber die Ausbreitung aller möglichen Neigungen zum Bösen in den Seelen der Erdenmenschen fördern.[29]

So wiederholt sich, wenn der Engel den ihm anvertrauten Menschen nach dem Tode für eine gewisse Zeit vergisst, *im Kleinen* mit ihm nochmals, was einst – in der lemurischen Epoche – infolge des sogenannten «Sündenfalles» mit der ganzen Menschheit auf der Erde geschah. Was in dem beschriebenen Fall nach dem Tod mit der Menschenseele vor sich geht, das geschah der ganzen Menschheit auf dem physischen Plan als reale Tatsache in der fernen Vergangenheit der Erdenentwicklung. Deshalb wies Rudolf Steiner, als er im Vortrag vom 14. August 1917 die Folgen dieses «Sündenfalles» für die Menschheit in der lemurischen Zeit beschrieb, darauf hin, dass man «für die Menschen von der Urzeit bis zum Mysterium von Golgatha das tragische Wort sprechen [muss]: ‹Und die Götter vergaßen die Menschen.›»[30]

Hätte sich das Mysterium von Golgatha nicht ereignet, dann wäre wohl allmählich die Menschheit aus dem Gedächtnis der göttlich-geistigen Hierarchien verschwunden und am Ende dem Einfluss der luziferischen und ahrimanischen Geister verfallen, so wie das heute – jedoch in den allermeisten Fällen nur für eine gewisse Zeit – mit den besonders bösen Seelen nach dem Tode geschieht. Rudolf Steiner fährt in demselben Vortrag dann fort: «Man muss für die Zeit seit dem Mysterium von Golgatha sagen: Und die Götter *wollen* sich nach und nach der Menschheit wieder erinnern.»

Das kann man auch folgendermaßen ausdrücken: Da die Götter die Menschen vergessen hatten, verloren letztere allmählich den Zusammenhang mit dem geistigen Strom der Zeit und wurden auf der Erde zu rein räumlichen Wesenheiten, was letzten Endes zu einem sich beschleunigenden innerlichen Niedergang und schließlich auch physischem Aussterben geführt hätte. Der Christus aber hat, aus den höheren Welten auf die Erde herabsteigend, mit den Worten Rudolf Steiners, «den Menschen wiederum die Zeit gebracht».[31] Das verkündete er selbst einst «seinen intimen Jüngern», wie das die moderne Geistesforschung mitteilt, mit den Worten: «Ich … habe euch zu künden, dass ich von der Sonne gekommen bin … von der Zeit, die den Menschen nur aufnimmt, wenn er stirbt», das heißt von dem «Strom der Zeit», der «von Ewigkeit zu Ewigkeit» fließt.[32]

Die Tatsache aber, dass der Christus durch das Mysterium von Golgatha das Prinzip der Zeit in die Erdenentwicklung hineintrug, weckte in den Göttern den *Willen*, sich der Erdenmenschheit wieder zu erinnern und sich mit denjenigen Menschen zu verbinden, die dadurch, dass sie den Christus-Impuls in sich aufgenommen haben, den Zusammenhang mit dem die ganze Welt durchziehenden hohen hierarchischen Strom der geistigen Zeit suchen.

Dadurch aber, dass die Götter die Menschen vergessen hatten, war auch dem Menschen auf der Erde jegliche Erinnerung an ihr Dasein in den geistigen Welten vor ihrer Geburt auf der physischen Welt verloren gegangen. Denn das sind zwei in tieferem Sinne zusammenhängende Prozesse: Die Götter vergaßen den Menschen, und der Mensch erinnerte sich infolge dessen nicht mehr an sein Leben in der geistigen Welt vor der Geburt. Das hat jedoch auch eine positive Seite, und zwar nicht nur diejenige, dass der Mensch dank dieses «Vergessens» die Grundlage für das innere Freiheitserlebnis auf der Erde erlangte, sondern auch diejenige, dass die Neigung zu vergessen in seinem Alltagsleben entstand. So nahm bereits seit der lemurischen, besonders aber seit dem Ende der atlantischen Zeit das irdische Gedächtnis der Menschen in zunehmendem Maße ab. Und das spielt eine große Rolle für die Gesundheit unserer physischen Organisation, die ständig zur Regeneration und Erneuerung aus jenen inneren Kräften schöpft, die dadurch in unserem Ätherleib frei werden, dass wir vieles von dem vergessen, was in der Vergangenheit mit uns geschehen ist. So ist die «Vergesslichkeit», die uns so oft aus der Sicht des gewöhnlichen Ich erzürnt und stört, für unseren physischen Leib in Wirklichkeit segensreich.[33] Denn wenn uns die Götter nicht vergessen hätten, so würden wir noch während unseres Erdenlebens unsere ganze Vergangenheit erinnern, das heißt, wir hätten das Panorama unseres vergangenen Lebens, das jeder Mensch sonst nur in den ersten Tagen nach dem Tode schaut, während der Zeit, die sich bis zur endgültigen Auflösung des Lebensleibes in den Weltenäther hinzieht, ständig vor uns. Ein solcher Zustand aber hätte, träte er *noch während des Erdenlebens* ein, nicht nur eine zerstörende Wirkung für den physischen Leib, der heute infolge der modernen materialistischen Zivilisation hart und brüchig geworden ist, weshalb es einer besonderen inneren Vorbereitung für ein solches Erlebnis bedarf, die aber nur durch die moderne Einweihung erfolgen kann, sondern es wäre dann auch die Möglichkeit verbannt, dass der Mensch die individuelle Freiheit auf der Erde erlangt, was zu den wichtigsten Zielen der Erdenentwicklung gehört.

Mehr noch, hätten die Götter einstmals nicht die Menschheit vergessen, das heißt das Bewusstsein ihrer Verbindung mit ihnen nicht abgeschwächt, dann hätte sich die Erinnerung der Erdenmenschen nicht nur über die Seelenzustände wie bei der Schau auf das Lebenspanorama in den ersten Tagen nach dem Tode erstreckt, sondern auch auf die dem Kamaloka vergleichbaren folgenden Zustände. Anders gesagt, was der Mensch, unbewusst, während des Schlafes erlebt als eine Art vorbereitendes Kamaloka,[34] das würde unmittelbar auch während des Tages in sein Bewusstsein treten.

Letzte Reste eines solchen noch im Tagesbewusstsein erlebten Kamaloka haben sich bis in die frühen Zeiten der griechischen Kulturentwicklung innerhalb der allgemeinen Menschheitsentwicklung erhalten. So schauten die alten Griechen solche geistigen Wesenheiten wie die Erinnyen, Furien oder Eumeniden, die den Menschen verfolgen, der ein Verbrechen begangen hat, hellsichtig nicht erst nach dem Tode, sondern bereits im Laufe des Erdenlebens, wie das zum Beispiel bei Orest der Fall war. Ähnliche Beschreibungen, die aus der altgriechischen Mythologie auf uns gekommen sind, weisen auf solche oftmals nur in entstellter Form wahrgenommenen Reste der Erinnerungen der Götter an die Menschheit.[35] Ähnliche Beispiele lassen sich auch in großer Zahl im Alten Testament finden.[36] Später wirkte diese «Erinnerung» der Götter nur in der immer schwächer und abstrakter werdenden «Gewissensstimme» weiter, welche notwendig war, damit der die Götter und Menschen verbindende Faden nicht gänzlich abriss.[37] In der Zukunft, die jedoch schon in unserer Zeit begonnen hat, muss sich der Prozess der Erinnerung der Götter an die Menschen, dessen Beginn mit dem Mysterium von Golgatha gesetzt war, durch das Eintreten des ätherischen Christus in die Erdenentwicklung auch auf das menschliche Gewissen erstrecken und dieses allmählich in ein neues, karmisches Hellsehen verwandeln.[38] Nur dank dieser Schau kann der Mensch nach und nach zum bewussten Mitarbeiter des Christus in der Karma-Sphäre werden.

So gewannen die Götter dadurch, dass der Christus das Mysterium von Golgatha vollbrachte und sich sodann mit der Erde und der Menschheit verband, abermals ein Interesse an dieser. Anders gesagt, es erwachte in ihnen, indem sie auf das Mysterium von Golgatha und seine Folgen schauten, abermals der *Wille*, sich an die Erdenmenschen zu erinnern. Wenn sich aber dieser Wille bei ihnen durch den Anblick der Opfertat des Christus entzündete, so hängt es doch allein von den Menschen ab, ob die Bedingungen für die Verwirklichung desselben geschaffen werden, das heißt für das Entstehen der neuen Verbindung und bewussten Zusammenarbeit der Götter und Menschen in der Welt. Und davon, ob die Menschen diesem neu erwachenden Willen der Götter zur Zusammenarbeit mit ihnen entgegenkommen wollen oder nicht, wird die zukünftige Entwicklung und das weitere Schicksal der Menschheit abhängen. Und da die bewusste Annäherung der Götter und Menschen nur auf der Grundlage der Entwicklung der Kräfte des höheren Ich in letzteren möglich ist, so ergibt sich daraus, welche zentrale Stellung der modernen Geisteswissenschaft oder Anthroposophie in diesem Prozess zukommt. Deshalb charakterisierte Rudolf Steiner sie auch mit den Worten: «Anthroposophie ist eine Erkenntnis, die vom höheren Selbst des Menschen hervorgebracht wird.»[39]

Das lässt die Bedeutung, die das wahre Verzeihen für die allmähliche Annäherung der Götter und Menschen hat, besser verstehen, da, wie wir sahen, dieses unmittelbar mit dem Erwachen und Wirken des höheren Ich im Menschen zusammenhängt. Man kann sagen, wenn die Menschheit verzeiht oder vergibt, schafft sie in der

Welt eine reale Möglichkeit und günstigste Bedingungen, dass die Götter sich wieder an sie erinnern So sind auch die Worte zu verstehen, die wir im Matthäus-Evangelium als Kommentar des Christus zum Vaterunser finden, das er seinen Jüngern gab: «Wenn ihr den Menschen ihre Fehler verzeiht, so wird euch euer himmlischer Vater auch eure Fehler verzeihen. Und wenn ihr den Menschen nicht verzeiht, so wird euch euer Vater auch eure Fehler nicht verzeihen» (6,14-15). Mit anderen Worten, wenn ihr den Menschen ihre Fehler verzeiht, dann wird euer himmlischer Vater, das heißt in diesem Falle die Gesamtheit der göttlich-geistigen Hierarchien,[40] sich eurer erinnern können und euch in ihre Mitte aufnehmen; wenn ihr aber nicht verzeiht, wird das Erinnern nicht eintreten, und ihr werdet außerhalb des göttlich-geistigen Daseins bleiben.

Wenn wir aber beachten, dass das Vergessen der Menschen durch die Götter in erster Linie durch den «Sündenfall» der Menschheit hervorgerufen wurde, so wird deutlich, dass dagegen die Seele mit dem wahren Verzeihen beginnt, die Folgen dieser Ursünde in sich selbst zu überwinden. Denn im Verzeihen richten wir in unserer Seele und in der uns umgebenden Welt die Christus-Ordnung, die durch den Sündenfall verlorenging, wieder auf. Das kann die Seele des Menschen, der Verzeihen geübt hat, nach dem Tod in Bezug auf denjenigen, dem sie auf der Erde vergab und der sich nun im Kamaloka befindet, wenn auch in anderer Form, fortsetzen. Sie kann als Bote des Christus und zugleich als Repräsentant des höheren Ich, in seinem Auftrag der leidenden Seele erscheinen und ihr die Kunde von ihrer verlorenen Verbindung mit dem göttlichen Reich der Zeit, mit den aufsteigenden göttlich-geistigen Hierarchien bringen, wodurch ihr Engel sich ihr wiederum nähern, beziehungsweise sich ihrer «erinnern» kann. Und das bedeutet, dass die Seele, die durch das Verzeihen eine besonders tiefe Verbindung mit dem Reich der Engel erlangt hat, nun der anderen Seele helfen kann, diese Verbindung, die sie zeitweilig verloren hatte, abermals zu finden.

So vermögen die Kräfte des Verzeihens im nachtodlichen Dasein als eine Brücke zwischen der Menschenseele, die infolge ihrer bösen Handlungen die höhere Führung in den geistigen Welten eingebüßt hat, und ihrem Engel dienen, der so wieder die Möglichkeit erlangt, die ihm anvertraute Seele von einer Verkörperung zur anderen auf dem Weg der aufsteigenden Entwicklung zu geleiten. Und damit hat das Verzeihen nicht nur für das Dasein der Menschen, sondern auch für das der Engel eine Bedeutung.

5. *Das Verzeihen als sozialgestaltende Kraft*

Die größte Bedeutung, die das Verzeihen im Erdenleben hat, ist in seiner Wirkung auf die soziale Sphäre zu sehen. Darauf wurde bereits im II. Kapitel bei der Betrachtung der vierten Bitte des Vaterunser kurz hingewiesen, über welche Rudolf Steiner in seinem geisteswissenschaftlichen Kommentar zu diesem wichtigsten christlichen Gebet äußerte, dass sie vor allem in den sozialen Beziehungen der Menschen entscheidend wirksam sei. Zudem treten alle drei oben (im ersten Abschnitt dieses Kapitels) beschriebenen Eigenschaften des Verzeihens gerade in der sozialen Sphäre mit besonderer Intensität in Erscheinung, indem es das Leben des sozialen Organismus gesunden lässt und mit neuen Kräften durchdringt.

In erster Linie ist das Erkenntniselement im Verzeihen hier hervorzuheben. Dieses besteht darin, dass der Mensch mit aller Klarheit erkennen sollte, warum der andere Mensch, der eine böse Tat vollbringt, diese bis zu einem gewissen Grad unfrei ausführt, indem er sich den niederen Kräften seiner Natur unterordnet, denn der Wille verliert selbst in der unbedeutendsten bösen Regung der Seele sogleich seine Freiheit und wird zum blinden Werkzeug egoistischer Triebe des niederen Ich. Denn frei ist der Mensch nur dann, wenn sein Wille ganz von seinem höheren Ich ausgeht und von diesem geführt wird.[41] Man kann deshalb auch nur dann wirklich Verzeihen üben, wenn man das höhere Ich des anderen bewusst oder unbewusst in seiner Verbindung mit dem Christus, in seiner Verwandtschaft mit der Substanz des Christus erlebt hat, der, mit den Worten Rudolf Steiners, «als ein besonderes kosmisches Geistselbst»[42] an der Zeitenwende in die Menschheit eintrat und der seitdem als Urbild des höheren Ich jedes Menschen in der Erdenentwicklung wirkt. Und das bedeutet, dass in jedem Menschen, der die negativen Einflüsse des niederen Ich durch die Kräfte des höheren bis zu einem gewissen Grad überwunden hat, dieses Urbild gefunden und geschaut werden kann. George Ritchie, der zunächst einfach eine Wiederholung der ihm hellsichtig zuteil gewordenen Christus-Begegnung suchte, wird aus der geistigen Welt heraus hingewiesen: Suche ihn künftig im anderen Menschen zu erkennen. Dazu könnte man aus anthroposophischer Sicht hinzufügen: dadurch dass du ihn in seinem höheren Ich wahrnimmst.

In diesem Sinne bedeutet zu verzeihen, mit ganzer Intensität die Tatsache zu erleben, dass der unrecht handelnde Mensch die größte Schuld gegenüber seinem eigenen höheren Ich und dem durch es wirkenden Geistselbst des Christus auf sich lädt. Das steht als esoterische Wahrheit hinter den Worten des Christus im Johannes-Evangelium: «Wer an ihn [den Sohn Gottes] glaubet, der wird nicht gerichtet; wer aber nicht glaubet, der ist schon gerichtet; denn er glaubet nicht an den *Namen* [das heißt das Geistselbst][43] des eingeborenen Sohnes Gottes» (3,18; Luther). Mit anderen Worten, wer nicht glaubt, das heißt, sich von dem Christus abwendet, und das geschieht bei jeder unrechtmäßigen Handlung, wo sich das niedere vom höheren Ich abwendet, da richtet sich der Mensch vor allem selbst, indem er die Verbindung mit seinem höheren Ich und dem in ihm wirkenden Christus aufgibt.

Eine solche Einsicht in die *Notwendigkeit*, Verzeihen zu üben, wofür eine der Hauptvoraussetzungen das *Verständnis* für das Schicksal des anderen Menschen bildet, der vor uns selbst oder vor anderen, uns vielleicht ganz unbekannten Menschen schuldig wurde, sowie, durch dieses angeregt, ein wenigstens teilweises Miterleben dieses Schicksals als Teil des eigenen Schicksals, wie das im Falle von Bill Cody geschah, der mit dem Verzeihen gelobte, «jede Person zu lieben, mit der ich zusammenkam», das macht uns wahrhaftig zu *Brüdern des Christus.* Denn nur den «will der Christus als seinen Bruder anerkennen, der den andern Menschen als seinen Bruder anerkennt».[44] Diese Worte Rudolf Steiners stehen unmittelbar im Zusammenhang mit den Worten des Christus: «Daran sollen euch alle als meine Jünger erkennen, dass ihr euch untereinander liebet» (Joh. 13,35).

Das ist eine echte Quelle für eine neue soziale Gemeinschaft, die zukünftige Gemeinschaft des Heiligen Geistes, des Geistes, der sich einst als Substanz der kosmischen Liebe auf die Gemeinschaft der Urapostel am Pfingsttage herabsenkte, sie aus dem tiefen Geistesschlaf erweckend, in dem sie seit der Himmelfahrt des Christus verharrten.[45]

So tritt bereits mit dem Weg der Apostel, der in einem gewissen Sinne ein Urbild der weiteren Entwicklung der Menschheit ist, eine prophetische Verwirklichung dessen vor uns hin, worauf Rudolf Steiner mit den Worten wies: «Erst Weisheit, dann Liebe, dann von der Liebe durchglühte Weisheit.»[46] Im Falle der Apostel bedeutet das: als erstes die Weisheit der Einweihung, welche diese nächsten Schüler des Christus aus ihren früheren Verkörperungen mit sich brachten und welche sie noch durch das Studium der prophetischen Schriften der alten Hebräer über das baldige Kommen des Messias vertieften. Diese Weisheit ermöglichte es ihnen dann später, seine Jünger zu werden, um während der drei Jahre des gemeinsamen Lebens mit dem Christus sich mehr und mehr mit seiner Liebe als einer kosmischen Kraft zu durchdringen, bis sie schließlich zu Pfingsten von demjenigen überschattet wurden, was als die höchste Synthese der Liebe und der Weisheit bezeichnet werden kann, als «von der Liebe durchglühte Weisheit», als der Heilige Geist, der im Menschen als Geistselbst in Erscheinung tritt.

Von diesem Geist der *erkennenden Liebe* überleuchtet, vermag der Mensch den Grund für eine neue soziale Gemeinschaft auf der Erde, die auf einer wahren Brüderlichkeit ruht, zu legen; einer

Gemeinschaft, in welcher er sich als ein Glied des lebendigen Organismus der Menschheit erlebt und seine *Verantwortung* für deren Schicksal und alles, was in ihr vorgeht, empfindet.[47] Diesen Zusammenhang mit allem Dasein und die Verantwortung für alles, was in ihm vor sich geht, erlebt der Mensch dann durch das Erwachen des höheren Ich oder Geistselbst in sich. In unserer fünften nachatlantischen Epoche treten im Gegensatz dazu, verbunden mit der Entfaltung der Bewusstseinsseele, stärkste antisoziale, divergierende Impulse auf. Rudolf Steiner charakterisiert diesen Gegensatz auf die folgende Weise: «Ebenso stark, wie die Bewusstseinsseele antisozial wirkt, indem sie sich entwickelt, wird das Geistselbst sozial wirken. So dass man sagen kann: Der Mensch entwickelt aus den innersten Impulsen seiner Seele heraus in dieser Epoche [der fünften] Antisoziales; aber dahinter treibt ein Geistig-Soziales. Und dieses Geistig-Soziale, das dahinter treibt, das wird im wesentlichen erscheinen, wenn das Licht des Geistselbstes im sechsten nachatlantischen Zeitraum aufgehen wird.»[48] Diese Worte weisen auf die so außerordentlich wichtige *Schwelle*, welche die Menschheit von unserer Zeit an betritt, die Schwelle, welche sich zwischen dem höchsten Seelen- und dem niedersten Geistesglied der Menschenwesenheit befindet.[49] Und in dem Maße, in dem die Menschheit diese Schwelle überwindet, wird sich wahre, geistige Brüderlichkeit, das eigentliche Kennzeichen der sechsten Kulturepoche, unter ihr verbreiten,[50] weshalb diese auch in der Apokalypse die «Gemeinde von Philadelphia» genannt wird, das heißt die Gemeinde der «brüderlichen Liebe».

Die Menschheit wird jedoch in der sechsten Epoche nicht nur eine Gemeinschaft brüderlich verbundener Menschen sein, sondern auch eine im tiefsten Sinne des Wortes *karmische Gemeinschaft*. Rudolf Steiner charakterisiert eine solche im vorletzten Vortrag des Zyklus über das Matthäus-Evangelium folgendermaßen: «Das Einzelkarma des Menschen muss sich verbinden mit dem Karma von Gemeinschaften.» Und «das Karma kann so verbunden werden, dass die Gemeinde mitträgt an dem Karma des einzelnen.»[51] Das wird dann so vor sich gehen, dass für einen Menschen, der zu dieser Gemeinschaft gehört (und in der sechsten Epoche wird diese einen beträchtlichen Teil der Menschen – alle Angehörigen der «guten Rasse» – umfassen[52]) und der eine unrechte Handlung vollbrachte, «ein anderer Mensch sich finden kann, der sagt: Ich helfe dir das Karma auszutragen! – Erfüllt muss das Karma werden [das heißt, die Folgen der Tat müssen durch den, der sie vollbrachte, getragen und ‹berichtigt› werden], aber der andere kann ihm helfen.» Und das kann sowohl ein Mitglied dieser Gemeinschaft tun als auch mehrere Mitglieder oder deren Gesamtheit. Da sagt dann gleichsam die ganze Gemeinschaft: «Du einzelner hast unrecht getan, aber wir treten für dich ein. Wir übernehmen das, was zur Ausbesserung des Karma führt.»

Solch ein Wirken der Gemeinschaft in Bezug auf das eine oder andere Glied derselben wird zur Bildung eines gänzlich neuen Karma in der Menschheit führen. Diesen Prozess schildert Rudolf Steiner weiter mit den Worten: «So spinnt sich dadurch, dass die Fäden der einzelnen verwoben werden in das Karma der ganzen Gesellschaft, ein Netz. Und dieses Netz soll durch das, was der Christus heruntergebracht hat aus geistigen Höhen, in seiner Charakteristik ein Abbild sein der Ordnung im Himmel, das heißt, nach der Ordnung der geistigen Welt soll das Karma des einzelnen mit dem Gesamtkarma verbunden sein, nicht in beliebiger Weise, sondern so, dass der Gemeindeorganismus ein Abbild der Ordnung im Himmel werde.»[53] In anderen Worten, hier wird von dem Eindringen jener «Sonnenkraft und Kosmoskraft» in die karmischen Beziehungen der Menschen gesprochen, die «der Christus heruntergebracht hat aus geistigen Höhen» und die nun, weiterhin in den einzelnen Menschen und ihren Gemeinschaften wirkend, allein in der Lage sind, das Karma der Menschheit in Ordnung zu bringen, das heißt, es zum Ausdruck «der Ordnung der geistigen Welt» zu machen, jener geistigen Welt, aus der der Christus an der Zeitenwende zur Erde herabstieg.

In den Worten Rudolf Steiners wird das «die Stiftung der auf die

Ich-Natur gebauten Menschheit der Zukunft» sein, wo sich diese, wenn sie sich nur auf der Höhe ihrer Entwicklung erweist, zu einer neuen Gemeinschaft verbindet, die sich auf die Höherentwicklung der wahren Natur des von den Kräften des höheren Ich oder Geistselbst durchdrungenen Menschen-Ich gründet.

Dann wird in einer solchen Gemeinschaft auch der Christus immer unmittelbarer als ihr neues, höheres Gruppen-Ich wirken. Denn «der Christus-Impuls kann über die ganze Menschheit hin gleich sein und ist doch für jeden einzelnen eine persönliche Angelegenheit».[54] In einer solchen Gemeinschaft wird dann auch die gemeinsame Zugehörigkeit zu dem Christus mit der absoluten, individuellen Freiheit und der vollen Entwicklung der Fähigkeiten und schöpferischen Möglichkeiten jeder einzelnen Individualität vereinbar sein. Der Weg, um dieses hohe Ideal zu verwirklichen, ist jedoch untrennbar mit der geistigen Entwicklung verbunden, welche im V. Kapitel beschrieben wurde und deren Beginn die Toleranz, ganz besonders aber die Fähigkeit zu verzeihen bildet. Rudolf Steiner weist darauf hin, indem er der oben zitierten Beschreibung vom Entstehen des neuen, vom Christus-Impuls erfüllten Karma-Netzes folgende Worte vorausschickt: «Wenn man in dieser Art und Weise das ‹Binden› und ‹Lösen› versteht, dann müsste man bei jeder Sünden*vergebung*, wenn man sie richtig versteht, an die Verpflichtung denken, die der Gemeinde da heraus erwächst.» Von der konkreten Verpflichtung, die die Menschengemeinschaft in Bezug auf den einzelnen eingeht, der eine bestimmte Untat vollbringt, wurde oben bei der Betrachtung der Lebensgeschichte von Bill Cody bereits gesprochen; sie besteht darin, der Welt so viel Kraft, Güte und Liebe zu schenken, wie ihr zuvor durch die schlimme Tat geraubt wurde.

Das wird der Beginn dessen sein, wovon der Apostel Paulus als dem einzigen «Gesetz des Christus» sprach: «Einer trage des anderen Last, so werdet ihr das Gesetz Christi erfüllen» (Gal. 6,2). Das sind Worte, bei denen nicht an eine äußere Hilfe, das Tragen einer äußeren «Last» zu denken ist, sondern an eine Hilfe im Bereich des

Karma, die so weit geht, dass ein Mensch das Karma eines anderen Menschen oder sogar einer ganzen Gruppe auf sich nimmt.

Was hier als ein Zukunftsideal charakterisiert wurde, dessen erste Stufe im Rahmen der gesamten Menschheit erst in der sechsten Epoche wird verwirklicht werden können, das muss *schon heute* von den Menschen vorbereitet werden, die sich in der Allgemeinen Anthroposophischen Gesellschaft zu vereinigen trachten. Denn Michael will als Zeitgeist und im Auftrag und als Antlitz des Christus während seiner Herrschaftszeit, die 1879 begann, den Menschen neue geistige Kraft schenken, die es ihnen ermöglicht, bewusst danach zu trachten, ihr Karma in Ordnung zu bringen: «Aber wie kommt es denn, dass auch die Kräfte vorhanden sind, die bewirken, dass wirklich heute sich Menschen zusammenfinden unter rein geistigen Prinzipien, die sonst fremd sind in der heutigen Welt? Wo liegen die Kräfte vom Sich-Zusammenfinden? Die liegen darin, dass durch den Eintritt der Herrschaft des Michael, durch das Michaelische Zeitalter, in dem wir leben, mit dem Hereindringen des Michael in die Erdenherrschaft … von Michael hereingebracht wird die Kraft, die da bei denjenigen, die mit ihm gegangen sind, wiederum das Karma in Ordnung bringen soll. So dass wir sagen können: was vereinigt die Mitglieder der Anthroposophischen Gesellschaft? Das vereinigt sie, dass sie ihr Karma in Ordnung bringen sollen!»[55]

Das erklärt auch, warum es gerade für Anthroposophen so wichtig ist, die Fähigkeit des Verzeihens zu entwickeln, ohne die die Anthroposophische Gesellschaft niemals das werden kann, was sie nach der Weihnachtstagung werden sollte: ein Feld, auf dem geistig strebende Menschen bewusst am Ordnen des Karma arbeiten, oder, anders gesagt, nach der Weihnachtstagung sollte innerhalb der Allgemeinen Anthroposophischen Gesellschaft die Arbeit an der Überwindung des alten Mondenkarma und die Bildung des neuen Sonnenkarma in vollem Umfang beginnen.

Das Mondenkarma ist dasjenige, das jeder Mensch nach seinem Tode in der der Erde benachbarten Mondensphäre (daher auch sein Name) zurücklässt, um sich vor seiner abermaligen neuen Verkörperung auf der Erde wiederum mit ihm zu verbinden.[56] Mit diesem Karma sind auch alle Folgen seiner unrechten Handlungen, Gedanken und Gefühle während aller früheren Verkörperungen verbunden, weshalb der Mensch, wenn er im nachtodlichen Dasein in die Sonnensphäre eintritt, in der es nichts «Unrechtes» geben kann, dieses Karma – in der Mondensphäre – zurücklassen muss. Das Sonnenkarma dagegen ist dasjenige Karma, das der Mensch nach dem Tode gemeinsam mit den Wesenheiten der höheren Hierarchien in der Sonnensphäre, im Devachan, ausarbeitet. Im Gegensatz jedoch zum Mondenkarma, das als eiserne Notwendigkeit bei der Geburt zusammen mit dem Menschen in das Erdenleben eintritt, kann das Sonnenkarma nur in voller Freiheit auf der Grundlage der eigenen geistigen Bemühungen auf der Erde verwirklicht werden.

Aus diesem Grunde wurde nach der Weihnachtstagung vor die Mitglieder der Anthroposophischen Gesellschaft ihr gemeinsames *Sonnenkarma* hingestellt, das in ihrer gemeinsamen Teilnahme an der übersinnlichen Michaelschule während des 15. bis 17. Jahrhunderts in der Sonnensphäre bestand. Denn nur durch eine immer bewusstere Beziehung zu ihrer gemeinsamen kosmischen Vergangenheit kann den wahren Anthroposophen die Kraft erwachsen, die allmählich dahin führen wird, das trennende und entwicklungshemmende Mondenkarma oder Karma des niederen Ich zu überwinden und die Verwirklichung des sie verbindenden Sonnenkarma oder Karma des höheren Ich auf der Erde und vor allem innerhalb der Anthroposophischen Gesellschaft herbeizuführen. Und diese Realisierung auf der Erde – eine Verwirklichung des Michael-Christus-Impulses in unserer Zeit – wird als Grundlage für jene Gemeinschaft des Geistes dienen, von der oben gesprochen wurde und die in der sechsten Epoche die «gute» Menschheit bilden soll.

Um dieses Sonnenkarma auf der Erde innerhalb der Allgemeinen Anthroposophischen Gesellschaft zu verwirklichen, ist in erster Linie die ihr von Rudolf Steiner auf der Weihnachtstagung in der Form eines «dodekaedrischen Liebesgrundsteins»[57] geschenkte neue geistig-moralische Substanz zu bewahren und gemeinsam zu verstärken, von der Marie Steiner in ihrem «Versöhnungsappell» von 1942 schrieb. Denn sie bedarf vor allem dieser *moralischen Substanz*, um am Ordnen ihres Karma zu arbeiten. Marie Steiner schrieb dazu: «Doch es geschehen noch Wunder. Sie geschehen, wenn die moralische Substanz eine so starke ist, dass sie das Wunder rechtfertigt. Was können wir tun, um unsere moralische Substanz zu retten? Wir können verzeihen! Jeder kann dasjenige verzeihen, was ihm zu verzeihen obliegt.»

Diese Worte haben wahrhaftig bis zum heutigen Tage ihre Aktualität nicht verloren. Denn jedes wahre Verzeihen ist mit einem Opfer verbunden, einem opfernden Hingeben der moralischen Substanz der Seele an die Welt, das zum Begründen des das Mondenkarma besiegenden Sonnenkarma führt, welches der wahre esoterische Gehalt der Anthroposophischen Gesellschaft nach der Weihnachtstagung sein sollte und von dem Marie Steiner, wenn auch mit anderen Worten, in ihrem «Appell» spricht.[58]

Zum Abschluss dieses Kapitels soll noch eine weitere Äußerung Rudolf Steiners angeführt werden, die von der Bedeutung wahrer *Brüderlichkeit* als sozialer Grundlage aller anthroposophischen Arbeit zeugt. Wie gezeigt wurde, kann diese Brüderlichkeit nur erreicht werden, wenn die Fähigkeit zu vergeben entwickelt wird: «Anthroposophie erfordert als Sache wirklich menschliche Brüderlichkeit bis in die tiefsten Tiefen der Seele hinein. Sonst kann man sagen: ein Gebot ist die Brüderlichkeit. Bei der Anthroposophie muss man sagen: sie wächst nur auf dem Boden der Brüderlichkeit, sie kann gar nicht anders erwachsen als in der Brüderlichkeit, die aus der Sache kommt, wo der einzelne dem andern das *gibt*, was er hat und was er kann.»[59] Unter der Notwendigkeit, anderen das zu «geben», was man «hat und kann», von der hier gesprochen wird, ist nicht nur Wissen oder geistige Erfahrung zu verstehen, sondern auch jene reale geistig-moralische Substanz, auf welcher der Genius der deutschen Sprache mit dem Wort «ver-*geben*» weist.

Nur wenn durch ein solches «Geben» die Anthroposophische Gesellschaft, ihre Zweige und Arbeitsgruppen in ausreichendem Maße das Prinzip der Brüderlichkeit verwirklichen, können die folgenden Worte des Geistesforschers Realität werden: «Und dadurch, dass wir uns zusammenschließen, uns in *brüderlichen* Vereinigungen verbinden, um unsere Geisteswissenschaft zu treiben, bereiten wir dasjenige vor, was als Kultur, als Zivilisation die sechste nachatlantische Kulturperiode durchdringen soll. ... Arbeit leisten wir in unseren *brüderlichen* Arbeitsgruppen, die heraufströmt zu den für das Geistselbst vorbereitet werdenden Kräften.»[60]

So ist bereits heute die Anthroposophische Gesellschaft berufen, die spirituelle Kultur der sechsten nachatlantischen Epoche vorzubereiten, den Weg für das Herabkommen des GeistselbstImpulses in der Zukunft und für die Begründung einer neuen Form sozialen Zusammenlebens der Menschen zu bereiten.

VII
Das Wesen des Verzeihens und die siebengliedrige manichäische Einweihung

Drei Probleme sind für die gegenwärtige Epoche besonders charakteristisch: das Problem des Ich, das soziale Problem und das Problem des Bösen. Die zwei ersten wurden in ihrer Beziehung zum Verzeihen bereits eingehend betrachtet. Jetzt wollen wir uns dem letzten und vielleicht schwierigsten zuwenden.

Von der Bedeutung, die das Problem des Bösen hat, und von der Notwendigkeit, es gerade in unserer fünften nachatlantischen Epoche zu kennen, spricht Rudolf Steiner am Ende des vierten Vortrags des Zyklus *Geschichtliche Symptomatologie* mit besonderer Intensität. Dort wird zunächst darauf hingewiesen, dass als Grundzug der vierten, der griechisch-lateinischen Kulturepoche die Frage nach Geburt und Tod in jeder einzelnen Menschenseele lebte. Was aber damals innerlich war, das ist in unserer fünften Epoche nach außen getreten. Und so treffen wir heute überall in unserer Umgebung, ganz besonders im sozialen Bereich, im Gemeinschaftsleben der Menschen bis hin zum historischen Menschheitswerden, im Großen wie im Kleinen die sich gegenseitig ablösenden Prozesse der Geburt und des Todes, des Entstehens und Vergehens. Um diese wirklich zu *verstehen*, ist es notwendig, sich mit dem Gedanken der wiederholten Erdenleben vertraut zu machen, ohne dessen Kenntnis das Problem von Geburt und Tod in wachsendem Maße zu einem allgegenwärtigen sinnlosen Alpdruck wird. «Aber geradeso, wie Geburt und Tod von innen nach außen gegangen sind im menschlichen Anschauen, so muss der Mensch wiederum etwas entwickeln in seinem Innern im fünften nachatlantischen Zeitraum, was im sechsten Zeitalter, das also im vierten Jahrtausend beginnt, wiederum nach außen gehen wird. Und das ist das Böse.»[1]

Und so, wie in der vierten Kulturepoche die innere Begegnung mit Geburt und Tod durchlebt werden musste, so in der fünften Epoche innerlich bewusst die Begegnung mit dem Bösen. Für diese zwei wahrhaft entscheidenden Erlebnisse sind der Erdenmenschheit zwei zentrale Ereignisse gegeben, die auf das rechte Verhältnis einerseits zum Tod und andererseits zum Bösen hinweisen sollen. Das eine ist das Mysterium von Golgatha, das historisch, das heißt auf dem physischen Plan, zu der Zeit geschah, als das Problem der Geburt und ganz besonders das des Todes das wichtigste Problem war. Das zweite Ereignis ist das übersinnliche Erscheinen des Christus im Ätherleibe, das im 20. Jahrhundert beginnt und das mit einer Art Wiederholung des Mysteriums von Golgatha verbunden ist, nun aber nicht auf der Erde, sondern in der an sie grenzenden übersinnlichen Welt. Rudolf Steiner äußerte darüber in dem erwähnten Vortrag aus der *Geschichtlichen Symptomatologie:* «Jetzt, wo der Christus wiederum im Ätherischen erscheinen soll, wo wiederum eine Art Mysterium von Golgatha erlebt werden soll, jetzt wird das Böse eine ähnliche Bedeutung haben wie Geburt und Tod für den vierten nachatlantischen Zeitraum. ... So wird aus dem Bösen heraus auf eine sonderbare, paradoxe Art die Menschheit des fünften nachatlantischen Zeitraums zu der Erneuerung des Mysteriums von Golgatha geführt. Durch das Erleben des Bösen wird zustandegebracht, dass der Christus wieder erscheinen kann, wie er durch den Tod im vierten nachatlantischen Zeitraum erschienen ist.»

Wie können wir die zunächst so ungewöhnlich klingenden Worte verstehen: «So wird aus dem Bösen heraus ... die Menschheit ... zu der Erneuerung des Mysteriums von Golgatha geführt» und dann die Worte, «durch das Erleben des Bösen wird zustande gebracht, dass der Christus wieder erscheinen kann ...»? Eine Antwort auf diese Frage ist in einem anderen Vortrag zu finden, den Rudolf Steiner fünfeinhalb Jahre früher hielt. Dort wird beschrieben, wie ganz besonders seit dem 16. Jahrhundert in wachsendem Maße Seelen durch die Pforte des Todes in die geistige Welt kamen, welche auf der Erde aufgenommene rein materialistische Impulse mit sich trugen, deren Wirkung in der der Erde benachbarten geistigen Welt einer stetig anwachsenden Sonnenfinsternis vergleichbar ist, die in der zweiten Hälfte des 19. Jahrhunderts ihre Kulmination erlebte, einer Zeit, welche Rudolf Steiner oftmals als den Höhepunkt der Entwicklung des Materialismus in der ganzen historischen Entwicklung der Menschheit bezeichnet hat. So bildete sich im letzten Drittel des 19. Jahrhunderts in der geistigen Welt, nahe der Erde, ein die Erde umschließender, dichter, ringförmiger Bereich geistiger Finsternis, dessen Gegenwart die reale Gefahr mit sich brachte, dass das Kali-Yuga, das im Jahre 1899 zu Ende gehen sollte, künstlich auch im lichten Zeitalter fortdauerte. Mit anderen Worten, der mächtige Strom neuer geistiger Impulse, der sich vom 20. Jahrhundert an in die Menschheit ergießen sollte, hätte von dem Ring geistiger Finsternis um die Erde aufgehalten werden können. Dann hätten sich das neue «Christus-Bewusstsein» und die mit ihm verbundenen neuen hellsichtigen Fähigkeiten in der bestimmten Frist nicht entwickeln können.

Um dem in der der Erde benachbarten geistigen Sphäre im letzten Drittel des 19. Jahrhunderts entgegenzuwirken, vollzog sich jenes mächtige geistige Ereignis, das Rudolf Steiner eine übersinnliche «Wiederholung des Mysteriums von Golgatha» nannte und das die Menschheit vor der genannten Gefahr rettete: «Die Samen von irdischem Materialismus, die seit dem 16. Jahrhundert in die geistige Welt in immer größerem Maße von den durch die Pforte des Todes schreitenden Seelen hinaufgetragen wurden und immer mehr Dunkelheit bewirkten, bildeten die ‹schwarze Sphäre des Materialismus›. Diese schwarze Sphäre wurde von Christus *im Sinne des manichäischen Prinzips* in sein Wesen aufgenommen, um sie umzuwandeln. … Dieses Opfer des Christus im 19. Jahrhundert ist vergleichbar dem Opfer auf dem physischen Plan im Mysterium von Golgatha und kann als die zweite Kreuzigung des Christus auf dem Ätherplan bezeichnet werden … Zweimal schon ist der Christus gekreuzigt worden: das eine Mal physisch in der physischen Welt im Anfang unseres Zeitalters und ein zweites Mal im 19. Jahrhundert spirituell in der beschriebenen Weise. Man könnte sagen, die Menschheit erlebte die Auferstehung seines Leibes in der damaligen Zeit; sie wird die Auferstehung seines Bewusstseins vom 20. Jahrhundert an erleben. So kann das Christus-Bewusstsein mit dem irdischen Bewusstsein der Menschheit vom 20. Jahrhundert an vereinigt werden ...» Und «das Leben des Christus wird vom 20. Jahrhundert an immer mehr und mehr in den Seelen der Menschen gefühlt werden als ein direktes persönliches Erlebnis.»[2]

So eröffnet sich der Menschheit, ausgehend von dem durch die Menschen hervorgerufenen Bösen und der Tatsache, dass dessen Folgen in die geistige Welt getragen wurden, vom 20. Jahrhundert an durch das Wirken des Christus ein Weg zu einem ganz neuen Erleben seiner Wesenheit als der einzigen und unerschütterlichen Grundlage der künftigen Erdenentwicklung.

Die Hauptaufgabe unserer Epoche ist dergestalt, dass die Kräfte des Bösen in die Innenwelt der Menschen eintreten *müssen*. Aber sie sollen das tun, nicht um zu bösen Handlungen zu verführen, sondern um den Menschen in die Lage zu versetzen, wahres geistiges Leben in sich zu entwickeln: «Im Weltenall walten diese Kräfte des Bösen. Der Mensch muss sie aufnehmen. Indem er sie aufnimmt, pflanzt er in sich den Keim, das spirituelle Leben überhaupt mit der Bewusstseinsseele zu erleben.»[3]

Die Frage jedoch, ob eine solche, aus höherer Sicht notwendige Begegnung mit dem Bösen im Innern des Menschen[4] der Weiterentwicklung oder dem Verderben der Menschheit dienen wird, das wird von deren Streben nach dem neuen «Christus-Bewusstsein» abhängen, um so einen Weg zum hellsichtigen Erleben des ätherischen Christus zu finden. Die Möglichkeit, dieses zu entwickeln, ist aber mit der modernen Geisteswissenschaft gegeben, die eine solche spirituelle Sprache darstellt, in der allein heute eine bewusste Hinwendung zu dem ätherischen Christus geschehen kann.[5]

So ist den Menschen mit der Wiederholung des Mysteriums von Golgatha als dem übersinnlichen Ausgangspunkt des Erscheinens des Christus im Ätherischen für alle Zeiten – wenn sie dies nur durch die moderne Geisteswissenschaft anstreben – nicht nur ein geistiger Richtpunkt, sondern auch eine konkrete geistige *Kraft* gegeben, mit deren Hilfe das notwendige Hineinnehmen des Bösen in sich in einen Erweckungsprozess im Seeleninnern von gänzlich neuen Wahrnehmungsfähigkeiten für «den Geist aus dem Weltenall» verwandelt werden kann, um so, die Gegenwartskultur mit ihm erfüllend, diese zu spiritualisieren. «Würde der Mensch nicht aufnehmen jene Neigungen zum Bösen ..., so würde er nicht dazu kommen, aus seiner Bewusstseinsseele heraus den Impuls zu haben, den Geist, der von jetzt ab befruchten muss alles übrige Kulturelle, wenn es nicht tot sein will, den Geist aus dem Weltenall entgegenzunehmen.»[6]

Dieser «Geist aus dem Weltenall» ist aber der Trägergeist der neuen Offenbarung, die sich heute, nach Beendigung des Kali-Yuga, in die Menschheit ergießen soll. Die Möglichkeit, dass solches geschehen könne, wurde durch den Christus dadurch geschaffen, dass er die «schwarze Sphäre des Materialismus» um die Erde verwandelte.

In den oben angeführten Worten Rudolf Steiners über die Wiederholung des Mysteriums von Golgatha hat der Hinweis, dass dieses «im Sinne des manichäischen Prinzips» geschah, eine besondere Bedeutung. Denn in ihm haben wir das *höchste Urbild* der eigentlichen Mission des Manichäismus: nicht ein Abweisen des Bösen, eine Flucht vor ihm, sondern, im Gegenteil, ein restloses «Aufnehmen in das eigene Wesen», sodann aber dessen völlige «Umwandlung» in das Gute durch die Kräfte, die aus dem neuen hellsichtigen Erleben des Christus erfließen.

Hier berühren wir ein tiefes, okkultes Geheimnis, in dem sich die zwei von uns betrachteten Prozesse vereinigen: die Verwandlung der Gesetzmäßigkeiten des Karma durch das wahre Verzeihen und die Umwandlung der Kräfte des objektiven Bösen in Gutes durch die Wiederholung des Mysteriums von Golgatha in der ätherischen Welt.

Gemäß Rudolf Steiner wurden den durch luziferische Wesenheiten im Menschen hervorgerufenen egoistischen Begierden und Leidenschaften Leiden und Krankheiten von den höheren Mächten gegenübergestellt, dem kalten intellektuellen Bösen Ahrimans aber wurden durch die eisernen Gesetze des Karma Grenzen gesetzt.[6a] Das bedeutet, dass der Mensch, wenn er aus den Kräften des Verzeihens an der Verwandlung des Karma arbeitet, mikrokosmisch dasjenige wiederholt, was der Christus in den übersinnlichen Welten vollbrachte, als er in ihnen durch das ätherische Mysterium von Golgatha ging und dadurch die Möglichkeit erlangte, nun, anders als bislang, auf den Prozess einzuwirken, wie die Menschheit ihr irdisches Karma auslebt, indem er eine solche Beziehung zu ihm einging, von der Rudolf Steiner sagte, dass «der Christus der Herr des Karma wurde».

Oben, im V. Kapitel, wurde die Beziehung, die zwischen dem Prozess des Verzeihens und der neuen Fähigkeit zum Schauen des Christus im Ätherischen besteht, eingehend beschrieben. Hier soll nun diese Beziehung von einem etwas anderen Standpunkt aus dargestellt werden: von dem Problem des Bösen aus und seiner Verwandlung in das Gute in den wahren manichäischen Mysterien. Diese Mysterien selbst können jedoch nach den Aussagen Rudolf Steiners in unserer Zeit nicht wirklich enthüllt werden, weshalb auch in dieser Arbeit nur weniges über sie gesagt werden kann. Es ist aber für unser Thema besonders auf einen Prozess hinzuweisen, den man «moralisches Atmen» nennen kann.

Um dessen Wesen besser zu verstehen, wollen wir das gewöhnliche menschliche Atmen betrachten. Was geschieht, wenn wir atmen? Zunächst nehmen wir beim Einatmen den mit Lebenskräften erfüllten Sauerstoff aus der Umgebung in unseren Organismus auf, um ihr sodann beim Ausatmen Kohlensäuregas zurückzugeben, den Träger alles Lebendige vernichtender Todeskräfte. Man kann also ganz real sagen: der Mensch ist heute so gebildet, dass er Leben einatmet und Tod ausatmet. Den gegenteiligen Prozess haben wir bei den Pflanzen. Deshalb nimmt in der wichtigsten Rosenkreuzer-Meditation der Gegensatz von Pflanze und Mensch eine solch zentrale Stelle ein.[7]

In der Zukunft aber, die jedoch schon heute beginnt, wird der Mensch sich dadurch, dass er auf dem durch die Geisteswissenschaft gegebenen Einweihungsweg innerlich weiterschreitet, allmählich die Fähigkeit erwerben, in vollem Bewusstsein Kohlensäuregas einzuatmen und Sauerstoff auszuatmen. In anfänglicher, bislang jedoch kaum bemerkbarer Weise geschieht das bei der intensiven Meditation. In der sechsten Epoche wird sich dann dieser Prozess so verstärken, dass man in gewissem Maße von dem Beginn der Überwindung der Todeskräfte im Menschen wird sprechen können.[8]

Ebenso wird der Mensch in der Zukunft noch eine weitere, innerlichere Fähigkeit zu entwickeln in der Lage sein, die Fähigkeit des «moralischen Atmens». Sie wird darin bestehen, dass der Mensch das Böse «einzuatmen» und das Gute «auszuatmen» vermag, ähnlich dem, wie er es heute lernen kann, in der Meditation das Kohlensäuregas in Sauerstoff zu verwandeln.[8a] Dieser Prozess der Verwandlung des Bösen in Gutes durch ein «moralisches Atmen» – dessen Urbild die «Wiederholung des Mysteriums von Golgatha» ist – wird sich während der sechsten Kulturepoche weiter entwickeln, um dann, in der siebenten Epoche, wenn der «Kampf aller gegen alle» seinen Höhepunkt erreichen wird, den Anfang zu machen mit der Überwindung des Bösen, was dann in vollem Umfang die Aufgabe der folgenden sechsten *großen* Periode[9] der Erdenentwicklung sein wird, während der die manichäischen Mysterien ihre höchste Blüte und weiteste Verbreitung erfahren werden.

So sprach auch Rudolf Steiner im Vortrag vom 11. November 1904, der dem Manichäismus gewidmet war, davon, dass diese esoterische Strömung, die im 3. Jahrhundert von Mani begründet wurde, eine «noch wichtigere Geistesströmung [ist], als die der Rosenkreuzer war ...» Und er fuhr fort:

«Eine über das Rosenkreuzertum hinübergreifende Strömung des Geistes will Mani schaffen, eine Strömung, die weitergeht als die Strömung der Rosenkreuzer. Diese Strömung des Mani strebt hinüber bis zur sechsten Wurzelrasse, die seit der Begründung des Christentums vorbereitet wird.»[10]

Über die Hauptaufgabe dieser Strömung äußerte Rudolf Steiner in demselben Vortrag:

«Die sechste Wurzelrasse wird die Aufgabe haben, das Böse durch Milde so weit als möglich wieder einzubeziehen in den fortlaufenden Strom der Entwickelung. Es wird dann eine Geistesströmung entstanden sein, welche dem Bösen nicht widerstrebt, trotzdem es in seiner dämonischen Gestalt in der Welt auftreten wird», und die das Bewusstsein hat, «... dass das Böse wieder einbezogen werden muss in die Entwickelung, dass es aber nicht durch Kampf, sondern nur durch Milde zu überwinden ist. Dieses kräftig vorzubereiten, das ist die Aufgabe der manichäischen Geistesströmung.»

Wenn sich die manichäischen Mysterien von der siebenten Kulturepoche an allmählich zu enthüllen beginnen werden, dann wird freilich dieser Prozess des «moralischen Atmens» einen *magischen Charakter* haben. Rudolf Steiner weist darauf hin, wenn er sagt, dass die Vertreter der «guten Rasse» es verstehen werden, okkulte Kräfte in Bewegung zu setzen, um die Menschen, die den Mächten des Bösen verfallen sind und die demzufolge die sogenannnte «böse Rasse» bilden, zum Guten zu wenden.[11]

Aber schon heute ist es möglich, sich für diese zukünftigen Aufgaben der «guten Menschheit» vorzubereiten. Und da bilden Toleranz und *Verzeihen* die geeigneten Mittel. Ganz besonders mit letzterem haben wir einen realen Ansatzpunkt für den Prozess des «moralischen Atmens», von dem oben gesprochen wurde. Denn bei jedem Bösen, das uns zugefügt wird, nehmen wir es so in uns auf, man kann auch sagen, «atmen» wir es so ein, dass seine Folgen in unserer Seele weiter wirken. Beim wahren Verzeihen jedoch verwandeln wir zunächst durch unsere Selbstüberwindung diese

Folgen in Gutes und geben sodann dieses Gute wiederum der Welt, «atmen» es gleichsam aus, um der Welt ebenso viel Güte und Liebe zu schenken, als ihr durch die böse Handlung genommen wurde.

In seinem Vortrag über das Manichäertum stellt Rudolf Steiner dar, dass die wirksamste Waffe, mit deren Hilfe die Anhänger des Mani den Kampf mit dem Bösen in der Erdenevolution zukünftig führen werden, jene seelische Eigenschaft sein wird, welche in der deutschen Sprache «Milde» genannt wird.[12] Dieses Wort ist von der etymologischen Grundbedeutung her dem Wort «Verzeihen» verwandt. Schon im Alltagsleben nehmen wir ganz selbstverständlich an, dass ein Mensch, dessen Charakter wir zu Recht als «milde» bezeichnen können, in einem ganz besonders hohen Maße fähig ist zu verzeihen. (Dabei ist die Milde in manichäischem Sinne auf keinen Fall ein Zeichen für seelische Schwäche, sondern für eine machtvolle Kraft, die den menschlichen Ätherleib völlig zu verwandeln vermag, so wie das z.B. bei Bill Cody der Fall war.)

Etymologisch betrachtet ist das deutsche Wort «mild» vom althochdeutschen «milt» abzuleiten, und das bedeutet «gütig, gnädig», das aber ist verwandt mit dem altindischen Wort «mardhati» «vergisst, lässt im Stich». Anders gesagt, wir haben hier eine vom Sprachgenius selbst bewirkte Entwicklung von «vergessen» zu «gut» und «Gnade», und ein solches «gnadevolles Vergessen» geschieht auch in der Menschenseele beim «Verzeihen», welches Wort von «verzichten» kommt, was seinerseits mit freiwilligem Verzicht und in einem tieferen Sinne mit einem freiwilligen Vergessen zusammenhängt.

Andererseits ist «Milde» jener Tugend verwandt, die Parzival auf dem Weg zu seiner Einweihung in sich zu entwickeln hatte.[13] Wolfram von Eschenbach bezeichnet sie mit dem Worte «sælde», was sowohl mit dem gotischen «selei», und das bedeutet «Güte, Milde», als auch dem angelsächsischen «sælig», das heißt «glücklich, gut, selig (glückselig)» verwandt ist.

In sich die «sælde» zu entwickeln bedeutet also, Bedingungen in seiner Seele zu schaffen, die es dem kosmischen Geist gestatten, in unser Ich als Geistselbst einzutreten, und das heißt jenem Geist, den der Christus auf prophetische Weise seinen Aposteln schenkte, indem er sie in die Welt sandte, um den Menschen in seinem Namen ihre Sünden zu vergeben.[14]

So beschreibt auch Rudolf Steiner die «sælde» als «das Leben ..., welches spirituelles Wissen über die Bewusstseinsseele ergießt» und wodurch allein «die menschliche Seelenentwicklung ... vom fünften Zeitraum an in den sechsten wirklich fruchtbar hinüberschreiten» kann.[15]

So haben wir in «Milde» und «sælde» und in ihrer Beziehung zum Verzeihen die Entwicklungsrichtung, die in der Zukunft zur Begründung der wahren manichäischen Mysterien führen wird.

Im V. Kapitel haben wir einen Weg beschrieben, der eine Art Metamorphose des siebengliedrigen Rosenkreuzerweges darstellt. Als dessen Stufen wurden aufgeführt: Toleranz, Verzeihen, das Auf-sich-Nehmen des Karma einzelner Menschen oder einer ganzen Gemeinschaft, weiter das Mittragen des Menschheitskarma und schließlich die Erlösung der Gegenmächte. Nach allem bisher Gesagten können wir nun diesen Weg als einen *manichäischen* bezeichnen, obwohl wir ihn nicht unmittelbar mit den erst in weit entfernter Zukunft entstehenden manichäischen Mysterien identifizieren dürfen, denn diese werden einen magischen Charakter haben. Der genannte Weg kann jedoch zu ihnen hinführen und schon heute ihr zukünftiges Erscheinen vorbereiten.

Und wenn im V. Kapitel gesagt wurde, dass der Weg, den wir hier den manichäischen nannten, zugleich der «Gedankenweg zu dem Christus» sei, so kann der moderne christlich-rosenkreuzerische Weg als «Willensweg zu dem Christus» bezeichnet werden. Sein Beginn und seine Begründung aber ist – nach den Worten Rudolf Steiners – mit der bewussten Entwicklung eines neuen *Idealismus*[16] gemacht, ohne den ein rechter Durchgang durch die erste Stufe des Rosenkreuzerweges kaum möglich ist, die Stufe des *Studiums* der Mitteilungen der Geisteswissenschaft, welche aus den Forschungen in der übersinnlichen Welt hervorgegangen sind.

Beide Wege, der rosenkreuzerische und der manichäische, sind ihrem inneren Wesen nach nahe verwandt. Man kann sie mit den zwei sich emporwindenden Schlangen um den Merkurstab vergleichen, denn die wichtigsten Elemente des einen können auch bei dem anderen gefunden werden. Sie unterscheiden sich vielmehr durch einen gewissen Akzent und besonders durch die Verschiedenheit der Ausgangspunkte. Der christlich-rosenkreuzerische Weg ist von den allerersten Schritten an bestrebt, den *Impuls des Willens in den Bereich des Erkennens zu tragen.* Das geschieht auf den folgenden Stufen: dem Studium, der imaginativen, inspirativen, intuitiven und drei weiteren Erkenntnisstufen. Der manichäische Weg dagegen fängt mit der Toleranz an, das heißt mit dem *Hineintragen des Denkens* (des Verstehens), *in* den zuerst für das gewöhnliche Bewusstsein dunklen *Bereich des Willens*, was erlaubt, durch das Bewusstwerden der Willensimpulse sofort mit dem Schaffen einer «äußeren Gesellschaftsform», einer «äußeren Lebensform»[17] zu beginnen, innerhalb derer all jene neuen, hohen Christus-Offenbarungen aufgenommen werden können, von denen in dieser Arbeit bereits gesprochen wurde. Rudolf Steiner äußerte in diesem Zusammenhang: «Das ist es, was der Manichäismus anstrebt. Weniger handelt es sich um die Pflege des innerlichen Lebens [der Erkenntnis] – das Leben wird auch in anderer Weise fortfließen –, sondern mehr um die Pflege der äußeren Lebensform.»

Die Seelenkräfte, die einst die Grundlage dieser «Lebensformen» als eines sozialen Ganzen werden bilden müssen, wurden von uns bereits als die Toleranz, das Verzeihen und das Streben geschildert, das Karma anderer auf sich zu nehmen.

Besonders am Beispiel des oben beschriebenen «moralischen Atmens» kann man die innere Beziehung und zugleich den Unterschied der Ausgangspunkte der zwei Geisteswege studieren. Wie gezeigt wurde, hat der Umwandlungsprozess des Bösen in Gutes durch das «moralische Atmen» sein Urbild in dem «zweiten Mysterium von Golgatha», während dem der Christus in der der Erde benachbarten geistigen Welt alle Dunkelheit der materialistischen Gedanken der materialistisch gestimmten Seelen des 19. Jahrhunderts, die durch die Pforte des Todes gegangen waren, in sein Wesen «einatmete» und geistiges Licht «ausatmete», das ein neues Christus-Bewusstsein in den Menschen weckt, das Geistiges zu denken befähigt und das den Menschen in Zukunft zum bewussten Erleben des ätherischen Christus führen wird.[17a]

Etwas Ähnliches, wenn auch zunächst nur in ganz anfänglicher Form, geschieht durch die Beschäftigung mit der Anthroposophie. Denn der Mensch ist heute, da er in die moderne materialistische Zivilisation hineingeboren wird und in ihr lebt, ob er es will oder nicht, dauernd dazu gezwungen, die von ihr hervorgerufenen materialistischen Gedanken, Vorstellungen, Gefühle und Willensantriebe in seine Seele «einzuatmen». Und wenn nichts anderes geschieht, dann wirkt der materialistische Gehalt der modernen Zivilisation wie eine unaufhörlich sie zersetzende giftige Substanz.

Durch die Anthroposophie ist es dagegen möglich, diesem Zerstörungsprozess das aktive Streben der Seele entgegenzustellen, überall den Geist im Materiellen zu suchen. Dabei geschieht das zunächst auf der gedanklichen Ebene dadurch, dass die Ergebnisse der anthroposophischen Geistesforschung aufgenommen werden. Das hat dann zur Folge, dass der Mensch, der früher die materialistischen Vorstellungen der modernen Zivilisation ständig «ein-geatmet» hatte, es in wachsendem Maße lernt, die spirituellen Gedanken der modernen Geisteswissenschaft wieder in diese Zivilisation hinein «auszuatmen» und diesen Prozess zu vertiefen und zu erweitern bis hin zur Gefühlssphäre und schließlich bis zu konkretem Handeln, was sich dann in der Erneuerung faktisch aller Bereiche des menschlichen Lebens und der Praxis – der Kunst, der Wissenschaft (des Goetheanismus), der Pädagogik, der Landwirtschaft, der Medizin, des Bankwesens, der sozialen Ordnung und so weiter – aus den Impulsen des Geistes zeigt. Denn indem der Mensch sich bemüht, zunächst den Geist durch die Anthroposophie konsequent in allen Verzweigungen der gegenwärtigen materialistischen Zivilisation zu *denken* und dann in ihr seine Umwandlungsimpulse zu verwirklichen, handelt er bereits innerhalb des übersinnlichen Kräftestroms, der von dem ätherischen Mysterium von Golgatha ausgeht. Nicht umsonst charakterisierte Rudolf Steiner die Anthroposophie als die spirituelle «Sprache», in welcher die Gegenwartsmenschheit sich unmittelbar an den ätherischen Christus wenden kann.[17b]

Ein besonders bedeutsames Beispiel des genannten «Atmungs»-Prozesses im *Erkenntnisbereich* kann man im Leben Rudolf Steiners finden, als er die äußerst materialistische «Anthropologie» Ernst Haeckels ganz in sich aufnahm und sie, nachdem er sie innerlich mit den Mitteln der heutigen christlich-rosenkreuzerischen Einweihung verwandelt hatte, in die geistige Welt zu den Göttern, zu Michael trug und sie sodann als den tief spirituellen Gehalt seines Buches *Die Geheimwissenschaft im Umriss* von ihnen zurückerhielt. Er beschreibt diesen Prozess selbst auf die folgende Weise: «Studieren Sie heute ... den Haeckelismus mit all seinem Materialismus, studieren Sie ihn und lassen Sie sich durchdringen von dem, was Erkenntnismethoden sind nach *Wie erlangt man Erkenntnisse der höheren Welten?* ... lernen Sie alles dasjenige ..., was man durch äußere Naturwissenschaft lernen kann, und tragen Sie das dann den Göttern entgegen, und sie bekommen dasjenige, was in meinem Buche *Geheimwissenschaft* über die Evolution erzählt ist.»[17c]

Liest man diese Worte, muss man sich klar machen, dass dieser Prozess – in seiner modernen Form – ohne das zweite Mysterium von Golgatha ganz unmöglich wäre. In diesem Sinne handelte Rudolf Steiner, da er ihn *vollbewusst* vollzog, ganz aus dessen Kräften. In den geistigen Schulen der Rosenkreuzer wurden solche Versuche zwar auch schon in der Neuzeit gemacht, es war dieses jedoch, wie Rudolf Steiner in dem angeführten Vortrag schildert, *vor* dem zweiten Mysterium von Golgatha sogar einem so hohen Eingeweihten wie Christian Rosenkreutz nur bei herabgedämpftem (hellsichtigem) Bewusstsein möglich.[17d]

Hier kreuzt der Rosenkreuzerweg den manichäischen. Der

Unterschied besteht nur darin, dass letzterer, wie wir sahen, seine Anwendung nicht im Erkenntniselement, sondern im Willenselement hat, das sich vor allem auf die konkrete Verwandlung des Bösen in Gutes im *moralischen Bereich* richtet, und das bedeutet, dass auch dieser Weg – in seiner Gegenwartsform – der Wiederholung des Mysteriums von Golgatha entspringt.

Voll bewusst diesen Weg zu gehen wird freilich erst von unserer Zeit an möglich, und doch waren die Eigenschaften der Milde, der Toleranz, der Opferbereitschaft und der Fähigkeit zu verzeihen, von denen die manichäische Einweihung ausgeht, ursprünglich all jenen geistigen Strömungen eigen, die sich in dem einen oder anderen Maße unter deren Einfluss befanden, wie zum Beispiel die Albigenser, Waldenser, Katharer und die bulgarischen Bogumilen. Diese strebten nicht in erster Linie nach Erkenntnis, sondern danach, eine Gemeinschaft zu bilden, innerhalb derer es möglich war, die Gebote des Evangeliums zu verwirklichen und ganz besonders diejenigen, die, nach ihrer Meinung, am stärksten von manichäischem Geist erfüllt waren. Zu letzteren rechneten sie besonders die Worte «Widerstehe dem Bösen nicht (mit Gewalt)», «Vergelte Böses mit dem Guten», «Liebe deine Feinde» und selbstverständlich die Worte des Christus über das «Verzeihen».[18] Trotzdem wurden sie von Seiten der offiziellen römisch-katholischen Kirche hart verfolgt. Das begann bereits bei der Gegenüberstellung des Kirchenvaters Augustinus und des manichäischen Bischofs Faustus. Rudolf Steiner äußerte dazu:

«Da stehen sich zwei Pole gegenüber: Faustus und Augustinus. Augustinus, der auf die Kirche baut, auf die gegenwärtige Form; Faustus, der aus dem Menschen heraus den Sinn für die Form der Zukunft vorbereiten will. Das ist der Gegensatz, der sich entwickelt im 3. und 4. Jahrhundert nach Christus. Er bleibt vorhanden und findet seinen Ausdruck in dem Kampf der katholischen Kirche gegen die Tempelritter, Rosenkreuzer, Albigenser, Katharer und so weiter.»[19]

Indem die römisch-katholische Kirche diese Strömungen auf das härteste verfolgte, was in den meisten Fällen mit deren völliger physischer Vernichtung endete, traten bei ihr Züge in Erscheinung, die nicht nur den oben genannten diametral entgegengesetzt waren, sondern auch dem Geist des Christentums selbst. Hier mag es genügen, eines der bekannteren Beispiele anzuführen.

Nachdem Papst Innozenz III. im Jahre 1209 den «Kreuzzug» gegen die «albigensischen Häretiker» ausgerufen hatte, zog das katholische Heer, von dem päpstlichen Legaten Abt Arnaud Amalric geführt, in demselben Jahr gegen die Stadt Béziers im Süden Frankreichs mit dem Ziel, alle Häretiker dort zu vernichten. Vor der Einnahme der Stadt, deren Bevölkerung nur zu einem Teil Albigenser waren, während die anderen dem orthodoxen Katholizismus anhingen, wurde dem päpstlichen Legaten die Frage gestellt, wie die Katholiken «von den Häretikern zu unterscheiden seien», worauf er antwortete: «Tuez-les tous, Dieu reconnaîtra les siens» («Tötet sie alle, der Herr wird die Seinen schon herausfinden»). Daraufhin begann ein schreckliches Blutbad, bei dem praktisch alle Bewohner der Stadt umkamen, die Stadt selbst zerstört und den Flammen preisgegeben wurde. Allein in der Kirche der Hl. Magdalena, in der viele Einwohner Schutz gesucht hatten, wurden etwa siebentausend Menschen an demselben Tag erschlagen, darunter viele Kinder, Frauen und Greise.[20]

Und doch konnte die physische Vernichtung der Katharer und Albigenser im 13. sowie der Templer im 14. Jahrhundert den hinter ihnen stehenden geistigen manichäischen Impuls nicht ersticken: «Sie alle werden ausgerottet vom äußeren physischen Plan, aber ihr inneres Leben wirkt weiter.»[21] Das geschieht nun auf eine esoterische Weise. So ist bald nach 1250, unbemerkt von der äußeren Welt, eine Frucht des noch von Mani im 4. Jahrhundert einberufenen Konzils der führenden christlichen Eingeweihten des Abendlandes die Begründung der Rosenkreuzerströmung, die vieles von der manichäischen Weisheit wie auch von der Weisheit der Gralsmysterien des 8., 9. Jahrhunderts in sich aufnahm.[22]

Der konkrete geistige Zusammenhang und die innere Verwandtschaft dieser drei Hauptströmungen des esoterischen Christentums haben ihren Ursprung darin, dass die hohe Individualität des Mani nicht nur selbst an der Entwicklung der Gralsmysterien im 9. Jahrhundert beteiligt war, sondern auch später einer der führenden Meister der Rosenkreuzerströmung wurde.[23]

Das erklärt auch, auf welche Weise viele der manichäischen Geheimnisse in die Geisteswissenschaft oder Anthroposophie eingingen, welche die *moderne Form* der christlichen Esoterik darstellt, wie sie einst in den Gralsmysterien bestand und deren Fortsetzung an der Schwelle der Neuzeit die Rosenkreuzerströmung bildete.

Trotz alledem sprach Rudolf Steiner in seinen zahlreichen Vorträgen außergewöhnlich wenig über die eigentlichen manichäischen *Mysterien* sowie über den zu ihnen führenden Einweihungsweg. Im wesentlichen wohl aus demselben Grunde, aus dem er so selten vom Verzeihen sprach – denn auch nur die ersten Stufen auf diesem geistigen Weg bereiten dem Gegenwartsmenschen größte Schwierigkeiten. Darauf weist Rudolf Steiner im achten Vortrag über die Apokalypse: «Es wird, wenn auch in der Gegenwart dieses Prinzip des Manes sehr in den Hintergrund hat treten müssen, weil wenig Verständnis für den Spiritualismus da ist, es wird dieses wunderbar herrliche Manichäer-Prinzip mehr und mehr Schüler gewinnen, je mehr wir dem Verständnis des spirituellen Lebens entgegengehen.»[24]

Diese Worte des Begründers der Anthroposophie lassen erahnen, wie in wachsendem Maße lebensnotwendig gerade der manichäische Weg, wenigstens was seine allerersten Stufen betrifft, am Ende dieses Jahrhunderts für die Anthroposophische Gesellschaft ist, da seine Hauptaufgabe nicht nur darin besteht, «dem Verständnis des spirituellen Lebens entgegenzugehen», sondern es in der Gegenwartszivilisation real zu pflegen. Deshalb wird auch beim Übergang in das dritte Jahrtausend die Forderung vor der Anthroposophischen Gesellschaft stehen, auf diesem Wege ganz bestimmte innere Eigenschaften zu entwickeln, wenn sie danach trachtet, die ihr von ihrem Begründer gestellten hohen spirituellen Aufgaben zu erfüllen.

In unserer Zeit sind die Impulse des Bösen in der gesamten Erdenevolution so mächtig geworden – und diese Tendenz wird in der nächsten Zukunft noch wachsen –, dass die Menschheit im Ringen mit ihnen innere Kräfte braucht, die bei weitem über das hinausgehen, was man für gewöhnlich gut oder moralisch nennt. Da muss sie viel mehr jenen geistigen Prozess beherrschen, der oben «moralisches Atmen» genannt wurde und dessen Anfang das Verzeihen bildet.

Das Thema des Verzeihens ist in unserer Zeit vor allem deshalb so aktuell, weil es mit dem neuen Erscheinen des Christus im Ätherischen verbunden ist. Wenn bis heute so wenige den ätherischen Christus hellsichtig erleben konnten, so hängt das damit zusammen, dass die Kraft zu verzeihen, und das bedeutet auch der hinter ihm stehende manichäische Impuls, recht schwach nur entwickelt ist. Und umgekehrt: Wenn wir gerade im Verzeihen eine solch wichtige Bedingung für das Schauen des ätherischen Christus haben, der von unserer Zeit an – und weiter während der nächsten drei Jahrtausende – allmählich zum Herrn des Karma wird,[25] so folgt daraus, dass die Anthroposophen, denen die Schlüssel zu höheren Erkenntnissen gegeben sind und mit ihnen die Möglichkeit, bewusst auf dem Karmafeld zu arbeiten, dass diese mit besonderer Kraft die drei Eigenschaften der Toleranz und des Verzeihens zu entwickeln suchen sollten, sowie die Fähigkeit, das Karma des anderen zu tragen. Denn nur, wenn diese drei wahrhaft manichäischen Eigenschaften und die auf ihnen begründete «moralische Substanz» vorhanden sind, wird die Anthroposophische Gesellschaft das innere Recht haben, die Menschheit zur Entscheidung in den wichtigsten Gegenwartsproblemen zu führen: dem Problem des Ich, dem sozialen Problem und dem Problem des Bösen.

VIII
Der manichäische Impuls im Leben Rudolf Steiners

Schon beim flüchtigen Lesen der Beschreibung, die Rudolf Steiner in seiner Autobiographie *Mein Lebensgang* von seiner Jugend gibt, fallen der Reichtum und die Verschiedenartigkeit seiner Bekanntschaften und die Fülle seiner freundschaftlichen Beziehungen auf. Er verkehrte damals in den verschiedensten Kreisen, deren Mitglieder oftmals nichts miteinander gemein hatten.

Nehmen wir zum Beispiel sein Leben in Wien am Ende der achtziger Jahre. Dort befreundet er sich mit dem Goetheforscher Karl Julius Schröer, ist oftmals bei der Dichterin Marie Eugenie delle Grazie zu Gast, ebenso wie auch bei Professoren der katholischen theologischen Fakultät. Später wird er dann mit einem kleinen Kreis von Persönlichkeiten bekannt, die sich für die Theosophie interessieren und sich um Marie Lang gruppieren, und durch diese mit Rosa Mayreder, in deren Umgebung sich eine geistig freie Atmosphäre gebildet hatte, wo auch intensiv nach der rechten Stellung und Bedeutung der Frau im Leben der Gesellschaft gesucht wurde. Zur gleichen Zeit aber stand er im Briefwechsel mit dem Philosophen des Unbewussten, Eduard von Hartmann, und wurde schließlich mit ihm persönlich bekannt.

Nach seinem Umzug nach Weimar erweiterte sich dann der Kreis von Rudolf Steiners Bekanntschaften nochmals. Hier ist die Begegnung mit dem Naturwissenschaftler Ernst Haeckel, dem Philosophen Friedrich Nietzsche, dem Literaturwissenschaftler Herman Grimm und dem überzeugten Anarchisten Henry Mackay von besonderer Bedeutung. Welche markanten, ihrer inneren Überzeugung nach jedoch so unterschiedlichen Menschen! Und schließlich erlangt die Entwicklung des äußeren Kreises seiner

Bekanntschaften ihren Höhepunkt in Berlin, wohin Rudolf Steiner im Jahre 1897 als Redakteur zweier Zeitschriften und Mitglied der «Freien Literarischen» und der «Dramatischen Gesellschaft» umzieht. Nun umfasst Rudolf Steiners Bekanntenkreis fast das ganze Spektrum des damaligen Geisteslebens Deutschlands, bis hin zu dem extremen Individualismus von Max Stirner und den direkten Kontakten mit der Arbeiterklasse in Berlin (von 1899 bis 1904 erteilte Rudolf Steiner an der Arbeiterschule von Karl Liebknecht in den verschiedensten Fächern Unterricht).

Wie aber war die innere Einstellung Rudolf Steiners, die es ihm erlaubte, sich unter so verschiedenartigen Menschen, unter oftmals absolut gegensätzlichen Richtungen, Gedanken und Strömungen «wie zu Hause»[1] zu fühlen? Diese Frage beantwortete er selbst mit den Worten: «Aber ich war niemals geneigt, dem, was mir als groß erschien, meine Bewunderung und mein Interesse zu versagen, auch wenn es mir inhaltlich ganz widerstrebte. Ja, ich sagte mir: solche Gegensätze in der Welt müssen irgendwo doch ihre Harmonie finden. Und das machte mir möglich, verständnisvoll dem Widerstrebenden so zu folgen, als ob es in der Richtung meiner eigenen Seelenverfassung läge.»

Dieses verständnisvolle Sich-Einleben in ihm selbst fremde Weltanschauungen, von der katholischen bis zur marxistischen, von der goetheschen bis zur anarchistischen, war ihm nicht nur in der Jugend zu eigen, sondern er erzog es sich auch weiterhin konsequent und bewusst in dem Maße an, in dem er selbst in seiner inneren Entwicklung voranschritt, die wiederum eine Folge seines immer stärkeren Hineinwachsens in die geistige Welt war: «Denn heimisch fühlte ich mich nur in der angeschauten geistigen Welt, und ‹wie zu Hause› konnte ich mich in *jeder* anderen fühlen.» Dank dieser ganz ursprünglichen «Beheimatung» in der geistigen Welt vermochte Rudolf Steiner auch die Weltansichten anderer Menschen als eine Art Abbilder ein und desselben Gegenstandes, die nur von verschiedenen Seiten, von unterschiedlichen Ausgangspunkten aus entstanden waren, in jeder Lage zu erleben. Dagegen wurde das *Wesen* des Gegenstandes von ihm selbst unmittelbar übersinnlich geschaut, so dass er die *relative* Berechtigung auch der fremdesten Anschauung erkennen konnte: «Wer aber eine Welt der *Anschauung* hat, wie sie die geistige sein *muss*, der *sieht* die Berechtigung der verschiedensten Standpunkte.»[2] So konnte Rudolf Steiner auch später mit Recht in seinen anthroposophischen Vorträgen, nachdem er durch diese Erfahrung persönlich hindurchgegangen war, von zwölf Standpunkten sprechen, von denen aus alles in der Welt zu betrachten ist, wenn ein allseitiges, objektives Urteil gefunden werden soll.

Und aus dieser Grundeinstellung ergaben sich auch die Beziehungen, die Rudolf Steiner nicht nur zu den verschiedenen Weltanschauungen, sondern auch zu den *Menschen* einnahm, die diese vertraten: «Meine Beobachtungsgabe stellte sich darauf ein, dasjenige ganz objektiv, rein in der Anschauung hinzunehmen, was ein Mensch darlebte. Mit Ängstlichkeit vermied ich, Kritik zu üben an dem, was die Menschen taten, oder Sympathie und Antipathie in meinem Verhältnis zu ihnen geltend zu machen: ich wollte den Menschen, wie er ist, einfach auf mich wirken lassen.»[3] Dieses Verhalten des jungen Rudolf Steiner gegenüber *allen* Menschen, die ihm begegneten, kann man mit vollem Recht das direkte Ergebnis seiner Selbsterziehung zur *Toleranz* nennen; zudem zur Toleranz nicht nur im allgemein moralischen Sinne, sondern auch im konkret okkulten. Denn Rudolf Steiner «fand bald heraus, dass ein solches Beobachten der Welt wahrhaft in die geistige Welt hineinführt». Später nannte er dann diesen Weg den «Gedankenweg» zu dem Christus.

Da aber Rudolf Steiner von Kindheit an die Gabe des Hellsehens besaß und infolgedessen in der nächsten geistigen Welt intensiver lebte als in der ihn umgebenden physischen,[4] war es notwendig für ihn, sich eine bei weitem schwerer zu erringende und höhere seelische Fähigkeit zu erwerben – diejenige, deren Betrachtung diese Arbeit gewidmet ist –, die Fähigkeit zu *verzeihen*. Den Beginn des bewussten Erarbeitens derselben können wir etwa in der Zeit vom achtzehnten bis zum einundzwanzigsten Lebensjahr Rudolf Steiners (1879 – 1882) annehmen, als seine Fähigkeit, hellsichtig in die geistige Welt einzudringen, die Stufe erreicht hatte, die man als das erste bewusste Erleben des höheren Ich sowohl bei sich selbst als auch bei anderen Menschen bezeichnen kann oder der «geistigen Individualität», deren Leben sich über die Grenzen von Geburt und Tod erstreckt.[5] Rudolf Steiner spricht darüber in seiner Autobiographie auf die folgende Weise: «Aber ich schaute doch eine geistige Welt *als Wirklichkeit*. Mit aller Anschaulichkeit offenbarte sich mir an jedem Menschen seine geistige Individualität. Diese hatte in der physischen Leiblichkeit und in dem Tun in der physischen Welt nur ihre Offenbarung. Sie vereinte sich mit dem, was als physischer Keim von den Eltern herrührte. Den gestorbenen Menschen verfolgte ich weiter auf seinem Wege in die geistige Welt hinein.»[6]

Als Rudolf Steiner dann einmal versuchte, einem seiner Lehrer aus der Realschule davon zu schreiben, umging derselbe in seiner Antwort dieses Thema mit Schweigen. «Und so», fährt Rudolf Steiner fort, «ging es mir damals überall mit meiner Anschauung von der geistigen Welt. Man wollte von ihr nichts hören.» Ähnlich war es dann in den folgenden Jahren: «Ich fand damals [in der Mitte der achtziger Jahre] niemanden, zu dem ich von diesen Anschauungen hätte sprechen können.» Das führte zu der großen Einsamkeit, die Rudolf Steiner seit seiner frühen Kindheit zu ertragen hatte und die, nach seiner eigenen Aussage, auf seiner Seele «lastete»: «Ich musste, was mit meinen Anschauungen vom Geistigen zusammenhing, ganz allein mit mir abmachen. Ich lebte in der geistigen Welt; niemand aus meinem Bekanntenkreise folgte mir dahin. Mein Verkehr bestand in Exkursionen in die Welten der anderen.»

Dem, was Rudolf Steiner durch seine geistige Einsamkeit litt, ist noch hinzuzufügen, dass er es, während er sich in den übersinnlichen Welten in das Wesen des höheren Ich einlebte, jedes mal, wenn er in die physische Welt zurückkehrte, fast ausschließlich mit

Menschen zu tun hatte, deren Bewusstsein nur auf der Ebene des gewöhnlichen, alltäglichen Ich wirkte und die folglich weder etwas wissen noch hören wollten von der Existenz und den Erfahrungen des höheren Ich. Anders gesagt, Rudolf Steiner musste bei jeder «Rückkehr» aus der geistigen Welt und dem Eintreten in die irdische Welt jene Polarisierung und Spaltung zwischen dem höheren und niederen Ich real durchleben, von denen im IV. Kapitel ausführlich gesprochen wurde. Und diese quälende Dissonanz, dieser unerträgliche Widerspruch, die dabei jedes mal für Rudolf Steiner eintraten und die ihm immer wieder nicht nur völlige Einsamkeit, sondern auch stärkstes inneres Leiden einbrachten, einer inneren «Geißelung» vergleichbar, die ihn jedes mal beim Kontakt mit der Sphäre des niederen Ich der ihn umgebenden Menschen überfielen, diesen Widerspruch konnte er nur durch ein ständiges Verzeihen des Unverständnisses überwinden, das ihm seine Umgebung entgegenbrachte.

«Das war meine ‹Einsamkeit› damals in Weimar, wo ich in einem so ausgebreiteten geselligen Verkehre stand. Aber ich schrieb es nicht den Menschen zu, dass sie mich so zur Einsamkeit verurteilten.» In diesen Worten Rudolf Steiners aus seiner Autobiographie ist besonders der letzte Satz ein unmittelbarer Hinweis auf den Prozess des Verzeihens, den er ununterbrochen vollziehen musste, schon von früher Jugend an. Denn ohne die Fähigkeit zu Verzeihen wäre das Leben des Eingeweihten inmitten der zum größten Teil materialistisch gesonnenen Menschen heute einfach unmöglich. (Im III. Kapitel wurde am Beispiel von Christian Rosenkreutz und seiner Beziehung zu den Menschen dieses Problem bereits eingehend betrachtet.)

Schließlich kann man in der Zeit von Rudolf Steiners Leben, bevor er als geistiger Lehrer auftrat, auch eine ganze Reihe von Handlungen finden, welche der *dritten* Stufe des von uns beschriebenen Weges entsprechen: die Teilnahme am Karma eines anderen Menschen, die in einzelnen Fällen bis zum Auf-sich-Nehmen des fremden Karma – wenn auch nur bis zu einem gewissen Grade – ging.

Hier sollen einige Beispiele angeführt werden. Die zwei ersten sind mit Nietzsche und Haeckel verbunden. Mit ihnen kam Rudolf Steiner zwei der bedeutendsten Vertreter der modernen Weltanschauung nahe. Den ersten hat er noch auf seinem Krankenlager besucht, den zweiten an dessen 60. Geburtstag kennengelernt, und er erlebte das geistige Wesen beider. Und wenn einerseits der Materialismus von Haeckel und das kämpferische Antichristentum des späten Nietzsche seiner eigenen Weltanschauung völlig fremd waren, denn diese entsprang geistigem Schauen, so ermöglichte ihm doch andererseits das Wahrnehmen der so wichtigen, wenn auch einseitig ausgeprägten Impulse der Epoche *durch* sie, diese Impulse nicht nur äußerlich aufzunehmen, sondern sich im okkulten Sinne bis zu ihren Grundlagen mit ihnen zu verbinden, um so die Möglichkeit zu schaffen, sie von innen umzuwandeln und damit eine feste, auf sicherem Grund erbaute Brücke aufzurichten, die von der Wissenschaft von der Natur zur Wissenschaft vom Geiste führt.

So fasste Rudolf Steiner im Falle von Nietzsche und Haeckel den Entschluss, sich bewusst mit deren Karma zu verbinden, um dadurch die Möglichkeit zu erlangen, diese zwei Richtungen wiederum zum Geiste hinzulenken.[7] Denn nur dadurch, dass er ihr Schicksal und ihre Weltanschauung real miterlebte, konnte er mit eigenen Augen sowohl die Tiefe des Abgrunds sehen und erkennen, vor dem sich die Menschheit am Ausgang des Kali-Yuga befand, als auch die Notwendigkeit, ihn auf dem Weg zu der neuen lichten Epoche zu überwinden.

Seine Bücher *Friedrich Nietzsche, ein Kämpfer gegen seine Zeit* (1895) und *Haeckel und seine Gegner* (1900) bildeten die Früchte dieser Erfahrungen. In beiden Arbeiten wies Rudolf Steiner auf die Bedeutung und das Zukunftsweisende, das in ihrer Weltanschauung potentiell enthalten ist und das deshalb der weiteren Menschheitsentwicklung nicht verloren gehen sollte. Diese Teilnahme an deren Karma machte jedoch Rudolf Steiner selbst in den Augen seiner zahlreichen Feinde und der zahlreichen ihm missgünstig Gesonnenen über viele Jahre für die einen zu einem materialistischen Haeckelianer und für die andern zu einem nihilistischen Nietzscheaner. Und trotzdem trug er auch weiterhin bis an das Ende seines Lebens und so faktisch während seines ganzen Wirkens als okkulter Lehrer dieses Karma und bemühte sich, es durch die von ihm entwickelte *Geistes*-Wissenschaft zu erhellen und zu vergeistigen.[8]

Ein weiteres und wohl ganz besonders anschauliches Beispiel ist die besondere, weit in die Vergangenheit hineinreichende Verflechtung des Schicksals von Rudolf Steiner mit dem seines Lehrers Karl Julius Schröer. Dank ihrer Begegnung und der daraus resultierenden freundschaftlichen Beziehung offenbarte sich Rudolf Steiner mit aller Klarheit, dass es die zentrale Schicksalsaufgabe von Schröer war, die naturwissenschaftlichen Werke Goethes wieder aufleben zu lassen und einem breiten Publikum am Ende des 19. Jahrhunderts vorzustellen. Mehr noch, die Erfüllung dieser Aufgabe, welche die Verbindung der ganzen Fülle des spirituellen Platonismus, die er in seiner Seele trug, mit der Intellektualität des modernen wissenschaftlichen Denkens in der vergeistigten Form, wie sie in Goethe lebte, von ihm forderte, hätte als Grundlage des zukünftigen Gebäudes der Anthroposophie dienen können.[9]

Das geschah jedoch nicht. Schröer vermochte, trotz seines Interesses für Goethe und seiner Liebe zu ihm, keinen Zugang zu dessen naturwissenschaftlichen Schriften zu finden. Und da fasste Rudolf Steiner den Entschluss, diese Aufgabe für Schröer zu erfüllen, einen Teil von dessen Karma auf sich zu nehmen und damit die Erfüllung seiner eigenen Aufgabe für viele Jahre bewusst hinauszuschieben. «Ich entschloss mich damals, Schröers Schicksal als mein eigenes zu leben unter Verzicht auf das Ausleben meines eigenen Schicksalsweges»[10] – das vertraute Rudolf Steiner Walter Johannes Stein im April 1922 in Den Haag an.

Auch lassen sich Elemente einer inneren Beteiligung an dem

Karma Robert Hamerlings und Ludwig Jakobowskis in den Beziehungen von Rudolf Steiner zu diesen Dichtern und später zu ihrem literarischen Erbe erahnen. Ebenso taucht dieses Motiv in dem Privatleben Rudolf Steiners auf, besonders bei dem Entschluss, die Erziehung der Kinder der Familie Specht in Wien und der Familie Eunike in Weimar auf sich zu nehmen.

In noch größerem Maße wurde die Entwicklung dieser drei Eigenschaften von Rudolf Steiner nach seinem Eintritt in die Theosophische Gesellschaft gefordert, der auf den Vorschlag der letzteren erfolgte, ihre deutsche Sektion zu führen.

Man muss sich nur einmal in aller Deutlichkeit den Kontrast zwischen Rudolf Steiner, dem Verfasser der *Philosophie der Freiheit* mit ihrer Höhenluft voller Freiheit und reiner Geistigkeit, erfüllt von höchster spiritueller Aktivität, vorstellen und der passiven, träumerisch-mystischen Atmosphäre, die damals in der Theosophischen Gesellschaft herrschte. Diese schwere, zeitweilig geradezu abstoßende Stimmung empfand Friedrich Rittelmeyer deutlich schon beim ersten Male und beschrieb sie später in seinen Erinnerungen an Rudolf Steiner: «Als ich in den Saal trat, überraschte mich die Stimmung. Die Menschen empfand ich großenteils als recht fremd. Ein gewisser Typus von passiver, genusssüchtiger Geistigkeit machte mir sehr zu schaffen. Besonders wenn ich Männer mit langen Haaren sah, war es mir zum Davonlaufen. Später wurde dies alles ja bedeutend besser, als die ‹theosophischen› Eierschalen abgelegt waren und als Rudolf Steiner immer mehr wissenschaftlich denkende Menschen an sich heranzog. Er litt wohl unter vielem in jenen früheren Jahren.»[11]

Um in einer solchen Umgebung leben und arbeiten zu können, wurde wahrhaftig sehr viel *Toleranz* von Rudolf Steiner gefordert. Darauf hat er selbst zu Beginn seiner Tätigkeit im Rahmen der Theosophischen Gesellschaft mit den Worten gewiesen: «Ich möchte am liebsten ganz *positiv* in meiner Tätigkeit sein … in *allem* positiv sein.»[12] Wahre Positivität setzt aber absolute Toleranz gegenüber allen menschlichen Äußerungen in der eigenen Umgebung voraus.

Eine weitere Schwierigkeit bestand darin, dass die Theosophische Gesellschaft, schon seit der Zeit ihrer Gründerin, H. P. Blavatsky, völlig zur östlich-indischen Weisheit hin ausgerichtet war, verbunden mit einer hochmütig-verächtlichen Haltung gegenüber dem Christentum als der letzten und demzufolge niedrigsten Stufe der Geistesentwicklung der Menschheit. Das alles war selbstverständlich Rudolf Steiner im Innersten fremd. Und trotz alledem fasste er mit voller Verantwortlichkeit den Entschluss, sein Schicksal mit dem der Theosophischen Gesellschaft zu verbinden. Der Grund war, dass ihre Begründung im Jahre 1875 zunächst einen «westlichen» Charakter hatte und eine ganze Reihe von Wahrheiten in dem ersten Werk Blavatskys, der *Entschleierten Isis,* «von den großen Initiierten des Westens, die auch die Initiatoren der Rosenkreuzerweisheit sind ..., inspiriert waren».[13]

Die eigentliche Aufgabe Rudolf Steiners in diesem Zusammenhang war es, zu versuchen, dass die theosophische Bewegung wieder zu ihrem geistigen Ausgangspunkt und das heißt auch zu ihrer menschheitlichen Aufgabe zurückkehren möge, wohingegen diese dem einseitigen Einfluss sowie den Gruppeninteressen östlicher Okkultisten verfiel und schließlich zum Ort verschiedener spiritistischer Experimente wurde. Eine Vielzahl früher Vorträge Rudolf Steiners zeugt davon.

Man kann nur mutmaßen, wie viel Leiden die Verbindung und Arbeit mit der Theosophischen Gesellschaft Rudolf Steiner brachte. So bezeichnete er selbst die «theosophische» Epoche seines Wirkens als «Martyrium».[13a] Da er aber einmal «ja» gesagt hatte, beabsichtigte er auch später nicht, aus eigenem Willen aus der Theosophischen Gesellschaft auszuscheiden, sondern hielt es für seine Pflicht, weiter in ihr zu arbeiten, und er machte alle Anstrengungen, ihre Entwicklung in die rechte Richtung zu lenken. Erst die immer stärker werdenden Angriffe und dann die von Annie Besant ausgestreuten Verleumdungen als Antwort auf seine prinzipielle Position in der Alcyone-Affäre – die mit seinem offiziellen Ausschluss aus der Gesellschaft endete –, machten den weiteren Verbleib und die Arbeit in ihr für Rudolf Steiner unmöglich. So ist es eine Tatsache, dass nicht er selbst, sondern die Leitung der Gesellschaft die Verbindung abgerissen hat.[14]

Trotz alledem hat die Anthroposophische Gesellschaft die Folgen der Beteiligung am Karma der Theosophischen Gesellschaft bis zum heutigen Tage zu tragen. Denn viele außenstehende Menschen, und nicht nur Feinde, verwechseln beharrlich, obwohl Rudolf Steiner auch innerhalb der Theosophischen Gesellschaft von Anfang an unbeirrbar nur in der anthroposophischen Richtung arbeitete, bis heute die in der Anthroposophie vertretene zentrale Strömung des esoterischen Christentums mit der östlich orientierten Theosophie von Blavatsky und Besant, so dass sie die Anthroposophie immer wieder zu den «nichtchristlichen» Strömungen der Neuzeit zählen. Das sind die Folgen der Teilnahme an dem schweren Karma der Theosophischen Gesellschaft durch Rudolf Steiner, der Gesellschaft, die den Impuls, der allein sie hätte retten können, nicht annahm, mehr noch, ihn abwies.

Beeindruckend ist jedoch die ungewöhnliche Bereitschaft zu *verzeihen*, die Rudolf Steiner gerade in der Zeit seiner öffentlichen Hinwendung zur Theosophie zeigte. Musste er sich doch, nachdem er sich zu Anfang des Jahrhunderts einen Namen als Goetheanist, Philosoph, Schriftsteller, Journalist und Kritiker errungen hatte, indem er ins Lager der Theosophen überwechselte, faktisch von seiner ganzen Vergangenheit lossagen, auch von fast allen menschlichen Beziehungen. Denn die überwiegende Mehrzahl seiner früheren Freunde und Bekannten wollte ihm nicht nur nicht folgen, sondern war auch nicht gewillt, die alten freundschaftlichen Beziehungen zu ihm aufrecht zu erhalten, in der Mehrzahl der Fälle aus Furcht, sich durch die Verbindung mit «Theosophen», «Okkultisten», «Hellsehern» zu kompromittieren, oder einfacher, weil sie seinen Schritt nicht verstanden.

So schrieb zum Beispiel Ernst Haeckel, als er, nach einer längeren Reise zurückgekehrt, von diesem Schritt hörte, auf die Korrespondenz mit Rudolf Steiner: «Ist inzwischen Theosoph geworden» – und brach alle Beziehungen mit ihm ab. Und viele von seinen früheren Freunden verhielten sich genauso. Trotzdem verzieh Rudolf Steiner, ungeachtet des ihm zugefügten Schmerzes, all denen, die sich so von ihm abgewandt hatten. Mehr noch, er verzieh später auch all denen, die ihn verfolgt und noch innerhalb der Theosophischen Gesellschaft verleumdet hatten, als sie anerkanntermaßen lügenhafte Gerüchte, er sei ein «Jesuitenschüler» oder ein «deutscher Spion», innerhalb und außerhalb der Theosophischen Gesellschaft verbreiteten. Es genügt, in seiner Autobiographie die Charakteristik zu lesen, die er dort von Annie Besant gibt, wo er ihre Verdienste und offenkundigen Fähigkeiten betont, die ihm zugefügten Leiden aber nicht erwähnt, um sie von seiner Fähigkeit, Verzeihen zu üben, wirklich zu überzeugen.

Äußerungen der Toleranz und des Verzeihens kann man in wachsendem Maße auch weiterhin in Rudolf Steiners Leben finden. Im III. Kapitel wurde bereits eine ganze Reihe solcher Beispiele aufgeführt, wie er den Anthroposophen verzieh, dass die Bewegung für Dreigliederung des sozialen Organismus missglückte, ebenso die beiden Hochschulkurse 1920 und 1921; sein Verzeihen für das sogenannte «Stuttgarter System» und, vor allem, sein unentwegtes Verzeihen für die mangelnde Achtung ihm gegenüber, wenn man ihn immer wieder um Rat fragte und diesen dann nicht befolgte, was zu wachsenden Schwierigkeiten auch in der Anthroposophischen Gesellschaft und in ihrer Beziehung zur Außenwelt führte. Und trotz alledem, überall da, «wo mangelhafte Menschen etwas verfehlten, da hatte er es immer wieder ins Rechte zu bringen».[15]

Die sich zeitweilig bis zu einer inneren «Opposition» steigernde Beziehung von Mitgliedern der Anthroposophischen Gesellschaft ihm gegenüber konnte ihn zeitweilig aber doch auch zur Verzweiflung bringen. So «wiederholte» er, nach der Aussage von Fred Poeppig, auf einer Versammlung im Glashaus 1923 «mit tief traurigem Blick mehrmals die Worte: ‹Dann bin ich nur eine *quantité négligeable* …›, worauf er den Raum verließ».[16] In anderen Fällen, die Schüler bezeugt haben, äußerte er sich noch schärfer über das Verhalten einzelner Anthroposophen ihm gegenüber.

Und trotzdem ertrug er alles und verzieh allen, ungeachtet der ihm zugefügten Schmerzen und Enttäuschungen.

Auch ist zu dem bisher Gesagten noch das sich mit den Jahren ständig verstärkende Gefühl jener inneren Kluft hinzuzufügen, die trotz aller Bemühungen Rudolf Steiners unverändert weiter bestand zwischen dem, was er selbst während der Vorträge als neue Weisheit und höhere Erkenntnis unmittelbar aus den geistigen Welten, aus Bereichen herbeitrug, die jenseits der Schwelle liegen, in die er immer wieder aufs Neue mit seinem höheren Ich aufstieg – und dem größtenteils recht alltäglichen, irdischen Bewusstsein seiner Hörer. Besonders stark zeigte sich das am Ende seiner Vorträge. «Man spürte», so erinnert sich Friedrich Rittelmeyer, «die Tragik der Einsamkeit des großen Menschen – dem man doch nicht helfen konnte. Rudolf Steiner ließ nie eine Enttäuschung merken und trug diese Schwerfälligkeit mit gütiger Geduld.»[17] Noch stärker trat diese Polarisation in den zahllosen Fällen zutage, wo Rudolf Steiner in seinen unermüdlichen Bemühungen, dem oder jenem zu helfen, immer wieder in die Lage kam, dass «er sich an das Beste im anderen gewendet [hatte], und das Geringere in ihm hatte geantwortet». In dieser Formulierung von Friedrich Rittelmeyer ist ein Hinweis auf das vom Leben selbst hervorgerufene Problem des Gegensatzes und der Polarisierung von höherem und niederem Ich enthalten, von dem eingehend gesprochen wurde, das Problem, das nur durch einen ständigen inneren Prozess des Verzeihens gelöst werden kann.

Schließlich sind auch die Leiden, die Rudolf Steiner während seines ganzen Lebens, besonders aber in der letzten Zeit, durch die vielen Angriffe, Verleumdungen und Spöttereien der zahlreichen äußeren Feinde, der religiösen Fanatiker, der wissenschaftlichen Dogmatiker und vieler anderer zu ertragen hatte, nicht zu vergessen. Friedrich Rittelmeyer schrieb in diesem Zusammenhang: «Er litt offenbar viel schwerer, als wir wussten, darunter, dass er von den Anthroposophen nicht richtig in Schutz genommen wurde. Die Gegner begruben ihn unter Hohn und Spott, und die Anthroposophen ließen es allzu ruhig geschehen und genossen seine Vorträge. Nicht um seine Person als solche war es ihm zu tun, aber um die Auswirkung der schmählichen Gegnerangriffe auf seine Arbeit und sein Werk. Er wusste, dass die Gegner nicht umsonst gerade seine Persönlichkeit in den Schmutz ziehen, um das Werk zu vernichten. Und er sah, – dass die Anthroposophen dies nicht sahen. Sie zogen sich in die Anthroposophenburg zurück und bemerkten nicht, dass um die Burg her Feuer gelegt wurde.» Dieses unsichtbare Feuer, das schon mehrere Jahre um die geistige Burg der Anthroposophie loderte, entbrannte in der Silvesternacht 1922 auch äußerlich. Und das Goetheanum verließ mit den Flammen für immer den physischen Plan. Aber dieses tragischste Ereignis der bisherigen Geschichte der anthroposophischen Bewegung und der Anthroposophischen Gesellschaft forderte von Rudolf Steiner ein noch höheres Maß an Toleranz und Allverzeihen. Denn auch in diesem Falle hatte sich die Anthroposophische Gesellschaft, trotz einer ganzen Reihe von Warnungen und dringenden Appellen von Seiten Rudolf Steiners, nicht als ausreichend wachsam erwiesen, um den Bau geistig vor der ihn bedrohenden Katastrophe zu schützen. Darauf hat Rudolf Steiner besonders deutlich in der Sitzung des erweiterten «Dreißiger-Kreises» im Januar 1923, drei Wochen nach dem Brand, hingewiesen. Nachdem er dort zunächst von der Notwendigkeit gesprochen hatte, «die Gesellschaft zu konsolidieren», sagte er sodann über das erste Goetheanum: «Denn in einem gewissen Sinne fehlte im Dornacher Bau, der laut zur ganzen Welt sprach, der Hintergrund der schützenden Anthroposophischen Gesellschaft. Die Anthroposophische Gesellschaft verfiel im Grunde genommen von dem Moment an, wo man den Bau begann.»[18]

«Zehn Jahre … ein Trümmerhaufen» – diese Worte Rudolf Steiners aus seinem Notizbuch vom 22. Januar 1923 geben in ihrer lapidaren Tragik vielleicht am genauesten seine eigene Stimmung nach dem Brand wieder. Doch ist die Tragik des Brandes für ihn selbst damit noch nicht voll erfasst. Denn mit dem Goetheanum, diesem ungewöhnlichen Bau, der eine für äußere Augen sichtbare Offenbarung des Wesens «Anthroposophia» selbst sein sollte, ein «Haus des Wortes», aus dessen Ätherkräften es entstanden war, war Rudolf Steiner als sein Schöpfer nicht nur äußerlich, sondern tief karmisch verbunden. Hatte er doch für sein Entstehen einen Teil der eigenen Ätherkräfte hingegeben, die auf geheimnisvolle Weise mit dem Ätherwesen des Baues verflochten waren. Und so erwies sich der Brand auch als ein schwerer Schlag für seinen eigenen Ätherleib.[19]

In diesem Zusammenhang schrieb er an Marie Steiner in einem Brief: «M. l. M., ich sagte Dir ja schon vor längerer Zeit, wie seit Januar 1923 die Verbindung der höheren Glieder meiner Wesenheit mit meinem physischen Körper nicht mehr voll war; ich verlor gewissermaßen im Leben im Geistigen den unmittelbaren Zusammenhang mit meiner physischen Organisation. Nicht mit der physischen Welt.»[20] So vermochte die Anthroposophische Gesellschaft, da sie dem ersten Goetheanum nicht den notwendigen geistigen Schutz geben, es nicht bewahren konnte, auch nicht, den Ätherleib ihres Lehrers zu beschützen. Doch trotz alledem vergab Rudolf Steiner auch bei dieser Prüfung den Mitgliedern. Mehr noch, er nahm persönlich, gemeinsam mit Albert Steffen, am Begräbnis des Menschen teil, der als einziger bei dem Brand umgekommen war und der ihn allem Anscheine nach gelegt hatte.

«Wie eine einzige offene Wunde sei er in jenen Zeiten gewesen», diese Worte eines Anthroposophen zitiert Friedrich Rittelmeyer, um den Eindruck zu schildern, den Rudolf Steiner in den letzten Jahren seines Lebens auf ihn machte. Dann fährt er in seinen Erinnerungen fort: «Von da aus mag man auf die abgeklärte Ruhe und Güte blicken, in der er seinen *Lebensgang* schrieb.»[21] Und tatsächlich, wir finden keinen Schatten der Enttäuschung, der Bitterkeit oder des Vorwurfs gegenüber wem auch immer in dieser Lebensbeschreibung, die von einer Atmosphäre tiefsten Wohlwollens und hellster Dankbarkeit allen Menschen gegenüber erfüllt ist, denen er im Leben begegnete, und allen Ereignissen gegenüber, die er erlebte.

Der österreichische Schriftsteller Max Hayek, der Rudolf Steiner im Sommer 1922 besuchte, der sich für die Anthroposophie interessierte und mehrfach an öffentlichen Vorträgen Rudolf Steiners teilgenommen hatte, schilderte seinen Eindruck von der Begegnung mit ihm mit den Worten: Er war ein «Leidensvoller auf der Erde, ein Märtyrer des Geistes, ein Kreuzträger».[22]

Das Jahr 1923 nach dem Brand war in vieler Hinsicht nicht nur für die Anthroposophische Gesellschaft, sondern auch für Rudolf Steiner das kritischste. Wie schon im III. Kapitel dargestellt, dachte er zu jener Zeit nicht nur einmal ernsthaft daran, die Gesellschaft mit einer kleinen Gruppe von treuen und fortgeschritteneren Schülern zu verlassen. Das geschah jedoch nicht. Er entschloss sich dagegen, trotz der wachsenden «inneren Opposition» ihm selbst und seinen Aufgaben gegenüber, sich restlos mit ihr zu verbinden.[23] Den endgültigen Entschluss fasste er jedoch nur wenige Wochen vor dem Beginn der Weihnachtstagung.

So war die Durchführung der Weihnachtstagung und damit die geistige Erneuerung der anthroposophischen Bewegung sowie die Begründung der neuen Mysterien auf der Erde nur dank einem *höchsten Akt des Verzeihens* von Seiten Rudolf Steiners möglich, der allen Mitgliedern der Gesellschaft, einschließlich der Opposition, *alles* verzieh angesichts dessen, der die Worte gesprochen hatte: «Siehe, Ich mache alles neu!» (Off. 21,5). Nur infolge dieses Schrittes erlangte Rudolf Steiner die Möglichkeit, die Verkörperung des anthroposophischen Impulses auf der Erde mit bis dahin einmaliger Kraft und Direktheit zu beginnen, eines Impulses, der sich unmittelbar durch die neuen Offenbarungen aus der geistigen Welt ergoss.

Man kann sagen, dass Rudolf Steiner mit dieser Tat die Forderung des großen Hüters der Schwelle, welche er in seinem Buch

Wie erlangt man Erkenntnisse der höheren Welten?[23a] fast zwanzig Jahre vor der Weihnachtstagung beschrieb, im höchsten Sinne erfüllte. Dort heißt es: «Entschließt er [der Geistesschüler] sich, den Forderungen der höheren Lichtgestalt zu folgen, dann wird er beitragen können zur Befreiung des Menschengeschlechts. Er bringt seine Gaben dar auf dem Opferaltar der Menschheit … Stellt er ihr seine Arbeit … zur Verfügung, so geschieht es mit dem Verzicht, aus der Stätte seines ferneren Wirkens selbst für sich noch etwas zu holen … Was der Mensch in den höheren Regionen des Übersinnlichen erhalten wird, ist nichts, was zu ihm kommt, sondern lediglich etwas, das von ihm ausgeht: die Liebe zu seiner Mitwelt.»

Aus dieser reinen «Liebe zu seiner Mitwelt» stellte Rudolf Steiner auch in der tiefsten esoterischen Bedeutung dieses Wortes die Weihnachtstagung in die Welt.

Fast das ganze Jahr 1923, das der Weihnachtstagung voranging, war Rudolf Steiner mit der Begründung nationaler Gesellschaften überall in Europa beschäftigt, damit sich diese dann zu Weihnachten zur Allgemeinen Anthroposophischen Gesellschaft zusammenschließen könnten, die in ihren einzelnen Abzweigungen die Menschheit repräsentieren, gleichsam ein Abbild derselben im Kleinen darstellen sollte.

Damit nahm Rudolf Steiner, sich mit *dieser* Gesellschaft zu Weihnachten 1923 bis hin zu seinem eigenen Karma verbindend, einen Teil des *Karma der Gegenwartsmenschheit* auf sich. Wenn bis zur Weihnachtstagung eine solche Verbindung auf karmischer Ebene nur mit seinen verschiedenen Schülern und mit den kleinen Gruppen von Mitgliedern der von ihm 1904 gegründeten und bis 1914 arbeitenden esoterischen Schule bestand, so handelte es sich nun um eine große Weltgesellschaft, deren Aufgabe es war, den anthroposophischen Impuls vor allen Menschen und zugleich diese vor der geistigen Welt und dem neuen Zeitgeist zu vertreten. Und diese Verbindung mit der neugegründeten Gesellschaft auf karmischer Ebene erlaubte es Rudolf Steiner, schon während der Weihnachtstagung, in den Abendvorträgen, den anwesenden Anthroposophen sein eigenes Karma zu enthüllen und später, im Laufe der Karmavorträge des Jahres 1924, auch *ihr* Karma, im Zusammenhang mit dem Karma der Anthroposophischen Gesellschaft und der übersinnlichen Michael-Strömung.

In diesem Geiste wurde auch der Gründungsvorstand von Rudolf Steiner auf der Weihnachtstagung berufen, in dem die hauptsächlichen geistigen, in ihrer Gesamtheit die innere Gestalt der Anthroposophischen Gesellschaft bildenden Strömungen ihre Vereinigung, Versöhnung und höchste Synthese finden sollten. Das war der sogenannte «Vorstandsgedanke», der Vorstand als esoterische Einrichtung: Die Vereinigung *aller* karmischen Strömungen, die mit der anthroposophischen Bewegung verbunden sind, auf der Grundlage und im Geiste der Weihnachtstagung. Marie Steiner brachte das folgendermaßen zum Ausdruck: «Die tiefste Esoterik könnte darin bestehen, bisher divergierende frühere geistige Strömungen in einigen ihrer Repräsentanten jetzt zum harmonischen Ausgleich zu bringen.»[24] Die hier angesprochene geistige Aufgabe ist noch heute die Hauptaufgabe des Vorstands am Goetheanum, und nur ihre Erfüllung kann es ihm ermöglichen, auch esoterisch zu wirken, das heißt ein «esoterischer Vorstand» zu sein.

Dieses opfervolle Tragen des Karma der *Allgemeinen* Anthroposophischen Gesellschaft und damit die Beteiligung am Tragen des Karma der ganzen Menschheit erwies Rudolf Steiner abermals und im tiefsten Sinne als den nächsten Mitarbeiter von Christian Rosenkreutz. Davon zeugt das imaginative Bild, das Rudolf Steiner bald nach der Weihnachtstagung Ita Wegman als Antwort auf ihre Frage nach seiner Beziehung zu Christian Rosenkreutz gab: ein Altar in der geistigen Welt, neben dem auf der einen Seite Christian Rosenkreutz mit blauer Stola steht und auf der anderen Rudolf Steiner mit roter Stola. Im Zusammenhang mit dem Thema der vorliegenden Arbeit kann dieses Bild auf die folgende Weise verstanden werden: Der Opferaltar im Zentrum als das Symbol des Christus, der, als Herr des Karma, das Karma der ganzen

Menschheit trägt, und rechts und links von ihm zwei seiner größten menschlichen Helfer bei diesem Tun. Denn so wie Christian Rosenkreutz in seinem Dienen und seiner Nachfolge Christi teilhat am Tragen des Karma der Menschheit, indem er all das auf sich nimmt, was karmisch aus deren geistiger Passivität in Bezug auf die geistige Welt erfließt, so nimmt Rudolf Steiner seit der Weihnachtstagung die andere Seite dieses Prozesses auf sich, das sind die karmischen Folgen des ungereinigten und ungeläuterten Strebens nach der geistigen Welt, des noch von persönlichen Ambitionen und egoistischen Wünschen erfüllten. Konkret äußerten sich die Folgen solcher egoistischer Beziehungen zur geistigen Welt bei vielen Mitgliedern der Anthroposophischen Gesellschaft als okkulte Rückschläge, die Rudolf Steiner sogleich nach der Weihnachtstagung, ja sogar während derselben trafen.

Nur ein einziges Mal, und da auch in einer unpersönlichen Form, wies er auf die Tragik seiner Lage hin. Das geschah bei den «Gedenkworten», die er am 3. Mai 1924 in Dornach der gerade verstorbenen Edith Maryon, seiner Schülerin und Mitarbeiterin, widmete. Diese Worte sollen, trotz ihrer Länge, wegen ihrer Bedeutung hier zitiert werden: «Und sehen Sie, Sie müssen sich schon, wenn Sie im rechten Sinne mitmachen wollen, namentlich dasjenige mitmachen wollen, was die anthroposophische Bewegung seit der Weihnachtstagung geworden ist, in diesen Gedanken hineinfinden, was es heißt, vor der geistigen Welt die anthroposophische Bewegung zu verantworten. … Natürlich, bei den Menschen, die in der anthroposophischen Bewegung sind, kommen mannigfaltige persönliche Dinge zum Ausdruck. Dasjenige, was auf der Erde als Persönliches vertreten wird, das ist, wenn es sich vermischt mit dem, was gerade für die anthroposophische Sache geschehen soll, ein Element, das der geistigen Welt gegenüber, wenn es persönlich bleibt, nicht zu verantworten ist. Und welche Schwierigkeiten erwachsen dem, der irgend eine Sache vor der geistigen Welt verantwortungsvoll zu vertreten hat, wenn er zuweilen mitzubringen hat mit dem, was er zu verantworten hat, das, was aus den persönlichen Aspirationen der teilnehmenden Menschen kommt. Was das bewirkt, dessen sollten Sie sich doch ein wenig auch bewusst sein. Es bewirkt die schauderhaftesten Rückschläge von seiten der geistigen Welt heraus, wenn man der geistigen Welt in der folgenden Art gegenüberzutreten hat.

Irgend ein Mensch arbeitet mit in der anthroposophischen Bewegung. Er arbeitet mit; aber er arbeitet in das, was er mitarbeitet, persönliche Ambitionen, persönliche Intentionen, persönliche Qualitäten hinein. Nun hat man dann diese persönlichen Ambitionen, diese persönlichen Tendenzen. Die meisten wissen nicht, dass sie persönlich sind, die meisten halten das, was sie tun, eben für unpersönlich, weil sie sich selber täuschen über das Persönliche und Unpersönliche. Das ist dann mitzunehmen. Und das wirkt in den wirklich schaudervollsten Rückschlägen heraus aus der geistigen Welt auf denjenigen, der diese Dinge, die aus den Persönlichkeiten hervorquellen, mit hineinzutragen hat in die geistige Welt.»[25]

Diese «schauderhaftesten … schaudervollsten Rückschläge», die nach der Weihnachtstagung bis zu der physischen Hülle Rudolf Steiners wirkten – denn die Karmakräfte wirken stets bis zum physischen Leib –, bildeten auch den tieferen, okkulten Grund seines frühen Todes. Rudolf Steiner versuchte jedoch, ebenso wie Christian Rosenkreutz, in seinem Dienst und seiner Nachfolge für die Christus-Wesenheit niemals, diesen inneren Schlägen auszuweichen, sondern ertrug sie mit höchster Geduld bis zum Schluss, wie auch früher all denen verzeihend, die ihm, im allgemeinen ohne sich dessen bewusst zu sein, die Möglichkeit raubten, auf der Erde zu bleiben und das zu vollenden, was er auf der Weihnachtstagung begonnen hatte.

Und wenn die zwei nächsten Mitarbeiterinnen von Rudolf Steiner, Marie Steiner und Ita Wegman, mit seinen eigenen Worten wiedergeben, dass der eigentliche Grund seines frühen Todes der ist, dass er das schwere Karma der Anthroposophischen Gesellschaft auf sich nahm,[26] so ist auch dieses vielleicht tiefste Mysterium des Lebens Rudolf Steiners und zugleich der anthroposophischen Bewegung und der Anthroposophischen Gesellschaft ganz unmittelbar mit dem Geheimnis des Verzeihens verbunden. Diesen Gedanken kann man auch in einer mehr religiösen Form aussprechen, in der Sprache des wichtigsten christlichen Gebetes, wie das Friedrich Rittelmeyer tat: «An der menschlichen ‹Sünde› ist Rudolf Steiner gestorben. Seine hingebende Hilfe hat ihn in den Tod geführt.»[27] Statt «hingebende» könnte man hier auch «seine vergebende Hilfe» sagen, die eine Frucht eines immer wieder aufs Neue vollzogenen Verzeihens war. Davon spricht Marie Steiner, wenn sie in ihrem «Versöhnungsappell» von dem «Opfer» Rudolf Steiners und von seinem Tod schreibt, «an dem wir gewiss als Einzelne und als Gesellschaft alle miteinander schuld sind».[28]

Doch dasselbe und mit denselben Worten – nur in eine kosmische Dimension übertragen – kann man auch von dem Christus sagen, der «der Welt Sünde auf sich nahm» (Joh. 1,29) und der bis zu seinem Tod am Kreuz bei der Menschheit blieb, um ihr weiterhin zu helfen, und der im Geiste alle folgenden Zeiten bei ihr sein wird (Matth. 28,20).

Alles, was in diesem Kapitel über Rudolf Steiner gesagt wurde, ist auch auf seine Schüler zu beziehen, und nicht nur auf seine damaligen, zu seiner Zeit lebenden, sondern auch auf die später gekommenen. Denn in diesem steten Verzeihen, das er im Laufe seines Lebens übte, haben wir nicht nur ein hohes Beispiel, sondern auch eine Art geistiges «Vermächtnis» unseres Lehrers. Und wenn wir wirklich seine geistige Nähe suchen, so genügt es nicht, seine Werke zu kennen oder seiner Sache ganz im allgemeinen dienen zu wollen, sondern wir müssen mit allen Kräften unserer Seele danach streben, *seinen* Weg zu gehen, wie schwer er auch sei; ihm wirklich im Kleinen folgen, so wie er im Großen dem höchsten Urbild folgte: dem Weg des Christus.

Und das bedeutet, bewusst die Vereinigung des eigenen Schicksals, bis hin zum eigenen Karma (in einem tieferen Sinne kann das auch gar nicht anders sein[29]), mit der Allgemeinen Anthroposophischen Gesellschaft zu suchen, der Rudolf Steiner «buchstäblich» *alles* opferte. Dabei kann es sich nicht darum handeln, sich von den vergangenen oder gegenwärtigen Schwierigkeiten, ungelösten Problemen und offenkundigen Mängeln abzuwenden oder sie zu ignorieren und ihre vielfach so tragische Geschichte zu vergessen oder nicht zu kennen, sondern im Gegenteil, sich vom Standpunkt der höheren allgemein menschlichen Aufgaben, welche Rudolf Steiner in der gegenwärtigen Michael-Epoche der Gesellschaft stellt, in dieser Epoche sich zu bemühen, eben den Prozess des «moralischen Atmens», von dem oben gesprochen wurde, zu vollziehen: Ihre tragische Vergangenheit und schwierige Gegenwart anzunehmen oder in sich «einzuatmen», wie quälend oder schwierig das auch sei, und die neuen geistigen Kräfte, die moralische Substanz «auszuatmen», deren Anwesenheit in der Gesellschaft das Zeichen unserer Treue zu Rudolf Steiner und das Pfand unserer Verbindung mit ihm ist.

Ein bedeutendes Beispiel eines solchen «moralischen Atmens» in der Geschichte der anthroposophischen Bewegung haben wir in dem Entstehungsprozess des Grundsteinspruches, der auf erstaunliche Weise mit jener geistigen Metamorphose zusammenhängt, welche das Wesen des Goetheanum durchmachte, das durch den Brand in die Höhen des Ätherkosmos aufgestiegen war. Alles Böse dieses dämonischen, zerstörerischen Tuns war von Rudolf Steiner bis zu seinem Ätherleib hin aufgenommen worden, dann aber durch seinen Geist verwandelt und der Welt, nun aber als ein höheres Gut, zurückgegeben worden, zurückgegeben nicht nur durch eine ununterbrochene und noch intensivere geistige Arbeit im Laufe des folgenden Jahres, sondern vor allem mit der Ausgestaltung des Grundsteinspruches auf der Weihnachtstagung als in menschliche Worte gekleidete neue kosmische Offenbarung des Geistes, der einst in den sichtbaren Formen des ersten Goetheanum auf der Erde erschienen war und der dann mit den Flammen in die geistige Welt hinüberging.

Von dem lebendigen «Geist des Goetheanum» und davon, dass vieles auf der Weihnachtstagung «im Hinaufblick» zu diesem Geiste gesagt wurde, sprach Rudolf Steiner selbst in seiner Antwort auf die Dankesworte, welche Louis Werbeck am Ende der Tagung am 1. Januar 1924 im Namen der Anwesenden an ihn gerichtet hatte.[30]

Dieser «gute Geist des Goetheanum» sollte immer mehr eine Art «Gruppenseele» der Allgemeinen Anthroposophischen Gesellschaft werden. Denn so wie Menschen, die bis dahin zu den verschiedensten karmischen Strömungen gehört hatten, in dem physisch sichtbaren Goetheanum – dem sichtbaren Ausdruck des Wesens Anthroposophie selbst – durch das allmähliche Erkennen ihres Karma[31] zu einer harmonischen Vereinigung finden sollten, so will der nach seiner Verwandlung aus dem Kosmos herabgekommene «Geist des Goetheanum» ein Geist-Inspirator der neuen, sehr viel bewussteren Vereinigung dieser Strömungen sein, einer Vereinigung, die sich auf der Grundlage der Erkenntnis des himmlischen Karma der Anthroposophischen Gesellschaft in ihrer Verbindung mit der kosmischen Michael-Strömung vollzieht.

In diesem Sinne ist der «Verkehr» mit dem «Geist des Goetheanum» für jeden Anthroposophen möglich, wenn er neben seinem Streben, dem Grundimpuls der Anthroposophie, wie er auf der Weihnachtstagung und in ihren Folgen zutage trat, mit allen seinen Kräften die Treue zu halten, seine Bemühung zugleich darauf richtet, jene anfänglichen Eigenschaften des manichäischen Weges zu entwickeln, welche geisteswissenschaftlich zu betrachten diese Arbeit zum Ziel hat.

Weiter oben (Kapitel VI.4) wurde bereits davon gesprochen, dass jedes wahre Verzeihen für den Menschen heute deshalb so schwierig ist, weil mit seiner Verwirklichung das Hindurchgehen durch einen Zustand völliger Machtlosigkeit vor dem Schicksal verbunden ist, völliger Schutzlosigkeit vor dem Bösen, dem verziehen werden soll. Das macht es auch so schwer, dem Bösen *nicht* mit Gewalt, sondern mit Verzeihen und Milde zu begegnen. Andererseits besteht gerade darin auch das eigentliche Geheimnis des Mysteriums von Golgatha, als aus voller äußerer Machtlosigkeit und Schutzlosigkeit, die bis zur Kreuzigung des Mensch gewordenen Gottes neben zwei Räubern ging, der neue Impuls erstand, der Impuls der alles irdische Dasein verwandelnden *Auferstehung*.

Ein Abbild dieses Geheimnisses finden wir in dem Mysterium der Weihnachtstagung, für deren Durchführung Rudolf Steiner etwas vollbringen musste, dessen Folgen auch ihm unbekannt waren. Denn, nachdem er den Vorsitz der neugegründeten Anthroposophischen Gesellschaft auf sich genommen hatte und damit auch die Verantwortung für ihre irdischen Angelegenheiten, riskierte er tatsächlich *seine ganze geistige Aufgabe*, und er war sich mit aller Klarheit bewusst, dass die geistige Welt, genauer gesagt, die geistigen Wesenheiten, die in ihr die anthroposophische Weisheit verwalten, möglicherweise seine Tat nicht annehmen und die Offenbarungsquellen, die bis dahin die anthroposophische Bewegung nährten, vor ihm verschließen könnten. Dieser Moment war wahrhaftig der schwerste und dramatischste im Schicksal Rudolf Steiners als Menschheitslehrer, und er machte die Weihnachtstagung für ihn zu etwas dem Mysterium von Golgatha Ähnlichem,[32] zu einem Durchgang in tiefster Demut und Ergebenheit durch völlige innere Ohnmacht und Schutzlosigkeit vor der zu erwartenden Antwort des Weltenkarma, vor der Entscheidung der geistigen Welt. In der Tat, Rudolf Steiner betrat, indem er sich mit der irdischen Organisation der Gesellschaft verband, die Wirkenssphäre der konzentrierten Todeskräfte innerhalb der Erdenentwicklung, aus welcher kein einziger Mensch allein mit seinen eigenen Kräften herausfinden kann, wenn er nicht von dem einzigen göttlichen Wesen, das den Tod besiegte, aus ihr herausgeführt wird.

Schon bedeutend früher, im Vortrag vom 16. Oktober 1918, wies Rudolf Steiner auf zwei entscheidende innere Ereignisse hin, die zu einem geistigen Erleben des Mysteriums von Golgatha in seinem eigenen Schicksal geführt hatten. Er bezeichnete sie als «Ohnmacht» und «Auferstehung aus der Ohnmacht»: «Das innere

Erlebnis, das aus diesen zwei Teilen besteht, das ist dasjenige, welches zum Mysterium von Golgatha wirklich hintendiert.»[33]

Und als aus dem Abgrund der Ohnmacht die Auferstehungskräfte in sich tragende Antwort aus der geistigen Welt kam, eine Antwort in der Form neuer, noch mächtigerer und umfassenderer Offenbarungen, auf welche Rudolf Steiner dann immer wieder aufs Neue in seinen Karma-Vorträgen hinwies, so kann das, was sich damals real in seiner Seele vollzog, wohl nur mit seinen eigenen Worten aus demselben Vortrag ausgesprochen werden: «Dann aber, wenn wir Ohnmacht und Wiederherstellung aus der Ohnmacht empfinden können, dann tritt für uns der Glücksfall ein, dass wir eine wirklich reale Beziehung zu dem Christus Jesus haben. ... Und derjenige, ... der reden kann von den zwei Ereignissen, von der Ohnmacht und von der Auferstehung aus der Ohnmacht, der redet von dem wirklichen Christus-Erlebnis. Der aber findet sich auf einem übersinnlichen Wege hin zu dem Mysterium von Golgatha; er findet selbst die Kräfte, die gewisse übersinnliche Kräfte anregen und die ihn hinführen zu dem Mysterium von Golgatha.»

Und das bedeutet, dass der Christus jene höchste Kraft war, der folgend Rudolf Steiner bewusst in das Reich der Ohnmacht und des Todes eintrat, aus dem als Antwort auf das von ihm gebrachte Opfer, dessen Tiefe wir nur ahnen können, der *Christus selbst* ihn herausführte, als seinen Schüler, der *alles* auf dem Wege seiner Nachahmung opferte.

Zum Abschluss dieser Arbeit ist noch eine weitere Seite der allgemein menschlichen Mission Rudolf Steiners zu betrachten, die sich auf die drei höheren Stufen des siebengliedrigen manichäischen Weges bezieht, der im V. Kapitel beschrieben wurde.

Wie schon eingehend in dem Buch *Rudolf Steiner und die Grundlegung der neuen Mysterien* dargelegt wurde, war das zentrale Erlebnis in der inneren Entwicklung Rudolf Steiners seine Begegnung mit der Christus-Wesenheit in der Sphäre der Intuition als dem kosmischen Urbild des Menschen-Ich. Dieses entscheidende Ereignis im Leben Rudolf Steiners geschah im Jahre 1899. Er wies selbst am Ende des XXVI. Kapitels seiner Autobiographie *Mein Lebensgang* darauf hin, und er beschrieb es geisteswissenschaftlich in dem Kapitel «Die Erkenntnis der höheren Welten» in der *Geheimwissenschaft im Umriss*.[34]

Aus okkulter Sicht bedeutet dieses Ereignis, dass der Christus hinfort durch das höhere Ich Rudolf Steiners wirken konnte, in ihm anwesend war. Und diese Verbindung mit dem Christus gab ihm das innere Recht, am Anfang des 20. Jahrhunderts als Geisteslehrer und Repräsentant der zentralen Strömung der christlichen Esoterik aufzutreten. Im Sinne der letzteren entspricht die Stufe der bewussten Begegnung mit dem Christus der höchsten Verwirklichung der Formel des Apostels Paulus: «Nicht ich, sondern der Christus in mir.» So konnte Rudolf Steiner nun, die *Geistes-Sonne* im Zentrum seines Wesens, in seinem Ich tragend, allmählich seine Hüllen mit deren Licht, Leben und Liebe erfüllen. Ein äußerer Ausdruck dieses Prozesses bildete die Möglichkeit, an der Erlösung der Gegenmächte teilzunehmen.

Die nächste Aufgabe, die sich Rudolf Steiner in dieser Hinsicht stellte, war bereits durch die Tatsache seines Beitritts zur Theosophischen Gesellschaft im Jahre 1902 gegeben. Denn schon seit H. P. Blavatsky ihre *Geheimlehre* geschrieben hatte, war deren okkulte Besonderheit, dass in ihren führenden Kreisen die Überzeugung von der geistigen Vorrangstellung Luzifers gegenüber Jahve herrschte, und das bedeutet gegenüber dem in alten Zeiten *durch* Jahve wirkenden Christus. Hierin ist auch der Ursprung der betont antichristlichen Einstellung der Theosophischen Gesellschaft zu sehen, die ausschließlich nach einem östlichen tibetisch-indischen Okkultismus hinorientiert war, denn sie stellte tatsächlich einen letzten Rest ältester luziferischer Weisheit der Menschheit dar.[35] So war auch «Blavatsky … verführt durch gewisse Wesen, die ein Interesse daran hatten, sie zu verführen, an die Stelle des Christus den Luzifer zu setzen …»[36] «Daher die Behauptung in der ‹Geheimlehre›: an Jahve dürfe man sich nicht halten … der wahre Wohltäter der Menschheit sei Luzifer. – Die ganze ‹Geheimlehre› ist so eingerichtet, dass dies hindurchleuchtet, und es ist auch deutlich darin ausgesprochen. Daher musste H. P. Blavatsky zu einem Christus-Jahve-Hasser präpariert werden aus okkulten Gründen heraus.»[37] Dieser antichristlichen Tendenz, hinter der sich spezielle nationale Gruppeninteressen bestimmter Kreise von tibetisch-indischen Okkultisten verbargen,[38] stellte Rudolf Steiner von Anfang an die Weisheit rosenkreuzerischen Christentums gegenüber, indem er allgemein menschliche Ziele verfolgte und nicht von dem gegen den Christus kämpfenden, sondern von dem verwandelten und ihm dienenden Luzifer ausging.[39]

Esoterisch betrachtet war das möglich, weil Rudolf Steiner, indem er dem Luzifer in seinem Astralleib das Licht der Christus-Sonne, das aus seinem Ich leuchtete, gegenüberstellte, es vermochte, unmittelbar an dessen Erlösung teilzunehmen. Aus diesem Grunde wird auch in den früheren Vorträgen, etwa bis 1909, bei weitem mehr von Luzifer als von Ahriman gesprochen.

Die folgende Stufe bildeten erste Schritte zur Erlösung Ahrimans. Der Anfang dieser Erlösung kann jedoch nicht von einzelnen geistig strebenden Menschen, sondern nur durch deren gemeinsames, soziales Wirken geschehen. Das ist der okkulte Ausgangspunkt der praktischen Unternehmungen der Anthroposophie, die auf dem *gemeinsamen* Wirken von Menschen beruhen: die Bewegung für die Dreigliederung des sozialen Organismus, das Entstehen der Waldorfschulen, die Bewegung für religiöse Erneuerung und vor allem zu Beginn des Jahres 1913 die Begründung der unabhängigen Anthroposophischen Gesellschaft und im Herbst desselben Jahres die Grundsteinlegung des ersten Goetheanum in Dornach als deren sichtbares Zentrum.

Bei all diesen verschiedenartigen Gründungen handelt es sich um Keime jener die Gegenwartskultur verwandelnden und spiritualisierenden gemeinsamen Tätigkeit von Menschen, die in dem Maße, wie sie sich ausbreitet, auf der Grundlage des anthroposophischen Weltverständnisses eine Hilfe sein kann, die in nicht sehr ferner Zukunft bevorstehende physische Verkörperung Ahrimans auf der Erde[40] zum Wohl der weiteren Entwicklung zu gestalten und damit dessen zukünftige Erlösung zu fördern.

Rudolf Steiner selbst war deshalb in der Lage, die oben genannten Bewegungen zu begründen, weil er die Kräfte der Christus-Sonne, die am Übergang zu diesem Jahrhundert in sein Ich eintraten, in seinen Ätherleib einfließen lassen konnte, wo sie zu *Leben* wurden. Dieses Christus-Leben stellte er dann Ahriman gegenüber in allen Richtungen menschlichen Schöpfertums, das die von Christus-Kräften erfüllte Tätigkeit des Ätherleibes zur Grundlage haben konnte. Diese Arbeit entfaltete sich besonders nach dem Ende des ersten Weltkrieges und wurde bis zu den letzten Monaten von Rudolf Steiners Erdenleben fortgeführt. Dazu gehören: die anthroposophische Medizin, die biologisch-dynamische Landwirtschaft, der Beginn der Erneuerung der Naturwissenschaften im Geiste des Goetheanismus und die Waldorfpädagogik.

In dieser Zeit tritt das Thema von Luzifer und seiner Erlösung mehr und mehr in den Hintergrund, in den Vordergrund dagegen eine möglichst allseitige Erkenntnis von Wesen, Ziel und Charakter des Wirkens von Ahriman und den ihm dienenden Geistern. Beginnend mit den Vorträgen unter dem Titel *Zeitgeschichtliche Betrachtungen. Das Karma der Unwahrhaftigkeit*, wird dieses Thema weiterentwickelt und erlangt seine volle Kraft in dem Zyklus *Die spirituellen Hintergründe der äußeren Welt. Der Sturz der Geister der Finsternis*, der im Herbst 1917 gehalten wurde. Dort steht die Beschreibung des Zeitgeistes Michael und seines Kampfes mit den ahrimanischen Geistern im Mittelpunkt.

In gewissem Sinne kann man sagen, dass der langsame Übergang von dem einen zum anderen Thema sich so vollzog, dass das erste, das Thema der «Erkenntnis von Luzifer», in dem Zyklus *Der Mensch im Lichte von Okkultismus, Theosophie und Philosophie*, der im Sommer 1912 gehalten wurde, eine gewisse Vollendung erfuhr und der Beginn des neuen Themas, die «Erkenntnis von Ahriman», im Zusammenhang mit der *Tat* der Grundsteinlegung des ersten Goetheanum im September 1913 vollzogen wurde. Dabei wird das erste Thema in der Hauptsache in einer frühen Epoche des geisteswissenschaftlichen Wirkens von Rudolf Steiner[41] besonders intensiv entwickelt und das zweite in einer späten. Zwischen diesen zwei «Polen» entfaltete sich die mittlere Epoche, die Epoche der intensiven Entwicklung der anthroposophischen Kunst, während der sich beide Themen innerlich im Gleichgewicht halten. Ungefähr in der Mitte dieser mittleren Epoche findet dann der Vortrag Rudolf Steiners über das «Fünfte Evangelium» statt.

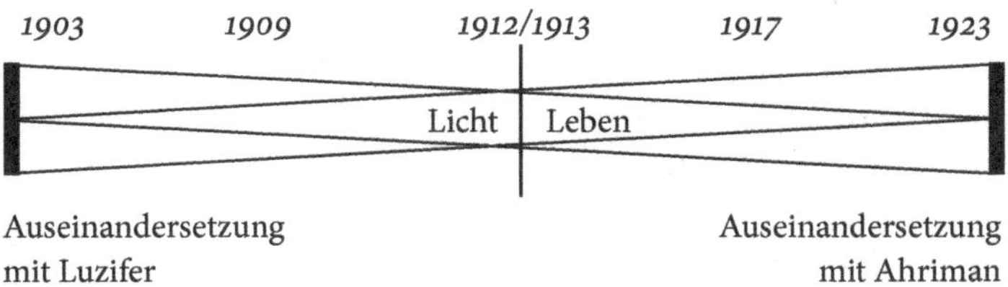

1903 Erster Ansatz in der Zeitschrift *Luzifer* (später *Lucifer-Gnosis* genannt)

1909 Vortragszyklus *Der Orient im Lichte des Okzidents. Die Kinder des Luzifer und die Brüder Christi*

1912/1913 Vortragszyklus *Der Mensch im Lichte von Okkultismus, Theosophie und Philosophie*
Begründung der Anthroposophischen Gesellschaft, Grundsteinlegung des ersten Goetheanum

1917 Vortragszyklus *Die spirituellen Hintergründe der äußeren Welt. Der Sturz der Geister der Finsternis*

1923 Vorträge über das Michaels-Fest

Zu den künstlerischen Errungenschaften der mittleren Epoche gehören vor allem die Mysteriendramen, die Schöpfung der Eurythmie und selbstverständlich auch die vielen künstlerischen

Initiativen auf den verschiedensten Gebieten, die im Laufe der Errichtung des ersten Goetheanum in Erscheinung traten.

Im Zusammenhang mit unserem Thema sind dabei die Worte Rudolf Steiners besonders wichtig, mit denen er den Bau charakterisierte: «Sehen Sie die Form unseres Baues an: Überall das Gerade in das Gebogene übergeführt, Gleichgewicht gesucht, überall der Versuch gemacht, das Erstarrende wieder aufzulösen in Flüssiges, überall Ruhe in der Bewegung geschaffen, aber die Ruhe wiederum in die Bewegung versetzt. Das ist das ganz Geistige an unserem Bau. Wir müssen als Menschen der Zukunft anstreben, in der Kunst und im Leben etwas zu gestalten, indem wir wissen: Da unten Ahriman, der alles erstarren lassen will, da oben Luzifer, der alles verflüchtigen will ... Und so ist unser Bau geworden ein Gleichgewichtszustand im Weltenall, der entrungen ist, herausgehoben ist aus dem Reiche des Ahriman und dem Reiche des Luzifer.»[42] Die höchste Erscheinungsform gewann dieses Gleichgewicht dann in der Plastischen Gruppe, die in *künstlerischer Form* den Menschheitsrepräsentanten darstellt, den Christus, als Urbild des neuen Gruppen-Ich der Menschheit und zugleich des höheren Ich jedes einzelnen Menschen, zwischen Luzifer und Ahriman: «Es gipfelt alles in der Mittelfigur unserer Gruppe, in diesem Menschheitsrepräsentanten, in dem alles Luziferische und Ahrimanische ausgelöscht werden soll.»

Hier ist die eindrucksvolle Erzählung einzufügen, die Heinz Müller überlieferte, wie Rudolf Steiner die Gruppe schuf. Dieser berichtete, dass «er sowohl Ahriman als auch Luzifer genötigt habe, ihm Modell zu sitzen. Bei Ahriman sei es erst gelungen nach Anwendung eines regelrechten starken Zwanges, während sich Luzifer verhältnismäßig leicht mit dieser Situation abgefunden habe.»[43] Dann hätten beide ihm solange als Modell dienen müssen, bis er seine Arbeit abgeschlossen hätte. Erst dann habe *er*, Rudolf Steiner, die Sitzung beendet, denn er sagte: «Die Menschheit der Gegenwart müsste danach trachten, sich klare Vorstellungen von den Widersachermächten zu erarbeiten und ihnen dadurch ihre

Macht zu nehmen.» Etwa zu derselben Zeit äußerte Rudolf Steiner auch in einem seiner Vorträge: «Welches ist denn die tiefste Eigentümlichkeit gerade unseres Zeitraumes und der Entwickelung der Bewusstseinsseele? Die tiefste Eigentümlichkeit für diesen Zeitraum ist diese, dass der Mensch am gründlichsten, am intensivsten Bekanntschaft machen muss mit den der Harmonisierung der Gesamtmenschheit widerstrebenden Kräften. Deshalb muss in unserer Zeit sich allmählich eine bewusste Erkenntnis der dem Menschen widerstrebenden ahrimanischen und luziferischen Mächte verbreiten.»[44]

Um aus okkulter Sicht diese fast unglaubliche Erzählung von Heinz Müller zu verstehen, muss man sich Rechenschaft darüber ablegen, dass nur das im Astralleib des Eingeweihten wirkende *Licht* der Christus-Sonne Luzifer in seiner Gewalt halten konnte und das in seinem Ätherleib wirkende *Leben* der Christus-Sonne Ahriman.

Anders gesagt, das Entstehen der plastischen Gruppe ist eine direkte Folge davon, dass Rudolf Steiner als moderner christlicher Eingeweihter die höchsten Stufen des in der vorliegenden Arbeit beschriebenen manichäischen Weges erreicht hat, dessen Zentrum so wie auch das des Rosenkreuzerweges das bewusste Erleben des Christus im eigenen Ich ist und als Folge dessen die Möglichkeit, ihm in der geistigen Welt unmittelbar zu begegnen. Deshalb vermochte Rudolf Steiner auch, nach seinen eigenen Worten, sowohl in der plastischen Gruppe wie auch in dem Zentralmotiv der Malerei der kleinen Kuppel des Goetheanum den Christus so darzustellen, wie er sich gerade *in unserer Zeit* dem Eingeweihten in der der Erde benachbarten geistigen Welt offenbart. Das berichtet Heinz Müller aus der Erinnerung folgendermaßen: «Dann sprach Rudolf Steiner auch über die Ähnlichkeit zwischen seiner Studie und dem Antlitz des Christus. Wenn man ihm in der geistigen Welt begegne, so sei der erste Eindruck, dass er sich bei jedem Gedanken, Gefühl und Willensimpuls in ganz überraschend starker Weise verändere. ... Jetzt, da sein Wesen unabhängig vom Leibe des Jesus von Nazareth frei in Ätherhöhen walte, sei dieser ständige Wandel seines Antlitzes, ja seiner ganzen Gestalt noch vermehrt. Trotzdem aber, versicherte Rudolf Steiner, seien sowohl die Plastik als auch die farbigen Darstellungen des Menschheitsrepräsentanten so gestaltet, dass man diesen, wenn man ihm [in der Ätherwelt] begegne, sofort erkennen müsse. Also auch hier dürfe man durchaus von einer Art von Porträtähnlichkeit sprechen.»

Ebenso sagte Rudolf Steiner zu dem Schweizer Anthroposophen Willi Aeppli, der ihn im Atelier in Dornach besuchte, als Antwort auf eine Frage, die er innerlich bewegte, aber nicht in Worte fasste, auf die Gestalt des Christus in der plastischen Gruppe zeigend: «Ja, ich habe Ihn so gesehen.»[45] Und in dem Vortrag vom 29. Juni 1921, der der Beschreibung der plastisch-malerischen Form des ersten Goetheanum gewidmet war, erklärte er das Entstehen der Christus-Gestalt, wie sie im Zentralmotiv der Malerei der kleinen Kuppel dargestellt war: «Man kann sich ihn [den Menschheitsrepräsentanten] als den Christus vorstellen. Ich habe ihn durchaus aus meinem Schauen heraus als Christusgestalt gebildet. ... Natürlich braucht mir das kein Mensch zu glauben, aber es ist das der Christus, wie er sich mir im geistigen Schauen darstellte ... Der Christus steht da wie die in sich verkörperte Liebe.»[46]

Über die letzte Kategorie der Widersachermächte, die sogenannten Asuras, sprach Rudolf Steiner nur sehr selten. Außer einigen flüchtigen Erwähnungen in frühen Vorträgen[47] sind einzelne, eingehendere Mitteilungen über diese nur in dem schon zitierten Vortrag vom 22. März 1909 enthalten. Später erwähnte Rudolf Steiner sie nochmals, kurz, im Vortrag vom 15. Dezember 1919 in Dornach (in *Die Sendung Michaels*), danach hat er bis zum Ende seines irdischen Wirkens nirgends mehr von ihnen gesprochen, da er in wachsendem Maße alle seine Bemühungen auf die Erkenntnis der Kräfte Ahrimans und das Wirken gegen diesen konzentrierte, angesichts seiner bevorstehenden Verkörperung.

Was aber die asurischen Geister betrifft, so charakterisiert

Rudolf Steiner sie in dem genannten letzten Vortrag als Wesenheiten, welche der Erdenzivilisation «die Kulturkrankheit, den Kulturtod»[48] bringen wollen und denen die Menschheit in der Zukunft nur in dem Maße wird widerstehen können, in dem die Ziele der neuen Mysterien auf der Erde erreicht werden. «Es muss wiederum die Welt dazu kommen können, das Einweihungsprinzip als solches unter die Zivilisationsprinzipien aufnehmen zu können.»[49] In diesen Worten ist allen Menschen und vor allem den Anthroposophen das einzige Gegenmittel gegen die asurische Verführung gegeben, das Gegenmittel, das zugleich auch einen Weg zu deren zukünftiger Erlösung darstellt, die erst dann beginnen wird, wenn die neuen Mysterien und das mit ihnen verbundene «Einweihungsprinzip» sich auf der ganzen Erde verbreiten und die Führung der Erdenzivilisation übernehmen werden. Das werden Mysterien sein, in denen die Christus-Sonne nicht nur als höchste Erkenntnis schenkendes *Licht* in den Astralleibern der Menschen, nicht nur als neues *Leben in Imaginationen* leuchten wird, die dann in den Ätherleibern der Menschen entstehen und von da in das soziale Leben ausstrahlen werden, dieses gestaltend und verwandelnd, sondern das werden Mysterien sein, in denen diese bis zu dem physischen Leib dringen und ihn mit den Auferstehungskräften der Christus-*Liebe* erfüllen werden, die allein «Krankheit und Tod» im Menschen besiegen kann, ebenso wie in der irdischen Kultur.

Der Beginn dieser neuen christlichen Mysterien wurde auf der Weihnachtstagung 1923/1924 von Rudolf Steiner gesetzt. Seit der Zeit ist den Herzen und Seelen aller wahren Anthroposophen der Vergangenheit, Gegenwart und Zukunft die Möglichkeit gegeben, als Samen für deren allmähliches Entstehen unter den Menschen in sich den Grundstein zu legen, den Rudolf Steiner am 25. Dezember 1923 in der der Erde benachbarten Ätherwelt aus den in unserem Kosmos wirkenden Kräften der göttlichen Dreifaltigkeit aus den Kräften des Geistes, des Sohnes und des Vaters formte: «Und aus diesen drei Kräften: aus dem Geist der Höhe, aus der Christus-Kraft des Umkreises, aus der Vater-Wirksamkeit, der schöpferischen Vatertätigkeit, die aus den Tiefen strömt, wollen wir in diesem Augenblicke in unseren Seelen den dodekaedrischen Grundstein formen, den wir in den Boden unserer Seelen senken, damit er da sei zum starken Zeichen in den kräftigen Gründen unseres Seelenseins und wir in der Zukunft des Wirkens der Anthroposophischen Gesellschaft auf diesem festen Grundstein stehen können.»[50]

Dieser Grundstein, der seitdem die Grundlage des Seelenseins jedes wahren Anthroposophen bilden soll, wurde aus den Geistes-Kräften geformt, die aus den Höhen kommen und zur Überwindung der Macht Luzifers im Menschen führen, aus den Christus-Kräften, die in der Umgebung der Erde wirken und die die Überwindung der Macht Ahrimans in der Menschheit zum Ziele haben; und aus den Vater-Kräften, die aus den Tiefen kommen und die zur Überwindung der Macht der Asuras in der Erdenentwicklung führen.[51] Diesen «dodekaedrischen Liebesgrundstein», dieses «dodekaedrische Liebesgebilde» in das eigene Herz, in die eigene Seele legen und damit den neuen Mysterienweg betreten kann der Mensch jedoch nur, wenn er mit seinem ganzen Wesen hinstrebt zu dem, was an der Zeitenwende als

Göttliches Licht,
Christus-Sonne

aufleuchtet, aus deren Quellen in das Menschenwesen das Weltenlicht, das schenkende Weltenleben der Imaginationen[52] und die Weltenliebe strömen können als kosmische Äußerung der Welten-Dreifaltigkeit.[53]

Und so wie im Weltenall das Verwandte stets zu dem Verwandten hinstrebt, so kann diese Welten-Dreifaltigkeit auf der Erde nur von der ihr ähnlichen menschlichen Dreiheit aufgenommen werden: dem Menschen-Lichte, der menschlichen Fähigkeit zum Leben in Imaginationen und der Menschen-Liebe. Denn wenn wir dem Christus das geistige *Licht* der höheren Erkenntnis entgegenbringen, das aus dem selbstlosen Erleben der geisteswissenschaftlichen Gedanken im eigenen Innern entsteht; wenn wir ihm die Fähigkeit entgegenbringen, in *Imaginationen* zu leben, die in der meditativen Arbeit errungen ist und die von da in unsere soziale Umgebung hineinwirkt, und wenn wir, schließlich, ihm unsere vergeistigte und von allem Egoistischen gereinigte, opferfähige *Liebe* entgegenbringen, dann wird unser menschliches Licht von seinem Welten-Licht verstärkt werden, unsere menschlichen Imaginationen von seinen Welten-Imaginationen und unsere vergeistigte menschliche Liebe durch seine Welten-Liebe. Dann kann auf der Erde «eine wahre Vereinigung von Menschen für Anthroposophia» entstehen, zu der weder der nur für sich selbst das Licht raubende Luzifer Zugang findet noch der die Imaginationen auslöschende und jegliches Leben zum Erstarren bringende Ahriman, noch die jegliche Liebe ertötenden Asuras. «Dann wird er erglänzen, der Grundstein, vor unserem Seelenauge, jener Grundstein, der aus Welten-Menschenliebe seine Substanz, aus Welten-Menschenimagination seine Bildhaftigkeit, seine Gestaltung und aus Welten-Menschengedanken jenes Glanzeslicht hat, das uns in jedem Augenblicke, wenn wir uns an diesen Augenblick erinnern, mit warmem, aber unsere Tat, unser Denken, unser Fühlen, unser Wollen anspornendem Lichte entgegenstrahlen kann.» – «Dass gut werde», was wir durch unsere Taten schaffen, die aus einem *Toleranz*-erfüllten Denken, aus einem zum *Verzeihen* fähigen Fühlen und aus einem Wollen hervorgehen, das danach strebt, an der Begründung einer neuen *Karmagemeinschaft* von Menschen auf der Erde teilzunehmen. Dann wird sich der «Geist, der da waltet im leuchtenden Gedankenlichte um den dodekaedrischen Liebesstein» als Geist der neuen michaelischen Mysterien und der allein die Menschheit im Sinne der Absichten des Michael-Christus in die Zukunft zu führen vermag, in die ganze Erdenentwicklung ergießen können, «wo er leuchten und wärmen soll für den Fortschritt der Menschenseelen, für den Fortschritt der Welt».

So können wir in der Weihnachtstagung ein Urbild und zugleich die Quintessenz jenes Weges sehen, den wir in dieser Arbeit zu zeichnen versuchten. Und das bedeutet, dass eine Annäherung an ihr *geistiges Wesen* nicht in abstrakten Gedanken über sie als ein einmal vollzogenes Geschehen, sondern in *realem innerem Tun* besteht, in einer allmählichen inneren Verwandlung des ganzen Menschenwesens durch die Entwicklung der Toleranz, der Fähigkeit zu verzeihen und das Karma anderer Menschen zu tragen. Denn die Weihnachtstagung offenbart ihr geistiges Wesen nur demjenigen, der danach strebt, sich ihr mit Hilfe jener geistigen Impulse zu nähern, aus denen heraus sie vor sechsundsechzig Jahren «in den irdischen Wesensstrom» gestellt wurde durch ihren Inspirator und Schöpfer – Rudolf Steiner.

Nachwort

Die Fragen, die dem Verfasser, als er die vorliegende Arbeit schrieb, nach seinen Vorträgen über die okkulte Bedeutung des Verzeihens in verschiedenen Städten Europas gestellt wurden, haben die Notwendigkeit für dieses Nachwort ergeben.

Zunächst ist mit allem Nachdruck zu betonen, dass das Verzeihen im manichäischen Sinne keineswegs bedeutet, dass dem Bösen kein Widerstand zu leisten sei. Im Gegenteil, wenn jegliche Form äußerer oder innerer Gewaltanwendung gegenüber einem anderen Menschen, seinen Fehlern, seinen Irrtümern und besonders allem von ihm ausgehenden Bösen oder Lügenhaften ausgeschlossen werden soll, so muss ein starker Wille zum Guten und zur Wahrhaftigkeit diesem allen gegenübergestellt werden, ein Wille, der, nach Maßgabe der vorhandenen Kräfte und Möglichkeiten, auf die Wiedergutmachung ausgerichtet ist. Mit anderen Worten, es treten im Leben recht häufig Situationen ein, bei denen das Verzeihen ein rein *innerer Akt* bleiben muss, während nach außen hin dem Bösen und der Lüge mutig und furchtlos zu begegnen ist.

Diese Haltung hat Folgen im sozialen Leben der Menschen, denn der Vorgang des Verzeihens, wie er in diesem Buche geschildert ist, bedeutet keinesfalls, dass man die Gefängnisse öffnet und Verbrecher ungestraft ihre zerstörerischen Taten weiter ausleben lässt. Es unterliegt keinem Zweifel, dass jede Menschengemeinschaft zu ihrem eigenen Schutz das Recht hat, sich von Straftätern abzugrenzen. Auch unter einer verwirklichten Dreigliederung des sozialen Organismus wird ihr mittleres Glied, das Rechtsleben, darauf achten, dass das Geistes- und das Wirtschaftsleben zuverlässig vor antisozialem und verbrecherischem Tun einzelner Menschen oder Gruppen geschützt wird.

Ein andere Frage ist es, wie die Gesetze in einem bestimmten

Land in der Praxis funktionieren. Im Besonderen geht es darum, wie die Vertreter der Polizei und des Strafvollzugs mit jenen Menschen umgehen, die in Untersuchungshaft oder im Gefängnis sind. Hier müssen die Anforderungen ganz dem Prinzip des Verzeihens entsprechen, das in diesem Buch beschrieben ist. Besonders die Straftäter brauchen in höchstem Maß menschliche Fürsorge und Zuwendung. Regelmäßige Gespräche und psychologische Betreuung sind unerlässlich, ebenso geistige Arbeit mit Menschen, die ihnen helfen wollen, das Unrecht ihrer Taten zu erkennen und die Gefühle des Hasses und der Rache allmählich in bewussten Willen zur Wiedergutmachung zu verwandeln. Die Möglichkeit einer solchen Zuwendung zu Straftätern wird in erster Linie davon abhängen, wie die Früchte eines freien Geisteslebens auch in die Strafanstalten Einzug halten und so eine Stätte der Menschlichkeit, des Mitgefühls und der Wertschätzung menschlicher Würde schaffen.

Ganz anders verhält es sich mit dem Verzeihen der eigenen Fehler und Mängel. Dazu schreibt Rudolf Steiner in seinem Buch *Wie erlangt man Erkenntnisse der höheren Welten?*: «In dem Augenblicke, wo du irgendeine deiner Schwächen vor dir selbst entschuldigst, hast du dir einen Stein hingelegt auf den Weg, der dich aufwärts führen soll.»[1] Das bedeutet, dass für die geistige Welt allein das Verbessern der Fehler und Mängel auf der Grundlage echter Selbsterkenntnis oder zumindest das Bemühen um dasselbe Bedeutung hat.

Das gilt auch für die sogenannten «Entschuldigungen». Sofern sie nicht von einem auf eine konkrete Wiedergutmachung ausgerichteten Willen getragen werden, haben sie für die geistige Welt keinerlei Bedeutung. Wenn wir weiter beachten, dass die Neigung, Entschuldigungen vorzubringen, ein äußerer Ausdruck des seelischen Prozesses ist, den man gewöhnlich «Reue» nennt, können wir die Worte Rudolf Steiners: «Reue hat keinen Wert. Gutmachen muss man, das kürzt das Kamaloka ab»[2], besser verstehen.

Selbstverständlich hat die «Reue», wenn sie Teil einer wahren Selbsterkenntnis ist, eine große Bedeutung für jeden Menschen, denn alle Fehler und Irrtümer müssen zunächst objektiv erkannt werden, ehe mit ihrer Wiedergutmachung begonnen werden kann. Geht die «Reue» dagegen dazu über, dass der Mensch sich selbst geißelt und quält, so dass der seelische Horizont gleichsam von düsteren, trüben Wolken verdunkelt wird, was letzten Endes zu innerer Bedrücktheit oder sogar Verzweiflung führt, so schadet das nicht nur der menschlichen Seele, sondern es hat auch, wie wir sahen, keinerlei Bedeutung für die geistige Welt.

Im ganzen kann man sagen: Wenn der Mensch, der eine schlechte Tat begangen hat, diese ehrlich bereut, betritt er damit den *Weg* des Ausgleichs des negativen Karma der Vergangenheit (*Monden*-Karma), des Karma, das er selbst durch seine Tat verursacht hat. Solch eine Tat zerstört im okkulten Sinne den moralischen Bau der Welt, vermindert die Vollkommenheit des geistigen Kosmos. Deshalb kann der Mensch, der an der konkreten Verbesserung aller Folgen der schlechten Tat arbeitet, dem geistigen Kosmos denjenigen Grad der Vollkommenheit zurückgeben, den er zuvor gehabt hatte.

Dagegen entsteht bei dem wahren Verzeihen eines Menschen, der imstande ist, demjenigen, der ihm Böses zufügte, alles voll und restlos zu vergeben, neues Karma, positives oder *Sonnen*-Karma. Mit der Reue beginnt der Ausgleich der Vergangenheit, mit dem Verzeihen die Schöpfung der Zukunft. Im letzten Falle stellt sich nicht nur der verlorene Grad der Vollkommenheit des geistigen Kosmos wieder her, sondern dieser wird auf eine höhere Stufe erhoben, die er *vor* dem Akt des Vergebens nicht hatte. Infolgedessen gelangt der geistige Kosmos mit allen Hierarchien einen Schritt näher zu jener Vollkommenheit, die in der Ähnlichkeit mit seinem Schöpfer gipfelt.

Wenn jedoch das Sich-selbst-Verzeihen den Menschen in seiner inneren Entwicklung nur aufhält, so bedeutet das doch nicht, dass das Erlangen des Verzeihens oder, mehr traditionell ausgedrückt, die «Sündenvergebung» nicht auf rein geistige Weise als ein Geheimnis im Innern der Seele möglich ist. Der geistige Prozess, der in diesem Falle in der Seele vor sich gehen kann, gehört zu den bedeutendsten Erfahrungen des modernen Menschen. Es handelt sich dabei um das Folgende.

In der heutigen Bewusstseinsseelenepoche ist das wichtigste Ziel der abendländischen Menschheit, dass eine wachsende Zahl von Menschen eine individuelle und voll bewusste Beziehung zu der Christus-Wesenheit gewinnt. In der vorliegenden Arbeit wurde gezeigt, dass ein Mittel, um dieses Ziel zu erreichen, der «Gedankenweg zu dem Christus» bildet, der über die Stufen der Toleranz, des Verzeihens und des Auf-sich-Nehmens des Karma eines anderen Menschen führt. Dieser Weg ist auch mit dem neuen, manichäischen Erleben von Gut und Böse in ihrer Beziehung zu der Wiederholung des Mysteriums von Golgatha in der an die Erde grenzenden geistigen Welt verbunden sowie mit dem neuen Erscheinen des Christus in ätherischer Form, in welcher er sich, von unserer Zeit an, allmählich der Menschheit offenbaren wird.

Dank dieser Tatsache und in voller Übereinstimmung mit dem Grundcharakter der gegenwärtigen Epoche der Freiheit, muss der Grad der Teilnahme des Menschen an der Erlösung (Vergeistigung) seiner selbst und der Welt wesentlich wachsen, und das ist nur möglich, wenn eine persönliche und bewusste Beziehung zu der Christus-Wesenheit gewonnen wird.

In diesem Prozess wird «die durchchristete Geisteswissenschaft» oder Anthroposophie eine entscheidende Rolle spielen, die ihrem esoterischen Wesen nach diejenige Sprache ist, in der die gegenwärtige Menschheit unmittelbar mit dem ätherischen Christus sprechen (siehe Kapitel II), und das bedeutet, mit ihm in eine solche innere, intim-persönliche Beziehung treten kann, die es in der Meditation ermöglicht, von ihm selbst eine wahre «Sündenvergebung» zu erlangen. Darauf weist Rudolf Steiner mit den Worten: «Es werden diejenigen, die sich im echten Geist die durchchristete Geisteswissenschaft aneignen – nicht bloß in einem äußeren Sinne, sondern im echten Geiste –, ganz gewiss auch ihre eigenen Beichtväter werden können. Ganz gewiss werden sie durch die Geisteswissenschaft den Christus immer mehr und mehr so intim kennen lernen, so intim sich mit ihm verbunden fühlen, dass sie unmittelbar seine geistige Gegenwart empfinden. Und sie werden, indem sie sich neuerdings ihm angeloben als dem kosmischen Prinzip, ihm im Geiste die Beichte verrichten und in ihrer stillen Meditation die Sündenvergebung von ihm erlangen können … Das mag alles ein Ideal sein im Erdendasein, aber wenigstens der Anthroposoph darf zu einem solchen Ideal aufblicken.»[3]

Es wird jedoch nur möglich sein, diesem Ideal näherzukommen, wenn die zwei Hauptbedingungen für das Verzeihen in ausreichendem Maße erfüllt sind: die Selbstüberwindung, das heißt die Überwindung der egoistischen Neigungen des niederen Ich, und die Hingabe seiner selbst in Liebe an die Welt, die Bereitschaft zu opfervollem Dienen. Diese zwei seelischen Fähigkeiten spielen eine wahrhaft zentrale Rolle in der modernen Geistesschülerschaft. Auch bereiten sie auf einer höheren Stufe der inneren Entwicklung den Geistesschüler zur Begegnung mit dem kleinen und großen Hüter der Schwelle vor. Denn der erste Hüter fordert für seine Reinigung die aus einer wahren Selbsterkenntnis hervorgehende Überwindung aller nach unten ziehenden Einflüsse des niederen Ich, und der zweite verkörpert mit seinem ganzen Wesen den von Opferliebe erfüllten Dienst für die Welt.[4]

Zusammengenommen bilden diese zwei Eigenschaften aber auch die unabdingbare Voraussetzung für die innere «Sündenvergebung» durch den Christus selbst im Sinne der oben zitierten Worte Rudolf Steiners. Denn nur, wer über diese zwei Eigenschaften verfügt, das heißt, zu echtem Verzeihen *fähig* ist, kann auch auf das Verzeihen von Seiten des Christus hoffen, worauf in der fünften Bitte des Vaterunser mit aller Deutlichkeit verwiesen wird: «Und vergib uns unsere Schulden, wie auch wir vergeben unsern Schuldigern.»

Die zweite Frage, die im Zusammenhang mit dem Thema des

Verzeihens immer wieder gestellt wurde, lautet folgendermaßen: Hat die Tatsache, dass einem Menschen sein Handeln verziehen wird, eine Bedeutung für ihn, wenn er selbst *äußerlich* nichts davon weiß? Etwa weil er an einen anderen Ort verzieht oder auch durch seinen physischen Tod. – Hier ist zuallererst zu bemerken, dass das Verzeihen in jedem Falle für die Begegnung *beider* Menschen nach ihrem Tode in der geistigen Welt eine entscheidende Bedeutung hat, und das nicht nur in dem Sinne, dass jeder im Leben vollzogene Akt des Verzeihens die Zeit erleichtert und verkürzt, die derjenige, der Verzeihen geübt hat, im Kamaloka verbringt – sondern ganz besonders dadurch, dass sich durch die neue Beziehung zu dem Christus, die durch das Verzeihen entsteht, demjenigen, der verziehen hat, die Möglichkeit eröffnet, nach dem Tode in eine andere Beziehung zu dem zu treten, dem verziehen wurde, als ohne das (siehe Kap. VI.4). Andererseits erschwert das Nichtverzeihen die Beziehung des Verstorbenen zu dem Lebenden, dem er auf der Erde Unrecht getan hat, in starkem Maße. Wenn er seine schlechte Handlung im Kamaloka in all ihrer kosmischen Bedeutung schaut, wendet der Verstorbene selbstverständlich den Blick nach unten zu dem Menschen hin, vor dem er schuldig wurde. Hat dieser ihm jedoch nicht verziehen, dann kann der Verstorbene keinen Zugang zu seiner Seele finden in seinem Bemühen, das Geschehen wieder gut zu machen. Das aber vermehrt seine Leiden im Kamaloka ganz wesentlich, und es belastet das Karma beider, wobei die Macht der eisernen Notwendigkeit in der geistigen Welt verstärkt wird.

Was aber das folgende Erdenleben betrifft, so kann das Verzeihen, das mit dem Entschluss verbunden war, der Welt soviel Gutes und soviel Liebe zu geben, wie ihr durch die schlechte Tat entzogen wurde, nach dem Tode in der Seele den Entschluss reifen lassen, dem Menschen wiederum auf der Erde zu begegnen, der ihr Leiden zugefügt hat, nun aber nicht, um von ihm das ihr karmisch zustehende Gute wiederum zu «erhalten», sondern um dem einst vor ihr schuldig gewordenen Menschen zu *helfen*, jene Stufe der inneren Vollkommenheit wiederum zu erreichen, die er infolge der schlechten Handlung eingebüßt hat. So kann die Begegnung eines Menschen mit einem anderen oder einer Gruppe von Menschen im folgenden Erdenleben, denen er vergeben hatte, nicht nur die Abzahlung einer alten Schuld bedeuten – wie das zum Beispiel im Falle von Pestalozzi in der klassischen Form geschah[5] – sondern es kann der Beginn eines völlig neuen Karma sein, das im Sinne der Absichten des Christus als dem Herrn des Karma aus freiem Willen verwirklicht wird. Das ist auch eine Art «moralisches Atmen» (siehe dazu Kap. VII), das aber nicht in einem, sondern in zwei oder mehreren aufeinanderfolgenden Erdenleben geschieht.

Selbstverständlich wird derjenige, der einem anderen Böses zugefügt hat, durch das Verzeihen nicht von der karmischen Notwendigkeit befreit, diesem in dem folgenden (oder den folgenden) Leben soviel Gutes oder soviel Liebe zu erweisen, wie er ihm vorher Böses angetan hat. Hier wirkt das Karma-Gesetz mit eiserner Notwendigkeit weiter. Infolge des Verzeihens – das stets vom geistigen Standpunkt aus mit einem freiwilligen Verzicht auf künftige «Vergeltung» verbunden ist – kann aber das ausgleichende Karma nun auf eine ganz andere Art realisiert werden. Denn das Gute und die Liebe, die der Mensch, der in dem einen Erdenleben Böses getan hat, im Falle des Nicht-Verzeihens dem anderen im nächsten Leben mit Notwendigkeit erweisen muss, kann nun, dank des Verzeihens, im geistigen Kosmos als ein Gutes und eine Liebe «verwendet» werden, welche der Welt und ihrer weiteren Entwicklung im Geiste und nach den Absichten des Christus als dem Herrn des Karma freiwillig geopfert wurden. «Dass unser karmisches Konto in der Zukunft so ausgeglichen wird, das heißt in eine solche Weltordnung hineingestellt wird gegen die Zukunft, wenn wir den Weg zum Christus gefunden, dass die Art unseres karmischen Ausgleichs das größtmöglichste Menschenheil für den Rest der Erdenentwicklung hervorrufe, das wird die Sorge sein dessen, der von unserer Zeit an der Herr des Karma wird, es wird die Sorge Christi sein», sagte Rudolf Steiner in diesem Zusammenhang.[6]

Schließlich gibt es Situationen, wo der Mensch, wenigstens auf einem gewissen Abschnitt seines Lebensweges, weder Feinde hat noch Menschen, denen er etwas zu vergeben hätte. «Ich habe niemandem nichts zu verzeihen», kann man dann von solchen Menschen hören. Natürlich kann eine solche Aussage nur eine Folge mangelnder Selbsterkenntnis sein. Aber es kann sich auch so verhalten, ganz besonders, wenn eine solche Lebenslage mit einer vollen Ergebenheit in das eigene Schicksal verbunden ist, dass diese Situation tatsächlich das Ergebnis eines besonders günstigen Karma ist, zum Beispiel infolge häufigen Verzeihens in vergangenen Leben. Freilich erweisen sich solche Epochen im Leben im allgemeinen als zeitlich begrenzt, und Schwierigkeiten und Probleme tauchen früher oder später doch wieder auf. Es kann und sollte jedoch eine solche karmisch «glückliche» Zeit genutzt werden, um ein erhöhtes Gefühl der *Dankbarkeit* gegenüber allem zu entwickeln, was mit und um den Menschen geschieht, ein Gefühl, das zu dem werden kann, was Rudolf Steiner als «Allliebe» gegenüber der Welt charakterisierte.[7] Diese wird dann als eine Art spirituelle Kraft den Menschen in dem nächsten Erdenleben, in Einzelfällen schon in diesem, zu solchen Lebenssituationen führen, in denen die Notwendigkeit des «moralischen Atmens» besonders groß sein wird. Zudem kann ein solcher Mensch dann sehr viel effektiver anderen Menschen helfen, vor allem denjenigen, die im gegenwärtigen Leben weniger zu verzeihen vermögen. Und das eine wie das andere wird er dann nicht aus der Notwendigkeit des eigenen Karma vollbringen, sondern «im Auftrag» der höheren Mächte.

Ein solches bewusst entwickeltes Gefühl der Dankbarkeit gegenüber dem eigenen Schicksal und allem, was mit uns geschieht, verwandelt sich in eine besonders mächtige und weiterführende geistige Kraft, wenn ein schweres Schicksal oder besonders große Leiden und viel Böses zu ertragen sind. Denn dieses Gefühl in schweren Schicksalslagen zu bewahren ist besonders schwierig. Hier kann ein Weiterkommen auf dem Wege der Geistesschülerschaft helfen, was mit der Entwicklung der Fähigkeit verbunden ist, das uns zugefügte Böse in Weisheit zu verwandeln, in das Bestreben, in den von uns erlebten Leiden, Ungerechtigkeiten oder Schicksalsschlägen einen *höheren geistigen Sinn* zu finden. Was hier mehr volkstümlich eine Vorsorge Gottes genannt wird, das kann für den Menschen, der sich durch die moderne Geisteswissenschaft oder Anthroposophie mit dem Wesen der Gesetze von Karma und Wiederverkörperung bekannt zu machen sucht, zu einer bewusst erfahrenen manichäischen Einweihung werden, die zum Erleben von Gegenwart und Wirken des ätherischen Christus als dem Herrn des Karma führen kann, sowohl im eigenen Leben als auch in den geistigen Schicksalen der ganzen Menschheit.

Je stärker die konkrete karmische Verbindung zwischen den Menschen und Menschengruppen ist, desto schwieriger erweist sich freilich das Verzeihen. Andererseits sind die Früchte des Verzeihens für das nachtodliche und alle folgenden Erdenleben umso bedeutender, je größere Kräfte erforderlich sind, um zu verzeihen. Denn die Situation, die die Frage nach dem Verzeihen mit solcher Kraft im Leben stellt, wie das bei Simon Wiesenthal der Fall war, kommt stets aus tiefsten karmischen Untergründen, und sie ist geistig betrachtet nichts anderes als eine innere Frage nach dem Christus, die durch eine unbewusste Annäherung an seine geistige Sphäre hervorgerufen wird.

So kann man sagen: Die Schärfe des Verzeihensproblems bringt heute zugleich die Notwendigkeit einer neuen, bewussten Beziehung zu dem Christus zum Ausdruck und der damit verbundenen Erkenntnis der geistigen Bedeutung und Weltmission des *Verzeihens*, so wie das heute durch die moderne Geisteswissenschaft oder Anthroposophie möglich ist.

Die dritte Frage, die mir mehrmals nach Vorträgen zum Verzeihen gestellt wurde, betrifft die Aufgabe des *Vergessens*, wie sie in diesem Buch im vierten und sechsten Kapitel beschrieben ist. Selbstverständlich geht es hier nicht um ein Vergessen im üblichen Sinne des Wortes, sondern um die bewusste Überwindung der in der Seele verbliebenen negativen Emotionen, die als Folge von dem uns angetanen Bösen oder Unrecht ausgehen. Dazu gehören Ärger, Empörung, Beleidigung, Antipathie bis zu Hass und nach Rache führender Tücke. Alle diese negativen Emotionen müssen im Vorgang des Verzeihens vollständig «vergessen» werden.

Über diese wichtige Qualität eines wirklichen Verzeihens schreibt Marie Steiner 1942 in ihrem «Aufruf zur Versöhnung»: «Wir können verzeihen! Jeder kann dasjenige verzeihen, was ihm zu verzeihen obliegt. Wir können das Vergessenswerte vergessen, nicht im alten, uns zugefügten Unrecht kramen.»

Das heißt aber nicht, dass man sich von den objektiven Tatsachen abwenden soll; wir sollen vielmehr in bewusster Anstrengung des Willens unsere subjektive Beziehung zu ihnen *vergessen*. Die Tatsachen selber sollen wir gut erinnern und unablässig mit ihnen in unserer Seele arbeiten und danach streben, sogar die schwierigsten und leidvollsten Lebenserfahrungen in höhere geistige Weisheit zu verwandeln, aus deren Tiefen wir dann der Welt und den Menschen zu helfen in der Lage sein werden.

Natürlich wird Bill Cody das schreckliche Verbrechen, dessen Zeuge er wurde,[8] nie vergessen – und er soll es nie vergessen! Aber alle damit verbundenen negativen Gefühle, die in seiner Seele durch das Vergessen hindurchgingen, konnten von ihm vollständig in reinste Nächstenliebe und den kräftigen Vorsatz, fortan in der Welt nur dem Guten zu dienen, verwandelt werden. So ging sein Erlebnis durch einen inneren Prozess, der einem seelischen Sterben und einer darauf folgenden seelischen Auferstehung gleicht. Indem er in seiner Seele durch den Lethestrom des Vergessens gegangen ist, konnte Bill Cody alle subjektiv-negativen Folgen dieser Erfahrung dann in den Strom der Erinnerung, den Strom der Eunoë[9] eintauchen und sich an alles erinnern, was sich mit ihm ereignet hatte, aber jetzt geschieht das von einem höheren Gesichtspunkt aus, vom Gesichtspunkt seines höheren Ichs, in dessen Licht sich die furchtbare Tragödie in die Kraftquelle der alles umfassenden Menschenliebe verwandelte.

Die Einweihung durch das Leben selbst führte ihn zu dem, was auf dem Weg der modernen Geistesschülerschaft vom Schüler nur dann erreicht werden kann, wenn er mit vollem Bewusstsein in den «Tempel höherer Erkenntnis»[10] eintritt und dort von höchsten Wesen zwei Gaben erhält: den Vergessenheitstrunk und den Gedächtnistrank. Dank dem ersten erwirbt er die Fähigkeit, in jedem beliebigen Moment alles das zu vergessen, was subjektiv mit seiner begrenzten irdischen Persönlichkeit zusammenhängt. Gleichzeitig kann er sich in jedem Moment seines Lebens an das erinnern, was ihn objektiv mit den höchsten Kräften seines Seins und mit den ihm auf dem Weg des Dienens, der Liebe und des Opfers geoffenbarten Aufgaben verbindet.

Rudolf Steiner beschreibt das Wesen dieser zwei Gaben. Über die erste sagt er: «Ist der Kandidat [der Einweihung] reif geworden zu dem Beschriebenen, dann erhält er dasjenige, was man sinnbildlich als den ‹Vergessenheitstrunk› bezeichnet. Er wird nämlich in das Geheimnis eingeweiht, wie man wirken kann, ohne sich durch das niedere Gedächtnis fortwährend stören zu lassen. ... Er muss die Schleier der Erinnerung zerstören können, die sich in jedem Augenblick des Lebens um den Menschen ausbreiten». Um bei den Lesern Missverständnisse zu vermeiden, fügt er hinzu: «Natürlich ist damit nicht gemeint, dass man seine im Leben gewonnene Erfahrung verleugne. Man soll sich sie immer gegenwärtig halten, so gut man kann.»

Über die zweite Gabe schreibt er: «Der zweite ‹Trank›, der dem Eingeweihten verabreicht wird, ist der ‹Gedächtnistrank›. Durch ihn erlangt er die Fähigkeit, höhere Geheimnisse stets im Geiste gegenwärtig zu haben. Dazu würde das gewöhnliche Gedächtnis nicht ausreichen. Man muss ganz eins werden mit den höheren Wahrheiten. Man muss sie nicht nur wissen, sondern ganz *selbstverständlich* in lebendigem Tun handhaben, wie man als gewöhnlicher Mensch isst und trinkt. Übung, Gewöhnung, Neigung müssen sie werden. Man muss gar nicht über sie in gewöhnlichem Sinne nachzudenken brauchen; sie müssen sich durch den Menschen selbst darstellen, durch ihn fließen wie die Lebensfunktionen seines Organismus.»

Im Falle von Bill Cody zeigte sich der zweite Trank darin, dass er nach dem Erlebnis seiner Tragödie alles Böse «vergaß», das ihm und seiner Familie zugefügt worden ist, und nun Kräfte der Liebe und des Verzeihens erreichte, die seither beständig in seiner Seele anwesend waren und in ihr ohne jedes Überlegen wirkten, ähnlich den Lebensfunktionen seines Organismus. «So macht er sich in geistigem Sinne immer mehr zu dem, wozu ihn im physischen die Natur gemacht hat».[11]

Jeder, der einmal in seinem Leben real in ganzer Tiefe vor dem Problem des Verzeihens stand, weiß, wie schwierig diese doppelte Prüfung sein kann: gleichzeitig zu vergessen und zu erinnern. Wahrhaftiges Verzeihen setzt *beide* Qualitäten voraus. Wenn nur eine davon fehlt, kann das Verzeihen nicht in dem in diesem Buch besprochenen Sinne verwirklicht werden.

Anhang

1. Text des «Versöhnungsappells» von Marie Steiner
2. Text der brieflichen Antwort Ita Wegmans auf den Versöhnungsappell

*Marie Steiners erster Versöhnungsappell (Weihnachten 1942)**

Dornach, den 12. Dezember 1942

An die Mitgliedschaft
der Anthroposophischen Gesellschaft
in der Schweiz

Vieles hört man über die Probleme, welche die Mitglieder unserer Gesellschaft beschäftigen. Und wie sollte es anders sein? Sie stellen sich ja von allen Seiten vor das Auge, sie sind äußerer und innerer Art; bis zu einem gewissen Grade sind sie sogar gegenseitig voneinander abhängig. Soweit sie innerer Natur und dadurch seelisch-individuell sind, entziehen sie sich in ihren Tiefen dem Urteil des Einzelnen. Ihre Manifestation nach außen hin ist stark abhängig von der brutal zerstörenden Härte des Gegenwartsgeschehens. Denn alles Produktive, alle größeren Initiativen werden allmählich von den Mächten des Tages überwältigt und erdrückt; man steht vor der erbarmungslosen Vernichtung des schon Geschaffenen und Geleisteten.

* Zitiert nach *Marie Steiner. Briefe und Dokumente vornehmlich aus ihrem letzten Lebensjahr,* Dornach 1981.

«In diesem innern Sturm und äußern Streite vernimmt der Geist ein schwer verstanden Wort: von der Gewalt, die alle Wesen bindet, befreit der Mensch sich, der sich überwindet.»

Was in diesen letzten Jahrhunderten Bewusstseinserrungenschaft des Einzelnen sein konnte, muss nun allmählich von Gruppen, von Gemeinschaften erobert werden. Keine Aufgabe aber ist schwerer, denn eine Gemeinschaft ist eine fluktuierende Masse; sie wechselt beständig nicht nur ihr äußeres Antlitz, sondern auch ihr Innengesicht. Kaum hat die eine Menschenschicht durch Lebenskämpfe und Erfahrungen eine reifere Stufe der Bewusstseinsvertiefung erlangt, so drängt die nächste Generation, oder solche, die früher abseits standen, als Nachschub heran, der nun von neuem mit dem Sammeln von Erfahrungen zu beginnen hat, und der dadurch den schon errungenen Reifezustand auf eine frühere weniger reife Stufe zurückdrängt. Wenn alte Probleme vor diesem jungen Nachschub auftreten, so beurteilt, verurteilt er sie gern, ist schnell fertig mit dem Wort – doch fehlen meistens die nötigen Unterlagen für die Urteilsbildung. In komplizierten Fällen hat er auch gar nicht die Möglichkeit, sie zu erlangen. Er ist auf das ihn umschwirrende Gerede angewiesen, und dieses hat es in sich, dass es nicht nur wie Proteus die Formen wechselt, sondern auch die Substanz fälscht, die Tatsachen sogar oft in ihr Gegenteil verkehrt. Da sich die Konflikte im Laufe von Jahren und Jahrzehnten aufgebaut haben, geht ihr Sachlichkeitswert durch Sympathien und Antipathien und durch die Wunschnatur des Menschen verloren. Wer nicht von Anfang an wissend alles mitgemacht hat, wird bald in ein undurchsichtiges Gewebe verstrickt und sieht Gespenster, nicht Wirklichkeiten. Er tappt im Dunkel, die Wahrheit entzieht sich ihm.

Nun ist jede neue Generation gescheiter als die vorige. Gewiss – denn als Menschheit übernimmt sie den eben vollzogenen intellektuellen Fortschritt der Vorangegangenen und bildet ihn weiter aus. Weiser ist sie dadurch nicht – denn die Weisheit ist Errungenschaft des Einzelnen durch an sich geleistete individuelle Arbeit und durch Erfahrung, die er im Laufe vieler Inkarnationen und in einem wohl angewendeten Gegenwartsleben erworben hat. Es ist sehr lehrreich zu erleben, wie naiv oder sogar töricht übergescheite Menschen sein können, und wie unweise glänzend begabte Naturen!

Und wie steht es mit der Wahrheit? Sie bleibt für die Menschheit ein Streben. Wir haben sie nie ganz. Wie viel Selbsttäuschung, Verblendung ergießt sich über sie auch dann, wenn wir sie ganz zu besitzen glauben! Wie wird sie durch Leidenschaft, durch Selbstgerechtigkeit, Eitelkeit und Ehrgeiz immer wieder in Fetzen gerissen! Lebt sie aber als Streben, als Sehnsucht in der Seele, so ist immerhin eine Grundlage da, auf der man weiter bauen kann, auch wenn alles zu wanken scheint. – Dann ist nicht alles verloren, – man darf noch nicht verzweifeln. Es muss aber – und wenn er auch eine Zeitlang übertäubt worden ist – diese Sehnsucht als Trieb im Menschen vorhanden sein – als Trieb zur Wahrhaftigkeit. Lügt man kaltblütig, aus klarem Wissen heraus, dann, wenn solcher Wille bewusst in das Gemeinschaftsleben hineinwirkt, wäre es freilich illusorisch, auf dessen Gesundung zu hoffen.

Doch sind dies wohl seltene Fälle, und sie müssen durch unerschütterbar feststehende Tatsachen erhärtet werden, um als solche zu gelten. Nie darf die Sachlichkeit getrübt werden durch leidenschaftlich erregte Meinung, durch Sympathie, nie durch sich herandrängendes, emotionell aufpeitschendes Gerede. Das alles führt zu Trugschlüssen.

Was ist nun zu tun, wenn eine Gemeinschaft, die eine vor der Weltgeschichte übernommene heilige Verpflichtung in sich trägt, die ein Werk zu hüten und zu fördern hat, ohne welches die Menschheit verkommen muss, in für sie unlösbare Probleme sich verwickelt? Sie will der ihr vom Schicksal aufgetragenen Verpflichtung gerecht werden – und trotzdem kann sie sich nicht von hemmenden Ketten und Lasten befreien, weil es Einzelnen, auf die es ankommt, nicht gegeben ist, sich überwinden zu können. Blinde Gefolgschaft aber löst keine Probleme. Was ist zu tun?

Dann sollte auch von der Gemeinschaft bewusst gefasst werden der Entschluss zur Selbstüberwindung. Klar und willig.

Wir stehen als Gesellschaft vor der Frage von Sein oder Nichtsein. Die durch den Weltkrieg über uns hereingebrochenen Katastrophen, die Absperrung der Länder, die Verarmung usw. lassen es kaum möglich erscheinen, dass wir uns als äußere Körperschaft hinüberretten. Doch es geschehen noch Wunder. Sie geschehen, wenn die moralische Substanz eine so starke ist, dass sie das Wunder rechtfertigt. Was können wir tun, um unsere moralische Substanz zu retten?

Wir können verzeihen! Jeder kann dasjenige verzeihen, was ihm zu verzeihen obliegt. Wir können das Vergessenswerte vergessen, nicht im alten, uns zugefügten Unrecht kramen. Wir können einen Strich machen unter all die alten Geschichten, die uns zermürben und denen wir, sofern wir jung sind oder abseits leben, nicht mehr in der Lage sind, auf den Grund zu blicken. Wir können uns an das Wort halten: Was fruchtbar ist, allein ist wahr. – Wir müssen wieder zusammenarbeiten können, in Eintracht und ohne Ausschluss der uns antipathischen Menschen – keinem, welcher der Sache und Rudolf Steiner treu ist, die Mitarbeit verwehrend; nicht uns abschließen und verrammeln vor denen, die geistige Erkenntnis suchen, wie nur Rudolf Steiner sie geben kann; nicht die suchenden Seelen zurückstoßen, deretwegen er den Weg des Martyriums bewusst gewählt hat: aus Liebe zur Menschheit, zur ganzen irrenden Menschheit. Liebe wurde in ihm Erkenntnis – und kann es einst in uns werden, wenn wir diesen Weg betreten.

Wir stehen vor der zwanzigjährigen Gedenkfeier jenes Brandunglücks, das ihm das irdische Leben genommen hat, trotzdem es noch, fast zwei Jahre hindurch, als helles Opferfeuer glühte und uns mit seiner Flamme nie erahnte Geistesschätze zuführte. Können wir nicht im Anblick dieses Opfers und dieses Todes, an dem wir gewiss als Einzelne und als Gesellschaft alle miteinander schuld sind – denn *unser* Karma nahm er auf sich – können wir nicht vergessen, versöhnen, und unsere Tore den Suchenden weit auftun?

Mir scheint, dass hier die einzige Möglichkeit für unsere Läuterung liegt – als Gesellschaft und als Einzelne. Ich sage es im Vollbewusstsein des Gewichtes dieser Worte, im Bewusstsein der Tatsache, dass ich nach Menschenermessen ja bald vor Rudolf Steiners Geistgestalt zu treten haben werde. Retten wir sein Werk und die Menschheitskultur, indem wir uns überwinden und versöhnen, indem wir unsere Tore den Suchenden weit öffnen.

Marie Steiner

*Ita Wegmans Antwort auf Marie Steiners Versöhnungsappell vom 12. Dezember 1942**

Ascona, 15en Februar -43
Kur- und Erholungsheim
Casa Andrea Cristoforo

Sehr geehrte Frau Dr. Steiner,

Bitte, Verzeihen Sie, dass ich Sie schreibe. Ich habe Ihren Artikel an die Mitglieder, den Sie kurz vor Weihnachten 1942 geschrieben haben, im Beiblatt des Goetheanums gelesen.

Ihr Artikel wird so verschieden gedeutet. Ich erlaube es mir nicht ein Urteil darüber zu haben. Ich wünsche nur so sehr mit diesen Zeilen zum Ausdrucke zu bringen, dass Ihre Worte einen tiefen Eindruck auf mich gemacht haben, sie sind groß und zukunftsvoll.

Seien Sie, geehrte Frau Dr. Steiner, hierfür gedankt.

Mit vorzüglicher Hochachtung

ergebenst *Ita Wegman*

* Zitiert nach *Marie Steiner. Briefe und Dokumente vornehmlich aus ihrem letzten Lebensjahr,* Dornach 1981.

Anmerkungen und Ergänzungen

Alle Zitate von Rudolf Steiner sind der im Rudolf Steiner Verlag, Dornach/ Schweiz erscheinenden Gesamtausgabe (GA) entnommen. Evangelienworte ohne Angabe des Übersetzers sind der im Verlag Urachhaus, Stuttgart, erschienenen Übersetzung von Emil Bock entnommen.

Zu Kapitel I
Die Aktualität des Verzeihens in unserer Zeit

1 GA 4, Kap. IX.

Zu Kapitel II
Die fünfte Bitte des Vaterunser
und die fünfte nachatlantische Kulturepoche

1 F. Rittelmeyer, *Das Vaterunser. Ein Weg zur Menschwerdung*, Stuttgart 1985, S. 28.
2 Siehe zur Teilung der Menschheit in zwei Rassen, die «gute» und die «böse», die schon in der 6. Epoche beginnt, Vortrag vom 25. Juni 1908 (GA 104).
3 Siehe Beschreibung des «slawischen Menschen» in der Malerei der kleinen Kuppel des ersten Goetheanum im Vortrag vom 29. Juni 1921 «Der Baugedanke des Goetheanum», herausgegeben als Einzelvortrag Dornach 1986, sowie Anhang I in dem Buch von S. O. Prokofieff, *Die geistigen Quellen Osteuropas und die künftigen Mysterien des Heiligen Gral*, Dornach [2]2023. Weiterhin siehe über die Beziehung des russischen Menschen zum Doppelgänger im Vortrag vom 16. November 1917 (GA 178).
4 Siehe Anm. 9 zu Kap. VII und Vortrag vom 25. Juni 1908 (GA 104).
5 F. Rittelmeyer, *Das Vaterunser.*
6 Siehe Vortrag vom 28. Januar 1907 (GA 96) sowie vom 4. Februar und 6. März 1907 (GA 97).

7 GA 97, 4. Februar 1907.

8 GA 96, 28. Januar 1907.

9 Siehe in GA 185 den Vortrag vom 25. Oktober 1918 sowie Kap. VII.

10 Siehe in GA 110 den Vortrag vom 18. April 1909 (II).

11 Das heißt, in die sechste *große* Periode, welche die ganze nachatlantische Entwicklung ablösen wird.

12 GA 174a, 23. März 1915.

13 Siehe GA 132, 21. November 1911.

14 Siehe GA 13, Kap. «Gegenwart und Zukunft der Welt- und Menschheitsentwicklung».

15 Ebd. – Da sich in der Weltentwicklung die großen Epochen in den kleinen spiegeln, besteht ein Zusammenhang zwischen der zukünftigen Jupiterverkörperung und der sechsten großen Erdepoche, die nach dem «Krieg aller gegen alle» beginnen wird (siehe Anm. 4), sowie der 6. Kulturepoche (der slawischen). – Außerdem sind die sieben Bitten des Vaterunser nicht nur Schlüssel zu den sieben Kulturepochen, sondern auch zu den sieben großen Perioden. So ist die früheste, die polarische Epoche, die die Erdenwelt zu ihrem physischen Erscheinen führt, ein Ausdruck des *Willens* der geistigen Welt. In der hyperboräischen Epoche, in der sich die Sonne von der Erde trennt, werden die Beziehungen der Kräfte des Sonnen-*Reiches* und der es bewohnenden höheren Wesenheiten zu dieser endgültig ausgestaltet. In der lemurischen Epoche tritt der Mensch erstmals, nach der Mondentrennung, in die Erdenevolution ein als Träger des göttlichen *Namens* (des individuellen Ich). Weiter betritt der Mensch schließlich auf der alten Atlantis die Erde als physisches Wesen; das Problem des «alltäglichen Brotes» wird erstmals für ihn aktuell. In der nachatlantischen Zeit wird das Problem des «Verzeihens» für ihn zum Hauptproblem, wie das in der vorliegenden Arbeit betrachtet wird. Die sechste und siebente große Epoche werden unter dem Zeichen des immer stärker werdenden Kampfes mit dem Bösen stehen, wobei der Sieg über dieses für die spätere Vergeistigung der Erde notwendig sein wird, weshalb auch die zwei letzten Bitten des Vaterunser für sie eine entscheidende Bedeutung haben. (Eine eingehende Charakteristik der hier aufgeführten Perioden findet man in GA 11 und 13.)

16 GA 175, 6. Februar 1917.

Zu Kapitel III
Sieben Beispiele des Verzeihens

1 Ausgabe im Ullstein Verlag, Frankfurt am Main 1984. – Im Zusammenhang mit den in diesem Kapitel aufgeführten Beispielen für das Verzeihen ist zu bemerken, dass der Verfasser sich auf Beispiele beschränken musste, die «aus dem Leben genommen sind», und darauf verzichten, literarische Beispiele zu betrachten, da ihr Reichtum in der Weltliteratur den Umfang des Buches bedeutend vergrößert hätte. In den Werken der russischen Klassiker (Tolstoj, Dostojewskij, Tschechow u.a.) und im 20. Jahrhundert besonders in den Werken von Albert Steffen kann man dieses Thema in künstlerischer Form auf eine tiefe Weise behandelt finden.

2 George G. Ritchie, Elisabeth Sherrill, *Rückkehr von morgen*, Ausgabe der Francke-Buchhandlung, Marburg/Lahn 1984.

3 Brief zitiert nach seiner Publikation in dem Artikel «Das Ereignis des 1. März und Wladimir Solowjoff», Zeitschrift *Nasche Nasledije* («Unser Erbe») Nr. II, 1988.

4 Das Konzept des Briefes zitiert nach den Gesammelten Werken von L. N. Tolstoj in 22 Bänden, Moskau 1984, Bd. 17, Brief Nr. 378.

5 Die Reaktion von Alexander III. auf den Brief von W. Solovjeff in dem Artikel «Das Ereignis des 1. März …» (siehe Anm. 3 zu diesem Kap.) und auf den Brief von L. Tolstoj in den Anmerkungen zu seinem zweiten Brief, veröffentlicht als Nr. 380 (siehe Anm. 4 zu diesem Kap.).

6 Siehe dazu Genaueres in dem Buch von S. O. Prokofieff, *Die geistigen Quellen Osteuropas und die künftigen Mysterien des heiligen Gral*, Teil II und III, Dornach ^{2}2023.

7 «Nachrichtenblatt» – *Was in der Anthroposophischen Gesellschaft vorgeht*, Beilage für Mitglieder der Anthroposophischen Gesellschaft zum Wochenblatt *Das Goetheanum. Wochenschrift für Anthroposophie*. Text des Versöhnungsappells siehe Anhang.

8 Als eine Fortsetzung dieses Impulses kann man, neben den weiteren «Appellen» von 1943 und 1945, auch den Vorschlag ansehen, den Marie Steiner 1946 machte, den «Nachlassverein» der Freien Hochschule für Geisteswissenschaft am Goetheanum als eigene Sektion anzugliedern. Siehe *Marie Steiner. Briefe und Dokumente*, Dornach 1981, Teil III.

9 Siehe voller Text des Briefes von I. Wegman im Anhang.

10 Siehe S. O. Prokofieff, *Die geistigen Quellen Osteuropas,* Teil II und III.

11 Zitiert nach dem Artikel von Marie Steiner, «Erinnerungsworte», geschrieben im September 1926 und veröffentlicht in *Nachrichten der Rudolf Steiner Nachlassverwaltung* Nr. 23, Dornach 1968.

12 GA 258, 16. Juni 1923.

13 Über «die heftigste Opposition», über «die innere Opposition ... die gegen meine Absichten eigentlich [in der Gesellschaft] in sehr starkem Maße vorhanden ist», sprach Rudolf Steiner auch in Stuttgart auf der Mitgliederversammlung am 4. September 1921 (siehe L. Kolisko, *Eugen Kolisko. Ein Lebensbild*, 1961).

14 Siehe Anm. 11 zu diesem Kap.

15 Siehe *Marie Steiner. Briefe und Dokumente,* Teil I.

16 Zitiert nach E. Zeylmans, *Willem Zeylmans van Emmichoven. Ein Pionier der Anthroposophie*, Arlesheim 1979, sowie das folgende Zitat.

17 *Marie Steiner. Briefe und Dokumente,* Teil I.

18 Vorwort von M. Steiner «Jahresausklang und Jahreswende 1923/1924» zur ersten Ausgabe der Nachschriften zur Weihnachtstagung (GA 260).

19 Zitiert nach E. Zeylmans, *Willem Zeylmans van Emmichoven.*

20 Ebd.

21 Siehe Clara Kreutzer, *Starke Einheit in der freien Vielheit*, Stuttgart 1986, Kap. «Der Scheveninger Kreis».

22 Siehe den Vortrag vom 6. Juni 1907, GA 99.

23 GA 133, 20. Juni 1912.

24 Die in den angeführten Worten von Rudolf Steiner charakterisierte Lage von Christian Rosenkreutz als dem «größten Märtyrer unter den Menschen», die dadurch entstanden war, dass er das Karma des werdenden individuellen Ich mittrug, kam auch in der Stufe der geistigen Entwicklung zum Ausdruck, die er nach seiner Einweihung im Jahre 1459 errang und die in dem Buch *Die chymische Hochzeit des Christian Rosenkreutz, anno 1459* von Valentin Andreae beschrieben wurde. Das Erreichen dieser Stufe war mit der besonderen Einweihung in die «Funktion des Bösen» verbunden, die er zu der Zeit von Mani selbst erhielt (siehe Kap. VII, Anm. 10)

Am Schluss der *Chymischen Hochzeit* wird die genannte Einweihungsstufe in dem Bilde dargestellt, wie Christian Rosenkreutz die Aufgabe des in ein «himmelblaues Zelt» gekleideten Hüters auf sich nimmt, der an dem erhabenen Portal der Pforte steht, welche die irdische von der geistigen Welt trennt. (Später erscheint Christian Rosenkreutz in der Imagination, welche Rudolf Steiner Ita Wegman mitteilte, in einem blauen Gewand. Siehe S. 50 und Anm. 25 zu diesem Kap.). Diese Tat vollbrachte Christian Rosenkreutz aus freiem Willen, und in der *Chymischen Hochzeit* äußerte er dazu:

«Ich dachte aber, es gäbe nichts Edleres als eine edle Tugend meinem Orden zulieb zu üben; auch schien mir damals keine so rühmlich und so sauer wie die der Dankbarkeit. Deshalb überwand ich mich, trotzdem ich mir wirklich etwas Lieberes hätte wünschen können, und beschloss, ungeachtet aller Gefahr, die mir drohte, den Hüter, meinen Wohltäter, zu befreien.» (Zitiert nach der Ausgabe im Zbinden Verlag, Basel 1978). In diesen Worten können wir wiederum die zwei Grundelemente wahren Verzeihens finden: die Selbstüberwindung und die Selbsthingabe an die Welt, welche die Befreiung der Menschheit fördert. Weiter wird in der *Chymischen Hochzeit* davon gesprochen, dass es sogar für eine so weit fortgeschrittene Individualität wie Christian Rosenkreutz nicht leicht war und seelisches Ringen erforderte, ein solches Opfer zu bringen und eine so schwere Aufgabe auf sich zu nehmen.

Um aber die okkulte Bedeutung der Aufgabe zu verstehen, die Christian Rosenkreutz als *Hüter der Menschheit* auf sich nahm, muss man sich an den Vortrag Rudolf Steiners vom 27. März 1913 (GA 145) wenden. Dort wird beschrieben, wie sich dem Eingeweihten bei einem bewussten Überschreiten der Schwelle das *himmlische Gegenbild* dessen zeigt, was im Alten Testament in der Erzählung von Kain und Abel dargestellt wird. Dieses Gegenbild besteht darin, dass der Eingeweihte sich in den geistigen Welten mit seinem höheren geistigen Prinzip (dem höheren Ich) verbinden muss, das dort als ein selbständiges geistiges Wesen auftritt. Da aber dieses geistige Wesen die reine Opferkraft repräsentiert, so kann die Vereinigung mit ihm dem Eingeweihten nur durch die Kräfte vermittelt werden, die den Schritt ermöglichen, der jenem ähnelt, den Christian Rosenkreutz vollbrachte.

Und dieser Schritt besteht darin, dass Christian Rosenkreutz, nachdem er sich mit diesem geistigen Wesen verbunden hatte, nicht in der geistigen Welt blieb, sondern, einer höheren Inspiration folgend, die der Inspiration des Großen Hüters der Schwelle vergleichbar ist, wieder zur Erde zurückkehrte (siehe die letzten Kapitel in GA 10), um *dort* zum Hüter dieses Wesens im Menschen zu werden, das heißt zum Hüter der Entwicklung des höheren Ich im Menschen. In dem oben genannten Vortrag beschreibt Rudolf Steiner die Inspiration, die der Eingeweihte in diesem Augenblick empfängt, auf die folgende Weise: «Weil du den Weg zu dem anderen [geistigen Wesen] gefunden hast und dich vereinigt hast mit seinem Opferregen, so darfst du mit ihm, in ihm, zurückkehren zur Erde, und ich werde dich auf der Erde zu seinem Hüter bestellen.»

So erreichte Christian Rosenkreutz in seiner individuellen Entwicklung durch seine Einweihung im Jahre 1459 eine Stufe, die derjenigen polar entgegengesetzt ist, auf welcher sich Kain einst zu Beginn des Erdenwerdens der Menschheit befand. In jener Urzeit antwortete Kain der inspirativen Stimme in sich: «Soll ich meines Bruders Hüter sein?» (Gen. 1, Kap. 4,9).

Damit lenkte er die weitere Menschheitsevolution in die Richtung der Entwicklung des individuellen irdischen Ich und die daraus sich ergebende wachsende Vereinzelung der Menschen, bis hin zu der Möglichkeit des «Krieges aller gegen alle». Im Gegensatz dazu wurde Christian Rosenkreutz aus freiem Willen zum «Hüter» seiner Menschenbrüder in ihrem Streben, das höhere Ich in sich zur Entwicklung zu bringen, das zur künftigen Vereinigung der Menschen in einem neuen sozialen Ganzen führt. (Siehe dazu Genaueres in S. O. Prokofieff, *Der Jahreskreislauf als Einweihungsweg zum Erleben der Christus-Wesenheit*, Teil IV, Kap. 6.)

Man kann auch sagen, dass Christian Rosenkreutz, indem er zum «Hüter» der sich entwickelnden Menschheit wurde, in einer gewissen Beziehung das Karma von Kain auf sich nahm, genauer, das von Kains Tat veranlagte Karma der Ich-Entwicklung der Menschheit, um es allmählich im manichäischen Geiste in Gutes zu verwandeln. In der Sprache der Sternenschrift kann diese Aufgabe von Christian Rosenkreutz als die allmähliche Verwandlung der Skorpionkräfte charakterisiert werden.

25 Siehe M. und E. Kirchner-Bockholt, *Die Menschheitsaufgabe Rudolf Steiners und Ita Wegmans*, Dornach 1981, Kap. «Rudolf Steiners Mission».

26 Siehe S. O. Prokofieff, *Rudolf Steiner und die Grundlegung der neuen Mysterien*, Stuttgart ^{3}2007.

Zu Kapitel IV
Das Wesen des Verzeihens aus geisteswissenschaftlicher Sicht

1 GA 13, Kap. «Wesen der Menschheit».

2 Ebd.

3 GA 234, 8. Februar 1924.

4 GA 234, 10. Februar 1924.

5 Über den in der *Geheimwissenschaft im Umriss* und in dem Vortrag vom 2. November 1908 (GA 107) dargestellten positiven Aspekt des «Vergessens» wird weiter unten in Kapitel VI.4 gesprochen.

6 GA 317, 26. Juni 1924.

7 Im Vortrag vom 20. Februar 1917 (GA 175) spricht Rudolf Steiner diesen Gedanken folgendermaßen aus: «So dass wir einfach sagen können, statt dass wir den komplizierten Ausdruck gebrauchen ‹Wir stehen in Beziehung zur Hierarchie der Angeloi›: ‹Wir stehen in Beziehung zu dem, was da kommen soll in der Zukunft, zu unserem Geistselbst.›»

8 Matth. 18,22. Unter dieser Zahlenbezeichnung hat man sieben aufeinanderfolgende menschliche Inkarnationen zu verstehen, deren jede siebzig Jahre währt (siebzig Jahre ist das Patriarchenalter, das heißt ein Menschenleben vom okkulten Standpunkt aus). Gegen das Ende dieser Reihe von sieben Verkörperungen sollte der Mensch seine Fehler und karmischen Verschuldungen gegenüber anderen Menschen, die er am Anfang derselben begangen hat, bereinigt haben, so dass er während der «achten» Verkörperung von den Unvollkommenheiten und Mängeln der ersten frei sein sollte und so fort. Wenn jedoch die karmischen Verschuldungen und die Folgen der begangenen Fehler während aller sieben Verkörperungen nicht in Ordnung gebracht werden können, dann entstehen unweigerlich Schwierigkeiten in dem Verhältnis zwischen dem Menschen und dem ihn führenden Engel, die letzteren daran hindern, ihn auch weiterhin zu führen.

9 Siehe GA 15, Kap. III.

10 GA 93a.

Zu Kapitel V
Das Verzeihen als ein Bestandteil des modernen Weges zu dem Christus

1 Siehe GA 199, 8. August 1920.

2 GA 26, Aufsatz vom 16. November 1924, «Die Weltgedanken im Wirken Michaels und im Wirken Ahrimans».

3 GA 10, Kap. «Bedingungen».

4 GA 193, 11. Februar 1919. Über die Notwendigkeit, Toleranz auf dem modernen Schulungsweg zu entwickeln, spricht Rudolf Steiner in *Wie erlangt man Erkenntnisse der höheren Welten?* (GA 10) im Zusammenhang mit der Entwicklung der zwölfblättrigen Lotosblume (Kap. «Über einige Wirkungen der Einweihung»).

5 Ebd., daraus auch das folgende Zitat.

6 Eine solche Toleranz und ein solches höchstes Interesse für sie selbst, das den ganzen Menschen umfasste (das heißt durch alle zwölf Sinne in Erscheinung trat), erlebten viele Menschen, die sich an Rudolf Steiner um einen Rat wandten, der ihre innere Entwicklung oder das eine oder andere Lebensproblem betraf. Jeder Besucher fühlte sich voll angenommen und verstanden, nicht nur mit seinen Unvollkommenheiten und Schwächen, sondern auch in seinem Streben und geistigen Suchen.

7 GA 187, 1. Januar 1919.

8 GA 133, 20. Mai 1912. – Wenn nach den Worten Rudolf Steiners das Erscheinen des Christus im Ätherischen im 20. Jahrhundert beginnt und 3000 Jahre dauern wird, dann wird seine Vollendung und gleichzeitig seine Kulmination gegen 4900 bis 5000 eintreten, was der zweiten Hälfte der sechsten Kulturepoche entspricht, die im Jahre 3573 beginnen und bis 5733 währen wird.

9 Das beruht darauf, dass im Prozess des Auf-sich-Nehmens des Karma anderer Menschen Buddhi-Kräfte (des Lebensgeistes) beteiligt sind, beim wahren Verzeihen dagegen Manas-Kräfte (des Geistselbst). Erstere sind aber heute nur durch Geistesschülerschaft erreichbar (vgl. GA 93a, 24. Oktober 1905).

10 Der Prozess der Vereinigung mit dem Karma eines anderen Menschen beginnt, wenn auch in ganz anfänglicher Form, bereits mit dem Akt des wahren Verzeihens.

11 Siehe GA 93, 4. November 1904.

12 Rudolf Steiner äußerte in diesem Zusammenhang: «Der Fortschritt liegt dann nur darin, dass die Menschen eine erhöhte Intellektualität nicht nur für sich entwickeln, sondern dieselbe auch hinauftragen in die astrale Welt. Durch ein solches intellektuelles Hellsichtigwerden kann und wird den in solchem Sinne vorgeschrittenen Menschen der ätherisch sichtbare Christus immer mehr und deutlicher im Verlaufe der nächsten drei Jahrtausende entgegentreten» (GA 130, 18. November 1911).

12a Die zwei letzten Stufen beschreibt Rudolf Steiner als die Begegnungen mit dem großen Hüter der Schwelle (siehe GA 10) und mit dem Christus in der Intuition (siehe GA 13).

13 GA 130, 21. September 1911.

14 Siehe GA 110, 18. April 1909 (II).

15 Ebd.

16 GA 14, *Der Hüter der Schwelle*, 8. Bild, daraus auch das folgende Zitat.

17 Indem sie danach trachten, das innere Wesen des Menschen zu erfassen und ihre Macht in ihm zu bestärken, verfolgen die Gegenmächte noch ein weiteres Ziel. Es ist das folgende. Was das Innere des Menschen während des Lebens ist, das wird infolge der «Umstülpung» zum planetarischen Kosmos (siehe dazu z.B. GA 227, 28. August 1923). Und daraus folgt für die Widersachermächte die Möglichkeit, ihre Macht, indem sie den Menschen beherrschen, auf den ganzen Kosmos auszudehnen.

18 Siehe Anm. 20 zu diesem Kap. – Die Verbindung des menschlichen Astralleibes mit dem Mond und des Ätherleibes mit der Sonne rührt davon her, dass die Keime zu ersterem auf dem alten Mond in den Menschen gelegt wurden und zu dem zweiten auf der alten Sonne. Siehe auch GA 13, Kap. «Die Weltentwickelung und der Mensch.»

19 Rudolf Steiner äußerte dazu: «Das Ich [des Menschen] konnte erst auf der Erde in die genügend vorbereiteten Körper eintreten und sich dort weiter entfalten unter den fördernden Einflüssen des Christus-Impulses, weil Christus makrokosmisch das ist, was unser Ich mikrokosmisch ist und für uns Menschen bedeutet» (GA 130, 18. November 1911). Und in einem anderen Vortrag: «Es war also für die Entwickelung der Christus-Wesenheit normal – als sie von dem Makrokosmos niederstieg auf unsere Erde –, hereinzubringen den großen Impuls vom makrokosmischen Ich, damit das mikrokosmische Ich, das Men-

schen-Ich, diesen Impuls aufnehme und weiterkommen könne in der Entwickelung» (GA 130, 9. Januar 1912). Über den Christus als den neuen Geist der Erde siehe GA 103, 26. Mai 1908.

20 Über den Auferstehungsleib oder das «Phantom» siehe GA 131, 10. und 11. Oktober 1911. – Rudolf Steiner charakterisiert die luziferischen Wesenheiten als auf dem alten Mond zurückgebliebene und ursprünglich zur Hierarchie der Angeloi gehörende Wesen und die ahrimanischen als auf der alten Sonne zurückgebliebene und folglich zur Hierarchie der Archangeloi gehörende Wesenheiten (siehe z.B. GA 120, 22. Mai 1910). Die Asuras dagegen beschreibt er als bereits auf dem alten Saturn zurückgebliebene und zur Hierarchie der Archai oder Geister der Persönlichkeit gehörende Wesen (siehe GA 99, 2. Juni 1907). In diesem Zusammenhang sagte Rudolf Steiner als Antwort auf eine Frage nach den Asuras am 21. April 1909 (GA 110): «Die Asuras – die bösen – sind Wesenheiten, die wieder um einen Grad höher stehen in ihrem Willen zum Bösen als die ahrimanischen Wesenheiten und um zwei Grade höher als die luziferischen.»

Um den Prozess der Erlösung dieser drei Kategorien von Gegenmächten besser zu verstehen, sind, kurz, die entsprechenden Geister der rechtmäßigen Entwicklung zu beschreiben, das heißt die Engel, Erzengel und Archai. Wie wir wissen, sind die Engel Träger eines rechtmäßig entwickelten Geistselbst, ihr äußerster Leib ist der Ätherleib, und ihr höchstes Glied, das achte, steht schon über dem Geistesmenschen. Die Erzengel tragen einen vollentwickelten Lebensgeist in sich, ihre äußerste Hülle ist der Astralleib und ihr höchstes Glied das neunte. Die Archai tragen einen vollentwickelten Geistesmenschen in sich, ihr niederstes Glied entspricht dem menschlichen Ich, und ihr höchstes ist das zehnte. Diese drei erhabensten Glieder: das achte, neunte und zehnte sind das Ideal der Wesenheiten der dritten Hierarchie, so wie das höchste Ideal der Erdenmenschheit das Erreichen der Stufe des Geistesmenschen darstellt (des siebenten Gliedes); sie können im Sinne der christlichen Esoterik Heiliger Geist, Sohn und Vater genannt werden (siehe dazu GA 99, 2. Juni 1907). – Das ist selbstverständlich nicht die «absolute» Dreifaltigkeit, sondern nur ihr Abbild auf einem höheren kosmischen Niveau.

Daraus folgt, dass die Angeloi Wesenheiten sind, die in ihrem Geistselbst in Bildern (Imaginationen) des Heiligen Geistes leben, die Erzengel in ihrem Lebensgeist von Inspirationen des Sohnes erfüllt sind und die Archai in ihrem Geistesmenschen von den Intuitionen des Vaters. So sind sie Diener und Gesandte der Heiligen Dreifaltigkeit in der geistigen Welt.

So wie sie tragen auch die zurückgebliebenen Engel, Erzengel und Archai entsprechend ein entwickeltes Geistselbst, einen Lebensgeist bzw. Geistesmenschen in sich. Die Verbindung dieser geistigen Glieder zur höheren Dreifaltigkeit ist jedoch abgerissen (d.h. mit dem 8., 9. bzw. 10. Glied). Deshalb strebt Luzifer aus seinem Geistselbst heraus nicht zum achten Glied hin, sondern er wendet sich von ihm ab und wird damit im Kosmos zum Gegner des Heiligen Geistes. Ebenso wendet sich Ahriman vom neunten Glied ab und wird zum Gegner des Sohnes (des Christus), und die Asuras werden, sich vom 10. Glied abwendend, zu Gegnern des Vaters.

Nun können wir den beschriebenen Prozess ihrer Erlösung besser verstehen. Denn indem die luziferischen Wesenheiten im Astralleib des Menschen dem Geistselbst des Christus begegnen, das die Kräfte des Heiligen Geistes in sich trägt, gewinnen sie abermals eine rechtmäßige Beziehung zu ihrem achten, höchsten Glied und durch es zu dem ganzen rechtmäßigen oder guten Kosmos, der ursprünglich mit seinem Wesen ein Abbild der Heiligen Dreifaltigkeit ist. Weiter gewinnen die ahrimanischen Geister, im Ätherleib des Menschen dem Lebensgeist des Christus begegnend, der die Kräfte des Sohnes in sich trägt, wiederum eine Beziehung zu ihrem neunten Glied und durch es zum ganzen guten Kosmos. Und die Asuras schließlich gewinnen, der «Auferstehungssubstanz» im physischen Leib des Menschen begegnend, die von dem die Kräfte des Vaters in sich tragenden Geistesmenschen des Christus ausgeht, eine neue Verbindung mit ihrem zehnten Glied und schließen sich durch es abermals dem Leben des guten Kosmos an. Anders gesagt, sie wenden sich wieder den Kräften der höheren Dreifaltigkeit zu und werden zu deren Dienern so wie alle anderen Hierarchien der rechtmäßigen Entwicklung.

Über den konkreten, aus der Anthroposophie hervorgehenden Weg, auf dem der Mensch schon heute lernen kann, an diesem Erlösungsprozess teilzunehmen, wird am Ende des letzten Kapitels gesprochen werden.

21 GA 107.

21a Vgl. GA 107, 22. März 1909 und GA 93, 23. Mai 1904, wie auch Anm. 20 zum Kap. V.

22 Siehe GA 113, 31. August 1909. – Über die Arbeit der wahren Rosenkreuzer zur Erlösung Luzifers sprach Rudolf Steiner im Vortrag vom 28. August 1909 (GA 113). Vorher wurde bereits in den esoterischen Kreisen der Gralsmysterien daran gearbeitet, worauf die Legende deutet, dass der Edelstein, aus welchem die heilige Schale gebildet wurde, aus der Krone Luzifers stamme, (siehe GA 113, Vortrag vom 23. und 27. August 1909).

23 GA 107, 22. März 1909. – Über die Erlösung Luzifers sowie die damit verbundenen Pfingstmysterien wird in einem alten Manuskript gesprochen, dessen Original sich in der vatikanischen Bibliothek befindet und das zu ihren wichtigsten Geheimnissen gehört. Der einzige Mensch, der über eine Kopie verfügte, war der Graf Saint-Germain im 18. Jahrhundert (siehe GA 93, 23. Mai 1904).

24 GA 107, 22. März 1909.

25 Über die Verkörperung Ahrimans auf der Erde zu Beginn des 3. Jahrtausends sprach Rudolf Steiner in den Vorträgen vom 1. November 1919, 15. November 1919 (GA 191); 27. Oktober 1919, 4. November 1919 (GA 193); 28. Dezember 1919 (GA 195).

26 Siehe GA 107, Vortrag vom 22. März 1909.

27 Das lässt besser verstehen, warum Rudolf Steiner im ganzen gesehen so wenig über die Asuras sprach. Erstens hängt das damit zusammen, dass ihre Verführung erst in der Zukunft in vollem Maße geschehen wird (siehe GA 107, 22. März 1909), und zweitens, weil die Möglichkeit, ihnen zu widerstehen, unmittelbar davon abhängen wird, welche Richtung die Erdenentwicklung durch die Verkörperung Ahrimans nehmen wird, anders gesagt, wie weit die Menschheit sich seinem Kommen gegenüber und auf die Überwindung jener mächtigen Versuchungen, die von ihm ausgehen werden, als vorbereitet erweisen wird.

28 Darüber, dass der in der *Geheimwissenschaft im Umriss* (GA 13) veröffentlichte siebengliedrige Einweihungsweg ein *rosenkreuzerischer* ist, sprach Rudolf Steiner in vielen seiner frühen Vorträge. Siehe z.B. GA 97, 11. Dezember 1906 und GA 99, 6. Juni 1907.

29 GA 14, *Der Hüter der Schwelle*, 6. Bild. – Im Vortrag vom 9. April 1924 (GA 240) illustriert Rudolf Steiner dieses Gesetz an dem Beispiel der karmischen Beziehungen Garibaldis, der in seiner vorangegangenen

Inkarnation ein Eingeweihter der hybernischen Mysterien gewesen war, zu dreien seiner damaligen Schüler, die sich im 19. Jahrhundert als Cavour, Mazzini und König Viktor Emanuel inkarnierten.

30 Siehe Genaueres über diese sechste Stufe in S. O. Prokofieff, *Der Jahreskreislauf als Einweihungsweg zum Erleben der Christus-Wesenheit*, Teil X, Kap. 2, Stuttgart [4]2017.

31 Aus diesem Grunde sagte Rudolf Steiner in seinen zahlreichen Beschreibungen des siebengliedrigen rosenkreuzerischen Einweihungsweges faktisch nichts über dessen höchste, siebente Stufe, die er in früheren Vorträgen als «Seligkeit in Gott» (siehe Anm. 28 zu diesem Kapitel) bezeichnete und in der *Geheimwissenschaft* in noch allgemeinerer Weise als «das Gesamterleben der vorherigen Erfahrungen als Grund-Seelenstimmung».

Zu Kapitel VI
Über die okkulte Bedeutung des Verzeihens

1 Siehe den vollständigen Text des «Appells» im Anhang.

1a Eine bedeutende Hilfe auf diesem Wege wird die zukünftige Verwandlung des Gewissens in die neue Fähigkeit sein, hellsichtig die Folgen der eigenen Taten zu schauen (siehe GA 116, 8. Mai 1910). Diese Gewissensmetamorphose ist unmittelbar mit dem Erscheinen des Christus im Ätherischen verbunden. Der Mensch vermag dann hellsichtig zu schauen (Karmaschau), was er zur Verstärkung der Kräfte des Guten auf der Erde im Sinne des manichäischen Prinzips (der Verwandlung des Bösen in Gutes) in seinem Leben zu vollbringen hat. Dadurch wird er ein Mitarbeiter des Christus im Prozess des Verwandelns des Karma werden.

2 *Wie erlangt man Erkenntnisse der höheren Welten?*, GA 10, Kap. «Die Einweihung».

3 Ebd.

4 Über den Grund, warum der Mensch die Aufgaben, die er sich selbst vor der Geburt gestellt hat bei der Verkörperung vergisst, wird weiter unten, in Abschnitt 4 dieses Kapitels gesprochen werden.

5 Siehe GA 218, 19. November 1922.

6 GA 233, 13. Januar 1924.

7 Siehe GA 102, 27. Januar 1908 sowie S. O. Prokofieff, *Die zwölf heiligen Nächte und die geistigen Hierarchien*, Teil I, Kap. 2, Dornach [8]2013.

8 Diesen Ausdruck gebraucht Rudolf Steiner in dem Aufsatz vom 2. November 1924 (GA 26) «Das Michael-Christus-Erlebnis des Menschen».

9 GA 239, 8. Juni 1924.

10 GA 13, Kap. «Gegenwart und Zukunft der Welt- und Menschheitsentwickelung».

11 Siehe GA 131, 14. Oktober 1911 und GA 130, 2. Dezember 1911.

11a Siehe GA 130, 2. Dezember 1911.

11b GA 130, 21. September 1911.

11c GA 116, 8. Mai 1910, siehe auch GA 131, 14. Oktober 1911.

12 Siehe z.B. GA 103, 26. Mai 1908; GA 112, 7. Juli 1909; GA 114, 26. September 1909; GA 155, 15./16. Juli 1914.

13 Siehe GA 104, 25. Juni 1908 und GA 13, Kap. «Gegenwart und Zukunft der Welt- und Menschheitsentwickelung».

14 GA 155, 15. Juli 1914.
15 Ebd.
16 Ebd.
17 GA 181, 19. März 1918.
18 GA 102, 24. März 1908; siehe auch Abschnitt 5 dieses Kapitels.
19 Der volle Wortlaut zur Beschreibung des *Geistselbst* in der *Theosophie* (GA 9) lautet: «Es strahlt der Geist in das Ich und lebt in ihm als in seiner ‹Hülle› … Der ein ‹Ich› bildende und als ‹Ich› lebende Geist sei ‹Geistselbst› genannt, weil er als ‹Ich› oder ‹Selbst› des Menschen erscheint.» Und weiter: «Das Geistselbst ist eine *Offenbarung* der geistigen Welt innerhalb des Ich.» Diese Worte beziehen sich vor allem auf das Wirken des Geistselbst während der *jetzigen* Verkörperung der Erde, wo dessen Kräfte nur als Offenbarung von oben im Menschen in Erscheinung treten können. Nur ist diese «Offenbarung des Geistselbst» nicht irgendetwas Abstraktes, sondern sie ist mit dem konkreten Eindringen seiner Substanz in das Ich verbunden. Zudem weist das Wort «Offenbarung» in diesem Fall darauf hin, dass das Geistselbst auf dieser Stufe noch nicht *Eigentum des Menschen* ist, sein Ich noch nicht *ganz* umfasst, wie das einmal auf dem Jupiter der Fall sein wird, sondern dass es das menschliche Ich nur «von oben überschattet», wobei sein eigentliches Wesen noch in der geistigen Welt verbleibt (siehe GA 175, 20. Februar 1917).
Diesen Prozess kann man auch mit den Worten Rudolf Steiners charakterisieren, wo dieser das Herabsteigen des Geistselbst in der sechsten Kulturepoche darstellt: «So wird, wenn im Verlauf der sechsten Kulturepoche das Geistselbst in die Menschen einziehen wird, tatsächlich eine geistige Sonne da sein, der sich alle Menschen zuneigen und in der sie übereinstimmen werden. … Es wird eine sehr wichtige Kulturepoche sein, diese sechste; denn sie wird durch gemeinsame Weisheit Frieden und Brüderlichkeit bringen. Friede und Brüderlichkeit dadurch, dass sich dann nicht bloß für einzelne auserlesene Menschen, sondern für den in normaler Entwickelung stehenden Teil der Menschen hineinsenkt das höhere Selbst, zunächst in seiner niederen Form, als Geistselbst oder Manas [die hier gemeinten höheren Formen sind Lebensgeist und Geistesmensch]. Eine Verbindung des menschlichen Ich, wie es sich so allmählich herangebildet hat, mit dem höheren Ich, mit dem einenden

Ich wird dann stattfinden. Wir können das eine *geistige Ehe* nennen – und so nannte man auch immer in der christlichen Esoterik die Verbindung des menschlichen Ich mit dem Manas oder dem Geistselbst» (GA 103, 30. Mai 1908-I).

20 Über die innere Verwandtschaft des Heiligen Geistes mit dem menschlichen Prinzip des Geistselbst siehe z.B. den Vortrag vom 25. März 1907 (GA 96).

21 GA 155, 16. Juli 1914.

22 Vgl. GA 158, 9. November 1914 und GA 174a, 3. Dezember 1914.

23 GA 158, 9. November 1914.

24 GA 178, 16. November 1917.

25 GA 158, 9. November 1914.

26 GA 182, 16. Oktober 1918.

27 Siehe S. O. Prokofieff, *Die geistigen Quellen Osteuropas und die zukünftigen Mysterien des heiligen Gral*, Teil III, Kap. 20.

28 Siehe GA 107, 2. November 1908.

29 Siehe GA 144, 4. Februar 1913.

30 GA 176, 14. August 1917.

31 GA 236, 4. Juni 1924.

32 Ebd.

33 Siehe GA 107, 2. November 1908.

34 Vgl. GA 227, 26. August 1923.

35 Später, näher bei der Zeitenwende, «erinnerten» sich vor allem die bösen Götter an die Menschheit (die luziferischen und ahrimanischen). Daher die in der spätantiken Welt verbreitete Vorstellung vom «Neid der Götter» (vgl. GA 233, 31. Dezember 1923).

36 So z.B. die in der hebräischen Geheimlehre erwähnte Stimme der «Bath-Kol» in ihrer ursprünglichen, unverfälschten Form, wie sie noch den Propheten Elias inspirierte. Rudolf Steiner spricht von ihr im Vortrag vom 5. Oktober 1913 (GA 148).

37 GA 116, 2. Mai 1910.

38 GA 116, 8. Mai 1910.

39 Zitiert nach dem Vortrag von Carl Unger «Was ist Anthroposophie?», in Band I seiner *Schriften*, Stuttgart 1964.

40 Im Text des *makrokosmischen Vaterunser* lautet die letzte Zeile: «Ihr Väter in den Himmeln». Gemäß Rudolf Steiner ist hier unter «Vätern» die Gesamtheit der die Menschheit führenden göttlich-geistigen

Hierarchien zu verstehen (siehe GA 245, 20. September 1913; GA 148, 6. Oktober und 17. Dezember 1913).

41 Dieses Element der Erkenntnis in Bezug auf alles Böse und Unvollkommene in der Welt nimmt einen bedeutenden Platz in der modernen Geistesschülerschaft ein. Rudolf Steiner schreibt dazu in seinem Buch *Wie erlangt man Erkenntnisse der höheren Welten?*: «Der Geheimschüler unterdrückt alle überflüssige Kritik gegenüber dem Unvollkommenen, Bösen und Schlechten und sucht vielmehr alles zu *begreifen*, was an ihn herantritt» (GA 10, Kap. «Über einige Wirkungen der Einweihung»).

42 Siehe GA 165, 16. Januar 1916 und GA 240, 27. August 1924.

43 Siehe den geisteswissenschaftlichen Kommentar Rudolf Steiners zum Vaterunser in den Vorträgen vom 28. Januar 1907 (GA 96) und 4. Februar und 6. März 1907 (GA 97).

44 GA 159, 15. Juni 1915.

45 Siehe GA 148, 2. Oktober 1913.

46 GA 102, 24. März 1908.

47 Diese Verantwortung für alles, was auf der Erde geschieht, ist ebenso ein wichtiger Bestandteil des modernen Schulungsweges. In seinem Buch *Wie erlangt man Erkenntnisse der höheren Welten?* (GA 10) weist Rudolf Steiner auf ihn als zweite, mit dem Ätherleib verbundene Bedingung der Schulung, und er formuliert das folgendermaßen: «Die zweite Bedingung ist, sich als *ein Glied* des ganzen Lebens zu fühlen.» Weiter wird dort von der Notwendigkeit gesprochen, beim Geistesschüler das Gefühl hervorzurufen, «... dass ich nur ein Glied in der ganzen Menschheit bin und *mitverantwortlich* für alles, was geschieht.» (Die Hervorhebung in beiden Zitaten von Rudolf Steiner.)

48 GA 186, 7. Dezember 1918.

49 Darüber, dass es schon heute möglich ist, die Geistselbstepoche (die sechste) vorzubereiten, sprach Rudolf Steiner oftmals in seinen Vorträgen, z.B. in GA 144, 7. Februar 1913; GA 159, 15. Juni 1915.

50 Siehe GA 103, 30. Mai 1908 (I) und GA 104, 20. Juni 1908.

51 GA 123, 11. September 1910, daraus auch das folgende Zitat.

52 Siehe GA 104, 25. Juni 1908.

53 Dies ist die andere Seite des Prozesses, der im 2. Abschnitt dieses Kapitels beschrieben wurde. Denn dort, wo in dem Netz der karmischen Notwendigkeiten durch das Verzeihen «Risse» entstehen, entsteht

auch die Grundlage für das neue Christus-, das Sonnen-Karma als ein Abbild der Himmelsordnung.

54 GA 194, 23. November 1919.

55 GA 237, 8. August 1924.

56 Siehe GA 215, 15. September 1922.

57 Siehe S. O. Prokofieff, *Rudolf Steiner und die Grundlegung der neuen Mysterien,* Teil III, Kap. 7.

58 Siehe vollständiger Text des «Appells» im Anhang.

59 GA 211, 11. Juni 1922.

60 GA 159, 15. Juni 1915.

Zu Kapitel VII
Das Wesen des Verzeihens und die siebengliedrige manichäische Einweihung

1 GA 185, 25. Oktober 1918, woraus auch das folgende Zitat entnommen ist.

2 GA 152, 2. Mai 1913.

3 GA 185, 26. Oktober 1918.

4 Im Vortrag vom 26. Oktober 1918 (GA 185) äußerte Rudolf Steiner in diesem Zusammenhang: «Derjenige, der die Schwelle zur geistigen Welt überschreitet, der macht die folgende Erfahrung: Es gibt kein Verbrechen in der Welt, zu dem nicht jeder Mensch in seinem Unterbewusstsein, insofern er ein Angehöriger der fünften nachatlantischen Periode ist, die Neigung hat. Ob in dem einen oder in dem anderen Fall die Neigung zum Bösen äußerlich zu einer bösen Handlung führt, das hängt von ganz anderen Verhältnissen ab als von dieser Neigung.»

5 Von der modernen Geisteswissenschaft als der geistigen *Sprache*, in welcher die Menschen in der Gegenwart und Zukunft sich an den ätherischen Christus wenden können, sprach Rudolf Steiner im Vortrag vom 6. Februar 1917 (GA 175); und im Vortrag vom 1. Oktober 1911 (GA 130) weist er darauf hin, dass die zum hellsichtigen Schauen des ätherischen Christus führende Verbindung der zwei Ströme ätherisierten Blutes, die vom Herzen zum Kopf fließen, in unserer Zeit nur durch ein wirkliches *Verständnis* des Christus-Impulses erfolgen

kann, so wie es heute der Menschheit mit der Geisteswissenschaft gegeben ist.

6 GA 185, 26. Oktober 1918.

6a Siehe GA 107, 22. März 1909.

7 Siehe die Beschreibung der grundlegenden Rosenkreuzer-Meditation in GA 13, Kap. «Die Erkenntnis der höheren Welten» sowie die «Grals-Meditation» im Vortrag vom 6. Juni 1907 (GA 99).

8 Dem Beginn der Überwindung des Todes, jedenfalls in der heutigen Form, wird auch ein ganz anderer Geburtsprozess entsprechen. Darauf weist Rudolf Steiner im Vortrag vom 28. Oktober 1917 (GA 177) hin, wobei er von der Ausbreitung desselben bereits bis zur 7. Kulturepoche spricht.

8a Der Prozess des «moralischen Atmens» kann bereits auf der vorhergehenden Stufe des in diesem Buch beschriebenen manichäischen Einweihungsweges durchgemacht werden. Er beginnt, indem sich die Kräfte des *Verstehens* und der *Toleranz* gegenüber den Gedanken und Anschauungen anderer Menschen allmählich umfassend bis hin zu der Fähigkeit entwickeln, die materialistischen Gedanken der modernen Zivilisation sozusagen «einzuatmen» und dagegen spirituelle Gedanken «auszuatmen». Das ist heute neben vielem anderem eine der wichtigsten Aufgaben der Anthroposophen. Rudolf Steiner stellte selbst ein Urbild für diesen Prozess hin: Er trug die Haeckelsche Entwicklungslehre, nachdem er sie in seine Seele «eingeatmet» hatte, mittels der von ihm beschriebenen Einweihungsmethoden in die geistige Welt und «atmete» sie sodann als das umfassende Bild der Weltentwicklung, wie sie in der *Geheimwissenschaft im Umriss* beschrieben wird, wieder «aus» (siehe GA 233a, 13. Januar 1924).

9 Es handelt sich hier nicht um die Kulturepochen, sondern um die großen Perioden, deren jede sieben kleinere, einander ablösende umfasst. Solche großen Perioden sind: die polarische, hyperboräische, lemurische, atlantische, die gegenwärtige nachatlantische und die auf diese folgenden, zukünftigen sechste und siebte Periode.

10 GA 93, 11. November 1904, daraus auch das folgende Zitat. Das wird auch noch dadurch bestätigt, dass, nach Aussage Rudolf Steiners, Mani selbst im Jahre 1459 Christian Rosenkreutz in die manichäischen Mysterien der Erkenntnis des Bösen einweihte (siehe das «Manuskript von Barr», II, GA 262).

11 GA 104, 25. Juni 1908.

12 Über die Bedeutung der «Milde» auch für den christlich-rosenkreuzerischen Schulungsweg schreibt Rudolf Steiner in seinem Buch *Wie erlangt man Erkenntnisse der höheren Welten?*, in dem er die «Milde» als ein «Hauptmittel aller Geheimschulung» charakterisiert, die die «geistigen Organe öffnet» (GA 10, Kap. «Praktische Gesichtspunkte»).

13 Zwischen dem Begründer des Manichäismus, der im 3. Jahrhundert n. Chr. lebte, und dem im 8.–9. Jahrhundert lebenden Parzival besteht, nach der geisteswissenschaftlichen Forschung Rudolf Steiners, eine unmittelbare Beziehung, und zwar war Parzival eine der letzten Verkörperungen der Individualität des Mani (siehe GA 264, S. 230).

14 Dazu äußerte Rudolf Steiner im Vortrag vom 16. Juli 1914 (GA 155): «Nehmen wir das alles zusammen, meine lieben Freunde, und gedenken wir von diesem Gesichtspunkte aus des Christus-Wortes, mit dem er hinausschickte seine Jünger in die Welt, zu verkündigen seinen Namen und in seinem Namen die Sünden zu vergeben. Warum in seinem Namen die Sünden zu vergeben? Weil diese Sündenvergebung mit seinem Namen zusammenhängt.»

Nur in zwei Evangelien, dem Lukas- und dem Johannes-Evangelium, wird in der Szene der Aussendung der Apostel durch den Auferstandenen von der Gabe der Sündenvergebung gesprochen, wobei im ersten diese Gabe mit dem *Namen* des Christus verbunden wird (24,47) und im zweiten mit dem von ihm gesandten Heiligen Geist (20,22-23). So kann man sagen: Lukas schildert die mehr äußere Seite des Geschehens, wenn er von der Sündenvergebung durch die Kraft des Geistselbst (des Namens) des Christus spricht, und Johannes weist auf die esoterische Seite – er schildert das Geistselbst des Christus als Offenbarung des Heiligen Geistes (vgl. mit Anm. 20 zu Kap. V).

15 GA 144, 7. Februar 1913.

16 Über diese zwei Wege zu dem Christus, deren Ausgangspunkt bei dem einen die Toleranz ist und bei dem anderen der neue Idealismus, siehe GA 193, 11. Februar 1919. Siehe zudem über den Rosenkreuzerweg als einen Einweihungsweg des *Willens* zum Beispiel den Vortrag vom 19. Juni 1908 (GA 104).

17 GA 93, 11. November 1904, daraus auch das folgende Zitat.

17a Siehe Genaueres in S. O. Prokofieff, *Der Jahreskreislauf als Erkenntnisweg zum Erleben der Christus-Wesenheit*, Teil XII, Kap. 2,3.

17b Siehe GA 175, 6. Februar 1917.
17c GA 233a, 13. Januar 1924.
17d Ebd.
18 Siehe Matth. 5, 39-41,44; 18, 21-22; Luk. 6, 29, 27-28, 35, 37.
19 GA 93, 11. November 1904.
20 Zitiert nach Fernand Niel, *Albigeois et Cathares*, Presses universitaires de France, Paris 1959.
21 GA 93, 11. November 1904.
22 Über das von Mani im 4. Jahrhundert einberufene esoterische Konzil, an dem, außer ihm selbst, Skythianos, Zarathustra sowie der Buddha teilnahmen, wird im Vortrag vom 31. August 1909 (GA 113) gesprochen; über die Einweihung des Christian Rosenkreutz im 13. Jahrhundert und über die Begründung der Rosenkreuzerströmung im Vortrag vom 27. September 1911 (GA 130); über die Rosenkreuzer als Hüter auch der Gralsmysterien in der Neuzeit im Vortrag vom 24. Juni 1909, GA 112. (Siehe auch Anm. 28 zu Kap. V und *Die Geheimwissenschaft im Umriss,* GA 13, wo der moderne, rosenkreuzerische Einweihungsweg als zur «Wissenschaft vom Gral» führend charakterisiert wird und seine Eingeweihten die «Eingeweihten des Grals» genannt werden.)
23 Über den Zusammenhang von Mani mit den Gralsmysterien siehe GA 93, 11. November 1904. – Über die Teilnehmer des Konziliums im 4. Jahrhundert (siehe Anm. 22) als den führenden esoterischen Lehrern in den Schulen der wahren Rosenkreuzer sprach Rudolf Steiner am 31. August 1909 (GA 113; siehe auch GA 109, 31. Mai 1909).
24 GA 104, 25. Juni 1908.
25 Siehe GA 131, 14. Oktober 1911 und GA 130, 2. Dezember 1911.

Zu Kapitel VIII
Der manichäische Impuls im Leben Rudolf Steiners

1 *Mein Lebensgang*, GA 28, daraus auch die zwei folgenden Zitate.
2 Siehe *Der menschliche und der kosmische Gedanke* (GA 151). Über die Notwendigkeit, gerade diese Eigenschaft auf dem Wege der modernen Geistesschülerschaft bewusst zu entwickeln, sprach Rudolf Steiner mehrfach, und er schrieb auch später darüber in seinen Büchern, so

z.B. in *Wie erlangt man Erkenntnisse der höheren Welten?*: «Die Schüler fühlen sich verpflichtet, übungsweise zu gewissen Zeiten sich die entgegengesetztesten Gedanken anzuhören und dabei alle Zustimmung und namentlich alles abfällige Urteilen vollständig zum Verstummen zu bringen» (GA 10, Kap. «Die Vorbereitung»).

3 *Mein Lebensgang* (GA 28).

4 Siehe Vortrag vom 4. November 1913, veröffentlicht in *Briefe Rudolf Steiners*, Band 1, Dornach 1953, sowie S. O. Prokofieff, *Rudolf Steiner und die Grundlegung der neuen Mysterien.*

5 Die Fähigkeit, das höhere Ich eines anderen Menschen wahrzunehmen, und das bedeutet auch, dessen Seele in vollem Bewusstsein nach dem Tode zu folgen, war eine Folge der okkulten Schulung, welche Rudolf Steiner in jener Zeit durch seinen esoterischen Lehrer erfuhr. Nach seinen eigenen Worten war der Ausgangspunkt dieser seiner okkulten Schulung damals das Werk Fichtes, des mitteleuropäischen Philosophen des Ich.

6 GA 28, daraus auch die drei folgenden Zitate.

7 Vgl. GA 28, Kap. XVIII und XV; GA 262, Manuskript von Barr [I.] sowie den Hinweis auf Nietzsche und Haeckel in den Karmavorträgen: GA 235, 15. und 23. März 1924.

8 Siehe auch über Nietzsche und Haeckel die Vorträge vom 20. Juli 1924 (GA 240) und vom 13. Januar 1924 (GA 233).

9 Siehe GA 238, 23. September 1924.

10 Siehe auch das sog. «Haager Gespräch», veröffentlicht in: W. J. Stein / Rudolf Steiner, *Dokumentation eines wegweisenden Zusammenwirkens,* Dornach 1985.

11 Siehe F. Rittelmeyer, *Meine Lebensbegegnung mit Rudolf Steiner*, Stuttgart 1983.

12 Aus den Briefen an W. Hübbe-Schleiden, veröffentlicht in Rudolf Steiner *Briefe*, Bd. II, Dornach 1953.

13 Manuskript von Barr, III in GA 262.

13a «Mitteilungen für Mitglieder der Deutschen Sektion der Theosophischen Gesellschaft», Nr. XIV, Dezember 1912.

14 Siehe *Mein Lebensgang* (GA 28), Kap. XXXI.

15 F. Rittelmeyer, *Meine Lebensbegegnung mit Rudolf Steiner.*

16 Siehe F. Poeppig, *Rückblick auf Erlebnisse, Begegnungen und Persönlichkeiten in der anthroposophischen Bewegung 1923–1963*, Basel 1964.

17 F. Rittelmeyer, *Meine Lebensbegegnung mit Rudolf Steiner,* daraus auch das folgende Zitat.

18 Zitiert nach Ch. Lindenberg, *Rudolf Steiner. Eine Chronik*, Stuttgart 1988.

19 Siehe S. O. Prokofieff, *Rudolf Steiner und die Grundlegung der neuen Mysterien,* Teil I und II.

20 GA 262, Brief Nr. 210.

21 F. Rittelmeyer, *Meine Lebensbegegnung mit Rudolf Steiner.*

22 Die Erinnerungen von Max Hayek wurden erstmals im April 1925 in den *Österreichischen Blättern für freies Geistesleben* veröffentlicht.

23 Siehe Seite 43. – Auch für diese Vereinigung mit der «inneren Opposition» innerhalb der Gesellschaft können wir ein Urbild in den Ereignissen von Palästina finden. Nach dem Fünften Evangelium überwand der Christus Jesus den Ahriman nicht vollständig bei der dritten Versuchung, wo der Widersacher ihm seine Macht bis hin zum sozialen Bereich zeigte, sondern er stellte ihn bewusst neben sich. Das war notwendig dafür, dass der Christus überhaupt seine Mission auf der Erde erfüllen konnte, denn, indem Ahriman neben ihn gestellt wurde, wirkte er nun durch den Judas (siehe GA 148, 18. November 1913). Mit dieser Tat brach der Christus Jesus auch mit der Tradition und der okkulten Praxis der Essäer, die auf alle Weise – sogar auf Kosten anderer Menschen – danach trachteten, die ahrimanischen Mächte von sich fernzuhalten (siehe GA 148, 5. Oktober 1913).

23a GA 10, Kap. «Leben und Tod. Der große Hüter der Schwelle».

24 Marie Steiner «Jahresausklang und Jahreswende 1923/1924» in GA 260, Dornach 1963.

25 «Gedenkworte für Charlotte Ferreri und Edith Maryon», Dornach, 3. Mai 1924 (GA 261).

26 In dem Aufsatz «In Erinnerung an die Weihnachtstagung» vom 26. April 1925 schreibt Ita Wegman in diesem Zusammenhang: «Dann wurde der Meister krank. Erst war es nur eine körperliche Erschöpfung, dann zeigte es sich, dass die Krankheit tiefere Ursachen hatte, Karma wirkte sich aus. Vom Januar 1925 an sprach er nicht mehr von Erschöpfung, sondern von Karmawirkungen» (*An die Freunde*, Arlesheim 1960. Siehe auch den Aufsatz vom 7. Juni 1925). Marie Steiner sprach in ähnlicher Weise an verschiedenen Orten ebenso darüber. Siehe Anm. 11 und 18 zu Kap. III sowie den Text des «Appells» im Anhang.

27 F. Rittelmeyer, *Meine Lebensbegegnung mit Rudolf Steiner.*

28 Siehe Anhang.

29 Nach der Weihnachtstagung äußerte sich Rudolf Steiner auf die folgende Weise darüber: «In die Anthroposophische Gesellschaft kann man nicht hineinkommen, wenigstens kann man nicht so hineinkommen, dass dieses Hineinkommen ganz ehrlich und die Seele tief ergreifend ist, ohne dass das Schicksal im Wesentlichsten tief beeinflusst ist» (GA 237, 3. August 1924).

30 GA 260, «Aus dem Mitgliederkreise».

31 Im Vortrag vom 27. April 1924 (GA 236) sprach Rudolf Steiner davon, dass bereits der Anblick der Formen des ersten Goetheanum das Schauen karmischer Zusammenhänge fördern sollte.

32 Siehe S. O. Prokofieff, *Rudolf Steiner und die Grundlegung der neuen Mysterien.*

33 GA 182, 16. Oktober 1918, daraus auch das folgende Zitat.

34 GA 28 und GA 13.

35 In einer ganzen Reihe von Vorträgen sprach Rudolf Steiner über die Verkörperung Luzifers in Asien im 3. vorchristlichen Jahrtausend, was eine starke Luziferisierung der östlichen Weisheit zur Folge hatte (siehe die in Anm. 25 zu Kap. V genannten Vorträge).

36 GA 172, 27. November 1916.

37 GA 254, 18. Oktober 1915. – Diese Linie hielt auch A. Besant ein. Davon zeugt schon der Titel ihres Buches über das Christentum: *Esoterisches Christentum, oder die kleinen Mysterien* (Leipzig 1903). Hier charakterisiert sie im Vergleich mit dem esoterischen Christentum, das sie die «kleinen Mysterien» nennt, die vorchristlichen (östlichen) Mysterien, die einen luziferischen Charakter haben, als die «größeren». In demselben Buch findet sich auch der verhängnisvolle Fehler der Verwechslung des Christus Jesus mit dem hundert Jahre vor ihm lebenden Jeshu ben Pandira, der die Grundlage für die spätere Affäre mit dem indischen Knaben Krishnamurti-Alcyone bildete (vgl. GA 28, Kap. XXXI). Deshalb lehnte Rudolf Steiner es auch entschieden ab, dieses Buch, wie es A. Besant ihm vorgeschlagen hatte, als Grundlage für die Arbeit in der deutschen Sektion der Theosophischen Gesellschaft zu benutzen.

38 Siehe GA 254, 18. Oktober 1915 sowie Manuskript von Barr III (GA 262).

39 Siehe S. 82.

40 Siehe Anm. 25 zu Kap. V.

41 Schon im ersten Artikel der von ihm in Berlin herausgegebenen Zeitschrift *Lucifer-Gnosis*, der im Juni 1903 unter demselben Titel publiziert wurde und der die Geistesrichtung der Zeitschrift darstellen sollte, suchte Rudolf Steiner zu zeigen, dass der Mensch zu diesem Geist durch seine Verbindung mit dem Christus-Impuls in seiner Seele unbedingt ein *Gegengewicht* schaffen muss (siehe GA 34 und Vortrag vom 18. Oktober 1915 in GA 254).

42 GA 184, 21. September 1918, daraus auch das folgende Zitat.

43 Heinz Müller, *Spuren auf dem Weg. Erinnerungen*, Stuttgart 1976, daraus auch das folgende Zitat.

44 GA 186, 7. Dezember 1918.

45 Bericht von Willi Aeppli zu Beginn der 60er Jahre im Engelberger Zweig. Dem Verfasser von Rex Raab berichtet.

46 Vortrag 29. Juni 1921, als Einzelvortrag herausgegeben unter dem Titel *Der Baugedanke des Goetheanum*, Dornach 1986.

47 Siehe z.B. GA 93a, 17. Oktober 1905; GA 99, 2. Juni 1907, sowie Anm. 20 zu Kap. V.

48 GA 194, 15. Dezember 1919.

49 GA 233a, 13. Januar 1924.

50 «Grundsteinlegung der Allgemeinen Anthroposophischen Gesellschaft durch Rudolf Steiner am 25. Dezember 1923, 10 Uhr morgens» in GA 260, daraus die folgenden Zitate.

51 Die Überwindung der genannten drei Kategorien von Gegenmächten *durch die Christus-Kraft* im Menscheninnern ist zugleich auch der Beginn von deren Erlösung.

52 Darüber, dass die dem Menschen jede Nacht aus den geistigen Sphären geschenkten «Welten-Imaginationen» zu Lebenskräften im Ätherleib werden, äußerte sich Rudolf Steiner im Vortrag vom 13. Juni 1915 (GA 159).

53 Die geistigen Kräfte, aus denen Rudolf Steiner den übersinnlichen «Grundstein» auf der Weihnachtstagung formte, lagen auch der «Grundstein-Meditation» zugrunde, mit deren Lesung er die Weihnachtstagung begann und beendete (siehe GA 260). Die Arbeit mit dieser Meditation hat zum Ziel, die genannten geistigen Kräfte zu vertiefen und zu kräftigen. So entspricht ihr Aufbau auch auf das genaueste dem Charakter des Grundsteins. Das bedeutet vom Standpunkt

der vorliegenden Betrachtung: Der erste Teil der Meditation kann dem Menschen helfen, die Asuras zu überwinden, der zweite Teil Ahriman und der dritte Luzifer. Das kann jedoch nur geschehen, wenn im Menschen-Ich die «Christus-Sonne» aufleuchtet, d.h. der Inhalt des vierten Teiles der Meditation, der auch das Wirken der Gegenmächte sich zum Guten wandeln lässt: «Dass gut werde.»

Zum Nachwort

1 GA 10, Kap. «Praktische Gesichtspunkte».

2 GA 95, Antwort auf eine Frage, die nach dem Vortrag vom 2. September 1906 gestellt wurde.

3 GA 155, 16. Juli 1914.

4 Siehe Beschreibung der zwei Hüter der Schwelle in den letzten Kapiteln des Buches *Wie erlangt man Erkenntnisse der höheren Welten?* (GA 10).

5 Im Vortrag vom 15. Juni 1924 (GA 239) spricht Rudolf Steiner davon, dass die Individualität des späteren Pestalozzi in seiner Verkörperung im ersten vorchristlichen Jahrhundert ein Aufseher einer Gruppe von Sklaven war, die sich im 19. Jahrhundert als Zöglinge des großen Pädagogen wiederverkörperten. Dadurch konnte Pestalozzi das ihnen einst zugefügte Unrecht durch seine Güte und Fürsorge wieder ausgleichen.

6 GA 130, 2. Dezember 1911.

7 GA 10, Kap. «Die Bedingungen zur Geheimschulung». Beschreibung der sechsten Bedingung.

8 Siehe zweites Beispiel im Kapitel III, *Sieben Beispiele des Verzeihens.*

9 In Dantes *Göttlicher Komödie* ist von diesen zwei Strömen der Lethe und der Eunoë die Rede:

> *Hier* wäscht sich aller Schuld Gedächtnis fort,
> *Dort* wird Gedächtnis guter Tat geboren.
> Der Strom tauscht seinen Namen mit dem Ort:
> Wenn er sich *hier* als Letheflut erstreckte,
> *Heißt* er Eunoë *drüben.*

(Verse 28.121-33, übertragen von Richard Zoozmann).

10 Der Ausdruck «Tempel höherer Erkenntnis» bezieht sich auf den

Tempel in *Goethes Märchen von der grünen Schlange und der schönen Lilie*. GA 57, Vortrag vom 24. Oktober 1908.

11 Alle drei Zitate aus Rudolf Steiner, *Wie erlangt man Erkenntnisse der höheren Welten?* (GA 10) Basel ^{25}2018. Hervorhebung R.St.

Titelverzeichnis der zitierten Werke Rudolf Steiners

nach der Bibliographie-Nummer der Gesamtausgabe

GA 4	Die Philosophie der Freiheit
GA 9	Theosophie
GA 10	Wie erlangt man Erkenntnisse der höheren Welten?
GA 11	Aus der Akasha-Chronik
GA 13	Die Geheimwissenschaft im Umriss
GA 14	Vier Mysteriendramen
GA 15	Die geistige Führung des Menschen und der Menschheit
GA 26	Anthroposophische Leitsätze
GA 28	Mein Lebensgang
GA 34	Lucifer-Gnosis, Grundlegende Aufsätze zur Anthroposophie und Berichte aus der Zeitschrift «Luzifer» und «Lucifer-Gnosis» 1903–1908
GA 93	Die Tempellegende und die Goldene Legende
GA 93a	Grundelemente der Esoterik
GA 95	Vor dem Tore der Theosophie
GA 96	Ursprungsimpulse der Geisteswissenschaft
GA 97	Das christliche Mysterium
GA 99	Die Theosophie des Rosenkreuzers
GA 102	Das Hereinwirken geistiger Wesenheiten in den Menschen
GA 103	Das Johannes-Evangelium
GA 104	Die Apokalypse des Johannes
GA 107	Geisteswissenschaftliche Menschenkunde
GA 109	Das Prinzip der spirituellen Ökonomie
GA 110	Geistige Hierarchien und ihre Widerspiegelung in der physischen Welt

GA 112 Das Johannes-Evangelium im Verhältnis zu den drei anderen Evangelien, besonders zu dem Lukas-Evangelium

GA 113 Der Orient im Lichte des Okzidents

GA 114 Das Lukas-Evangelium

GA 116 Der Christus-Impuls und die Entwickelung des Ich-Bewusstseins

GA 118 Das Ereignis der Christus-Erscheinung in der ätherischen Welt

GA 120 Die Offenbarungen des Karma

GA 123 Das Matthäus-Evangelium

GA 130 Das esoterische Christentum und die geistige Führung der Menschheit

GA 131 Von Jesus zu Christus

GA 132 Die Evolution vom Gesichtspunkte des Wahrhaftigen

GA 133 Der irdische und der kosmische Mensch

GA 144 Die Mysterien des Morgenlandes und des Christentums

GA 145 Welche Bedeutung hat die okkulte Entwickelung des Menschen für seine Hüllen – physischen Leib, Ätherleib, Astralleib – und sein Selbst?

GA 148 Aus der Akasha-Forschung. Das Fünfte Evangelium

GA 151 Der menschliche und der kosmische Gedanke

GA 152 Vorstufen zum Mysterium von Golgatha

GA 155 Christus und die menschliche Seele

GA 158 Der Zusammenhang des Menschen mit der elementarischen Welt

GA 159 Das Geheimnis des Todes

GA 165 Die geistige Vereinigung der Menschheit durch den Christus-Impuls

GA 172 Das Karma des Berufes des Menschen in Anknüpfung an Goethes Leben

GA 174a Mitteleuropa zwischen Ost und West

GA 175 Bausteine zu einer Erkenntnis des Mysteriums von Golgatha. Kosmische und menschliche Metamorphose

GA 176 Menschliche und menschheitliche Entwicklungswahrheiten. Das Karma des Materialismus

GA 177 Die spirituellen Hintergründe der äußeren Welt. Der Sturz der Geister der Finsternis

GA 178 Individuelle Geistwesen und ihr Wirken in der Seele des Menschen

GA 181 Erdensterben und Weltenleben. Anthroposophische Lebensgaben. Bewußtseins-Notwendigkeiten für Gegenwart und Zukunft

GA 182 Der Tod als Lebenswandlung

GA 184 Die Polarität von Dauer und Entwickelung im Menschenleben

GA 185 Geschichtliche Symptomatologie

GA 186 Die soziale Grundforderung unserer Zeit - In geänderter Zeitlage

GA 187 Wie kann die Menschheit den Christus wiederfinden?

GA 191 Soziales Verständnis aus geisteswissenschaftlicher Erkenntnis

GA 193 Der innere Aspekt des sozialen Rätsels

GA 194 Die Sendung Michaels

GA 195 Weltsilvester und Neujahrsgedanken

GA 199 Geisteswissenschaft als Erkenntnis der Grundimpulse sozialer Gestaltung

GA 211 Das Sonnenmysterium und das Mysterium von Tod und Auferstehung

GA 215 Die Philosophie, Kosmologie und Religion in der Anthroposophie

GA 218 Geistige Zusammenhänge in der Gestaltung des menschlichen Organismus

GA 227 Initiations-Erkenntnis

GA 233 Die Weltgeschichte in anthroposophischer Beleuchtung und als Grundlage der Erkenntnis des Menschengeistes

GA 233a Mysterienstätten des Mittelalters, Rosenkreuzertum und modernes Einweihungsprinzip

GA 234 Anthroposophie. Eine Zusammenfassung nach einundzwanzig Jahren

GA 235 Esoterische Betrachtungen karmischer Zusammenhänge. Erster Band

GA 236 Esoterische Betrachtungen karmischer Zusammenhänge. Zweiter Band
GA 237 Esoterische Betrachtungen karmischer Zusammenhänge. Dritter Band
GA 238 Esoterische Betrachtungen karmischer Zusammenhänge. Vierter Band
GA 239 Esoterische Betrachtungen karmischer Zusammenhänge. Fünfter Band
GA 240 Esoterische Betrachtungen karmischer Zusammenhänge. Sechster Band
GA 245 Anweisungen für eine esoterische Schulung
GA 254 Die okkulte Bewegung im neunzehnten Jahrhundert und ihre Beziehung zur Weltkultur
GA 258 Die Geschichte und die Bedingungen der anthroposophischen Bewegung im Verhältnis zur Anthroposophischen Gesellschaft
GA 260 Die Weihnachtstagung zur Begründung der Allgemeinen Anthroposophischen Gesellschaft 1923/24
GA 261 Unsere Toten
GA 262 Rudolf Steiner / Marie Steiner-von Sivers: Briefwechsel und Dokumente 1901–1925
GA 264 Zur Geschichte und aus den Inhalten der ersten Abteilung der Esoterischen Schule 1904–1914
GA 317 Heilpädagogischer Kurs

Sergej O. Prokofieff

Menschen mögen es hören

Das Mysterium
der Weihnachtstagung
ISBN 978-3-7725-1923-9
1085 Seiten, Leinen
mit Schutzumschlag

Was wollte Rudolf Steiner damit sagen, als er die Weihnachtstagung einen «Welten-Zeitenwende-Anfang» nannte? Diese Frage hat Sergej O. Prokofieff über viele Jahre hinweg bei seinem Bestreben geleitet, zu einem esoterischen Verständnis der Weihnachtstagung zu gelangen. In diesem Buch – das nunmehr in zweiter, sorgfältig durchgesehener und um mehrere nachgelassene Zusätze erweiterter Ausgabe erscheint – hat er die Früchte seiner Arbeit niedergelegt.

Verlag Freies Geistesleben

Sergej O. Prokofieff

Das Mysterium der Auferstehung im Lichte der Anthroposophie

ISBN 978-3-7725-1911-6
232 Seiten, Leinen
mit Schutzumschlag

Mit diesem Buch wird der Versuch unternommen, den Geheimnissen der Zeitenwende aufgrund der Geistesforschung Rudolf Steiners näherzukommen. Im Zentrum steht dabei die Frage nach der Wiederherstellung des Phantoms des physischen Leibes und seiner Verwandlung in den Auferstehungsleib durch Christus im Mysterium von Golgatha.

Verlag Freies Geistesleben

Sergej O. Prokofieff

Der Jahreskreislauf als Einweihungsweg zum Erleben der Christus-Wesenheit

Eine esoterische Betrachtung
der Jahresfeste
ISBN 978-3-7725-2816-3
541 Seiten, Leinen
mit Schutzumschlag

Wie kann das Geistige im Menschen den Weg zum Geistigen im Weltall finden? Wie lebt die Spiritualität des Kosmos im Jahreslauf der Erde? Sergej O. Prokofieff führt durch die christlichen Hauptfeste zu den tieferen Verbindungen des Menschen mit dem Schöpfungsgrund der Welt.

Verlag Freies Geistesleben